用项目引领课堂
——基于国家课程的小学语文单元项目式教学的研究与实施

尹 丹 主编

群言出版社
QUNYAN PRESS

·北京·

图书在版编目（CIP）数据

用项目引领课堂：基于国家课程的小学语文单元项目式教学的研究与实施 / 尹丹主编． -- 北京：群言出版社，2024.7． -- ISBN 978-7-5193-0984-8

Ⅰ．G623.202

中国国家版本馆CIP数据核字第2024FX1305号

责任编辑：高旭
封面设计：知更壹点

出版发行：群言出版社
地　　址：北京市东城区东厂胡同北巷1号（100006）
网　　址：www.qypublish.com（官网书城）
电子信箱：qunyancbs@126.com
联系电话：010-65267783　65263836
法律顾问：北京法政安邦律师事务所
经　　销：全国新华书店

印　　刷：河北赛文印刷有限公司
版　　次：2024年7月第1版
印　　次：2024年7月第1次印刷
开　　本：787mm×1092mm　1/16
印　　张：13.25
字　　数：270千字
书　　号：ISBN 978-7-5193-0984-8
定　　价：72.00元

【版权所有，侵权必究】

如有印装质量问题，请与本社发行部联系调换，电话：010-65263836

作者简介

尹丹，广东省特级教师。深圳市名教师，深圳市名教师工作室主持人，深圳市教育信息化"双区"实验校工作室主持人，广东省中小学"百千万培养工程"名教师培养对象。曾获得全国教学竞赛一等奖，主持和参与多个国家级、省市级实验课题研究项目，编写个人专著多部，发表教学论文数十篇。先后被评为南粤教书育人优秀教师、广东省三八红旗手、深圳市优秀班主任、深圳市三八红旗手标兵。

前　言

在深化教育改革的背景下，我们时常在思考：我们的教育究竟应该培养什么样的人？思辨与实践让我们明白，加强认知学习与应用实践、社会性成长的联系，从"知识立意"的教育向"素养发展取向"的学习发展，有着重要意义。因此，我们聚焦教师教学方式的改变、聚焦学生学习方式的改变，以项目式教学为重要的切入点，在改变教师教学方式、学生学习方式，提高学生综合素养等方面做了积极探索和尝试。

在"双新"（新课程、新教材）背景下，传统语文教学的困境越发凸显，篇目孤立、知识碎片化、学生实际需求与兴趣被忽视、学生协作学习能力薄弱等问题亟待解决。教学改革越注重坚持素养导向，强化学科实践，推进综合学习，落实因材施教，作为小学教育中占据基础与关键地位的语文学科，便越发需要借助新的综合性的教学方式促进课堂教学转型。

项目式教学作为一种以项目为起点的综合性教学方式，能够将学科知识与学生生活和社会实践相结合。通过语文项目式教学，学生在自主探究、合作共享和实践应用中体验到语文的真正价值，进而培养批判思维、创新意识和解决问题的能力。

这种在传统语文教学模式的基础上生发的创新教学方式，已经在各地区、各学段有了诸多尝试，然而由于缺乏指导性、系统性，语文项目式教学仍面临项目目标不清晰、问题驱动力不足、项目步骤散碎、拓展漫无边际等诸多困境。

《义务教育语文课程标准（2022年版）》中提出的"学习任务群"概念，正可以作为突破此种困境的引航灯。基于"学习任务群"的语文单元项目式教学，是以语文学习任务群内的核心知识为教学对象，以具有实操性的驱动问题为核心，围绕某一个项目展开的情境性、综合性、探究性的教学方式。这种统整各个单元内容进行整体化设计的策略，改变了传统教学方法，通过设计统整化、方法项目化建构了立体的知识网络，以项目为载体，对教材进行单元重组，克服单篇教学的不足，以"任务驱动"的言语实践活动解决知识碎片化、协作学习弱化的问题，形成开放性和自主性的语文教学方式。在学习过程中，学生进行自主学习、研究性学习和合作学习，这促进了学生思维的独立性、深刻性和创造性的发展。

单元教学是学科核心素养落地的关键路径，同时，其学习任务群的设计也需要教师不断提高自身的教学整体设计能力，需要拥有能够从教材中基本的内容、资源单位里看到内在逻辑联系，根据教学需求进行筛选和整合，从而制定出有效的大单元教学策略的能力。实践的过程也是通过多种评价方式评价项目成果、效果以及学习的全过程，需要教师拥有较强的评价设计能力，以激发学生学习的内驱力，以评促学，以评促教，真正意义上实现教学评一体化。

我们的团队基于上述思考，将调查和文献分析作为教学设计的现实依据，将面对小学语文学科核心素养的教学设计转变、基于项目式学习的教学设计活动分析、课堂的特征分析、设计流程分析作为进行教学设计的理论依据，开展了一系列不同主题的教学设计和教学实践。在具体操作中，我们的团队不断探索基于语文学科素养的单元项目式教学的各种策略，开展了一系列涵盖不同题材和主题的、覆盖了不同学段和层次的学生的项目。团队成员在实践中不断总结提炼资料，不断优化案例。

  经过多年的课题研究和课程实践，这本书终于完成，感触良多。这不仅仅是一项项工作的终结，更记录了在小学语文单元项目式教学实践中的设计、实践、反思和积累的全过程。而一系列的单元项目式教学成果的结集成书，又可以为学生学习、教师教研交流等提供参考，对进一步探索有效课堂教学策略也有一定的启发。

  在此，特别感谢参与课题研发的陈智慧、胡恒、朱元钦、毛燕影、吴青霞、杨蕴燮、孔稚桐、董文彬、江怡琪等老师，没有你们的共同参与，就不会有这本书的完成和出版，希望这本书可以对小学语文教师以及对单元语文项目式教学感兴趣的研究者有所助益。同时，在本书的编撰过程中，我们参阅了大量相关资料，参考了其中的最新研究成果。在此，我们表示衷心的感谢！

目 录

第一章 我们的研究……1

第一节 大概念统整下语文学科项目式教学的背景与探索……1

第二节 大概念统整下语文学科项目式教学设计与实施研究概述……3

第三节 大概念统整下语文学科项目式教学设计与实施研究过程……7

参考文献……19

第二章 我们的行动……22

第一节 设计一个识字风车
——部编版《语文》教材一年级下册跨单元项目式教学设计……22

第二节 "一诗一画"主题诗歌收集与创作
——部编版《语文》教材二年级下册诗歌项目式教学设计……27

第三节 弘扬中华传统文化,制作形声字小报
——部编版《语文》教材二年级下册第三单元项目式教学设计……32

第四节 制作大自然的"秘密花园"手工册
——部编版《语文》教材二年级下册第六单元项目式教学设计……40

第五节 制作我的秋天笔记
——部编版《语文》教材三年级上册第二单元、第五单元项目式教学设计……49

第六节 畅游想象世界,制作童话绘本
——部编版《语文》教材三年级上册第三单元项目式教学设计……57

第七节 漫游想象岛,创建想象乐园
——部编版《语文》教材三年级下册第五单元项目式教学设计……71

第八节 猫,跃然纸上
——部编版《语文》教材三年级上册第五单元项目式教学设计……82

第九节 乐游锦绣中国，共编山河手册

——部编版《语文》教材三年级上册第六单元项目式教学设计 …………88

第十节 心满山河，笔录春秋

——部编版《语文》教材三年级上册第六单元项目式教学设计 …………94

第十一节 为可爱生灵编一本百科全书

——部编版《语文》教材三年级下册第一单元项目式教学设计 ………100

第十二节 赏析语言之美，新编寓言故事

——部编版《语文》教材三年级下册第二单元项目式教学设计 ………107

第十三节 拟定一份传统节日活动策划书

——部编版《语文》教材三年级下册第三单元项目式教学设计 ………114

第十四节 进行连续观察，学写观察日记

——部编版《语文》教材四年级上册第三单元项目式教学设计 ………120

第十五节 新闻播报

——部编版《语文》教材四年级下册第二单元项目式教学设计 ………125

第十六节 创编多彩童话

——部编版《语文》教材四年级下册第八单元项目式教学设计 ………130

第十七节 制作一本百科全书

——部编版《语文》教材五年级上册第五单元项目式教学设计 ………137

第十八节 遨游汉字王国，探寻汉字奥秘

——部编版《语文》教材五年级下册第三单元项目式教学设计 ………148

第十九节 知其人，论其事，懂其诗

——部编版《语文》教材六年级上册古诗词项目式教学设计 …………156

第二十节 让外国文学名著带我们遨游世界

——部编版《语文》教材六年级下册第二单元项目式教学设计 ………163

第三章 我们的思考……………………………………………………………176

第一节 基于大概念的语文学科单元项目式教学实践与探索 ……………176

第二节 寻味中国年，花式集五福

——小学六年级《语文》教材下册第一单元项目式设计与实施 ………182

第三节　项目式设计：以趣助读、以篇带本
　　　　——以部编版《语文》教材五年级下册第二单元为例 …………… 185

第四节　"双减"背景下小学"项目式作业"的设计与实施 ……………… 188

第五节　学生立场、单元视角、任务驱动
　　　　——部编版《语文》教材四年级上册第四单元项目式教学设计与实施 … 194

第六节　统编小学语文作业设计的三个"关注"
　　　　——立足单元统整视角的学习路径探略 ……………………………… 199

第一章　我们的研究

第一节　大概念统整下语文学科项目式教学的背景与探索

一、背景

（一）难为之困：知识碎片化，学习缺乏内驱力问题亟须出路

英国教育家怀特海指出，教育的核心问题之一在于如何让学生借助树木来认识树林。要实现这一点，学生需要通过观察现象来洞察本质，需要具备主动提取、自觉凝练大概念以及在真实情境中迁移和运用学科知识的能力。在语文学科方面，鉴于孤立篇目的"孤岛型"教学存在局限性，囿于零散知识的"快餐式"学习存在薄弱点，因此，当前教师面临的挑战包括教学内容的碎片化、学生学习缺乏内驱力等。学科素养与学习内容之间一旦存在断层，教学将难以着眼于学生的深入学习和长远发展，难以兼顾知识、思维、能力和情感等多个层面的发展。

（二）关键之举：设计统整化，以大概念建构立体的知识网络

学科大概念是指向具体学科知识背后更为本质、更为核心的概念或思想。教师以大概念为视角对语文学科教学进行系统规划，能够有助于学生建构立体知识网络，走出知识碎片化的误区。以大概念建构立体的知识网络是学科核心素养提升的有效路径，能够改善学科核心素养落地不均衡现状。语文学科核心素养的四个方面相互联系：语言建构与运用是根本基础，思维发展与提升是内核，审美鉴赏与创造是桥梁，文化传承与理解是价值追求。

（三）落实之法：方法项目化，以任务驱动作为知识的助推器

项目式教学是提升学生学习主动性的最佳助推器，也是为新知识的生成提供营养的最佳方式。教师应积极创新"任务驱动"的言语实践活动，解决知识碎片化、协作学习弱化的问题，从"学生立场、单元视角、任务驱动、适度拓展"的课程角度出发，开展任务驱动的真实的合作型实践学习活动。

（四）探索之路：课堂有效化，以迁移应用丰富知识的生长点

在大概念统整下进行语文学科项目式教学设计与实施研究，是撬动课堂转型的一个支点。其中包括两个方面：一方面是以学科大概念来统摄和组织教学内容，充分地揭示知识

间的纵横关系；另一方面是重构教学内容的设计与实践，以项目式教学方式激发学生参与课堂的主动性。在大概念统整下，语文学科知识之间的路径被打通。这也打破了知识碎片化的困局，形成立体交互、四通八达的知识网络。因此，教师应以项目式教学为抓手，在大概念统整下，引导学生通过项目式教学活动解决具有挑战性的问题，给学生足够的思考与实践的空间，更好地开辟课堂有效教学的新航路。

二、探索

（一）统整：从单篇到整体

单篇课文、孤立篇目的教学存在局限性，碎片知识、零散时间的学习存在薄弱点。我们尝试探索课堂教学有效策略以达到提高课堂"质"与"效"的目的，选取大概念作为理念指导，以项目式教学为实施方式，通过以"概念为本"的教学指向大概念的建构和理解，探索大概念统整下语文学科项目式教学设计与实施，由此促进语文学科核心素养落地。

（二）链接：从知识到迁移

我们基于国家课程、学生立场，旨在提升语文学科核心素养，构建系统的项目式课堂教学模式。首先，研读课标和教材、了解学情，通过统整大概念，连接单元教学内容，厘清单元学习序列，提炼核心知识。其次，以单元的驱动性问题为核心，结合师生实践，将教学目标转化为学生感兴趣的单元项目任务。最后，改变学习方式，推动持续探索，增值学习评价，促进成果转化。

（三）素养：从促进到落实

学用高效化之钥，在于以系统方案协助语文核心素养落地。我们需要聚焦一个核心问题：基于国家课程、学生立场，旨在提升语文学科核心素养，并将其真正落实于学科课堂教学，如何通过大概念统整形成项目式教学的系统性方案？

第一，当前存在以下情况需要改善：一是学科核心素养提升有落差。在实际的教学活动中，部分教师一味地重知识传授而轻素养培养，尤其是对审美鉴赏与创造力培养关注不够，亟须找寻学科核心素养提升的载体与路径。二是课内单篇教学、课外快餐式阅读等导致学习碎片化，协作学习有待加强，亟须创新教学言语实践活动的形式。

第二，素质教育、全面发展和核心素养培养要求当下的课堂教学要走向"大融合"与"大发展"。学科项目式教学，以学科知识为载体，是实践性学习的重要模式。基于大概念进行的学科项目式教学可扬长避短。从语文学科大概念的相关学理角度出发，项目式教学方式能使学生在一个循序渐进、不断拓展和深化的学习过程中实现知识的内化，进而提高课堂教学的效果和质量。

第二节　大概念统整下语文学科项目式教学设计与实施研究概述

一、研究述评

（一）项目式教学相关研究

1. 国外项目式教学的研究

项目式教学的产生，最早可以追溯到自然主义教育家在 18 世纪至 19 世纪的思想。卢梭主张回归自然，需要顺应儿童的天性，予以儿童行动的自由、合理的养护锻炼，以促进儿童积极主动体验探究；裴斯泰洛齐主张和谐发展的教育观，培养"真正的人性"，德育、智育、体育、劳动教育相互补充，共同发展。这些理论成为项目式教学的理念的思想源头。此后，在卢梭、裴斯泰洛齐等人的基础上，杜威创立了实用主义的思想，提出了"从做中学"；克伯屈一生致力于发展杜威的思想，以上述理论为基础，提出了"设计教学法"，在教学实践领域受到了广泛认可。

在 20 世纪 60 年代至 20 世纪 70 年代，因实用主义教育思想的兴起，项目式教学发展迅猛。一线教师尝试在学科教学领域实践项目式教学理念。坎贝尔的学习中心理论就是在这一阶段形成的。萨莉·伯曼是项目式教学的重要倡导者之一，其在多元智能理论的基础上研发了项目式教学范式，推动了项目式教学的发展。之后，随着德国引入项目式教学理念，学校课程呈现多元化发展态势，从内容形式上分为学科内的项目式教学课程、跨学科的项目式教学课程；教学组织形式丰富，有"项目课""项目日""项目周""项目兴趣课""项目教程"等。

2. 国内项目式教学的研究

2001 年 6 月，为了增强学生的研究和解决问题的能力，培养创新精神，教育部颁布了《基础教育课程改革纲要（试行）》，把综合实践活动作为必修课程实施，明确了综合实践活动的地位。在此之后，越来越多的国内学者开始研究项目式教学，并将其应用于教育教学改革实践领域。

国内有关项目式教学的研究分为实践性研究和与学科的结合研究两个方面。

在实践性研究领域，夏雪梅从学习素养、知识观和真实情境等角度出发，对项目式教学有了丰富的实践积累。陈素平和缪旭春从课标出发，归纳了项目式教学的基本要素和实施路径，用案例为一线教师提供了可借鉴的设计思路。王坚用项目式教学的方式组织学生进行社会实践活动，为道德与法治课程探索教学的新路径。卢小花分析了项目式教学的特质，认为其具备产品引领、情境真实、整体系统、团队协同、渐进探究等特点，一个完整的项目式教学应按教学设计—教学执行—评估反馈的路径来实施。谭轶斌提出了项目式教学的取向，分别是知识建构取向、整体教学取向、协作探究取向、教评一体取向等。

项目式教学与学科的结合研究将成为未来一个热门的研究走向。项目式教学在知识构建、培养能力上有其独特的价值，将项目式教学与学科融合有助于改善教学质量，提升学生素养。蒋玉中探索了项目式教学与英语学科相结合的教学模式，以任务驱动、多维探究的方式激发学生的学习潜能。夏涛、罗祖兵通过同课异构和多方评价，提出项目式教学是中小学数学教学的最佳模式。杨葛莉通过统整的视角对教材进行单元重组，在综合性学习和整本书阅读框架下开发学习项目，为语文学习提质增效。徐文凯用项目式教学带领学生阅读名著，基于从真实情境出发的驱动性问题，有效提升了学生的阅读兴趣。成小娟、宋宏甲、张文兰在探索项目式教学和国家课程相结合的研究中，开发了相应的工具，也提出了项目式教学的三个阶段，即确定主题、形成共同体—项目启动、实施—成果评价。

3. 小结

项目式教学从萌芽到如今的广泛运用，经历了几个世纪的理论补充和实践研究才趋于成熟。目前，国内不少教育工作者和研究者对于项目式教学的内涵、基本特点、实践模式、实际价值达成一定的共识，并以思辨性的研究成果为项目式教学提供了理论支持。但项目式教学和学科教学的结合方面的实践性研究相对较少，这应该成为我们今后研究的重点。学科项目式教学的开展，是对传统教学模式的挑战，也是未来教育发展的趋势，还是教师研究任务中的必要项目。

（二）大概念的相关研究

1. 大概念的国外研究

20世纪60年代，布鲁纳与施瓦布所倡导的学科结构运动一般可以视为"大概念"的源头。他们认为，任何一门学科的教学应该取决于对构成该学科结构的基本原则的基本理解；他们强调，要重视如何有效地组织学科教学的问题，即如何设计课程、编写教材和选择教学方法的问题。因此，在这一阶段的结构主义教育理论影响下，大概念是一种以学科为中心的教育观念，在优化教材结构的基础上进行教学，从而让学生有更加成熟的学术表现。美国教育学者威金斯和麦克泰格认为，大概念是能使离散的事实和技能建构意义产生联系的一个概念、主题或问题。埃里克森结合语文学科特点，提出要用"概念性理解"来统摄语文学科知识结构，即以跨越学科知识的主题为观念驱动，从而将大概念运用于语文主题教学之中。

2. 大概念的国内研究

王荣生对大概念进行了本土化转化，其认为，语文大概念指向的是："核心的概括性知识"，从而帮助国内语文教师把握语文学科大概念的内涵特质。但王荣生对语文学科大概念的分类还有待讨论，也有研究者认为对语文学科大概念分类的角度不应该随意和松散，应该从语文本体知识入手。

李卫东基于前人的研究提出，大概念是基于学科知识、概念、技能和策略，且能统整知识与能力的训练点，语文教师应紧扣语文学科大概念的逻辑，以此为起点，在学习任务中落实大概念的习得，同时通过迁移学习情境帮助学生从知识走向能力、从课堂走向生活。

2017版的《普通高中课程方案和课程标准》中首次启用"大概念"一词，并指出"应以学科大概念为核心优化课程内容结构""大概念的价值性体现在它的文化意义，它蕴含着人们对知识的态度与价值判断"。大概念作为一个学术概念，集知识论、方法论与价值论于一体。因而，大概念在学科知识体系中是顶层概念，既能整合多元的知识，又能帮助学生明确学习的意义，还能为学科项目式教学提供逻辑线索，成为整合学科项目式教学的有效工具。

3. 小结

综上所述，从研究内容来看，国内外关于大概念的研究着重于大概念在跨学科和学科内运用模式的梳理，以及以此教学理念开展的实践模式和有益的支持。而对大概念的含义、本质属性、分类、表现形式等，尚未形成一套较为系统的理论成果，缺乏丰富的理论研究。

从研究结论来看，目前所呈现的研究结论并没有完全解释大概念对学生认知结构的作用机制，也缺乏具体的学科大概念的梳理以及相关课程设计的研究，因此对实践教学的指导有限。

在研究方法上，学者多采用逻辑推理、归纳等思辨性方法，也有学者采用实证研究方法，但缺乏数据收集工具等量化研究手段。

大概念的界定十分重要，清晰的理论可以指导教师设计更科学、更符合学生特点的教学方案。本书是一次理论和实践相结合的研究，旨在探索合适的大概念教学方式，并深入思考大概念在教学中的作用。

（三）大概念在中国教育改革中的应用与价值

项目式教学经过较为漫长的发展历程，有不少学者和一线教师对其进行了教学实践和研究实践。从大量的实践中，我们可以确定的是，项目式教学的课程样态有效弥补了传统教学中知识点零散与割裂的不足。同时，大概念的应用使得教师可以构建具有统领性、客观性、思辨性和可迁移性的课程情境，整合学科内外的知识，为教学实践提供了一种更高级、更具概括性的课程设计。

在一定程度上，大概念为项目式教学设计提供了崭新的视角，是有效的工具，不仅能更精准地刻画出学科本质，还能有效促进学生核心素养的发展。因而，以大概念统整的项目式教学是连接知识与知识、学科与学科、学科与个体、学科与社会的有效方式。

二、核心概念界定

（一）大概念

大概念是概念关系的集合体，是能统摄且包含大量学科知识的顶层概念，具有实用性、结构性、意义性等特点。语文教学中的大概念统摄了课程学习的核心知识，为重构单元教学内容提供依据。大概念容纳了作品的教育教学意义，贯穿了整个的教学过程，并在教学活动中揭示学习价值。语文学习要基于现实教学情况，以学科大概念为核心，以单元为单位进行整体设计，实现语文教学内容的结构化和情境化。

（二）统整

统整，顾名思义，统合整理，即将不同却相关的概念组成整体协调、互补互促、意义一致的体系。统整是结构性强的、有逻辑的、多维度的、立体的整合。笔者认为，统整在教育领域的界定是一种教学思路，表现为对教学内容和方法的整合与融合。统整将带领学生探索学科或知识的联结，启发学生以联结走向更深、更广的思维领域。

（三）项目式教学

项目式教学是学习方式、教学方式，也是课程设计方式，是依托项目任务实践、注重自主学习、以过程性评价为主的课堂教学模式。在教学过程中，教师提出项目任务，然后学生围绕项目如何更好地推进以及完成进行讨论选择、分析判断、操作实践，最后进行项目成果展示、迁移运用等环节。

三、理论依据

本书以建构主义学习理论为依据，该理论认为学习是基于一定经验逐步建构体系的过程，在这个过程中由于个体具有多样性，因此每个个体最终建构的成果也具有差异性。教师在教学中扮演引导者、鼓励者的角色，促使学生主动体验和获取知识。这意味着要实现高效的教学，教师要将学习内容与学生的实际经验相结合，才能帮助学生增进对新知识的认识与理解。这样的教学可以避免传统教学中知识传授的零碎、学生缺乏学习积极性和灵活性等弊端。

从知识观的角度看，建构主义学习理论强调知识的动态性，知识能解答问题，还能帮助理解情境，学生从情境中获取知识，且能随情境的变化而变化；从学生观的角度看，建构主义学习理论强调要尊重学生的个体差异，支持学生基于自己的生活经验对问题情境持有不同的观点；从学习观和教学观的角度看，学生在习得新知时，应将自身经验与推理判断结合起来，在互动性和情境性的教学中深入思考并形成个人见解，在情境、协作、对话和意义建构中，形成丰富且多元的观点。

在这一理论框架下，教师应通过问题驱动学生主动开启学习，使学生在活动体验中有所收获，在思维活动中形成对知识的深层理解。建构主义对项目式教学提供了重要的启示：在"教"与"学"的过程中应以学生为中心，通过项目式教学，学生能在真实的问题情境中展开团队合作、自主构建起学科领域知识体系。

四、研究方法

（一）文献分析法

笔者以"单元整体教学"和"项目式教学"为主要关键词，主要通过在中国知网、万方数据库、维普数据库等网站，搜集"项目式教学""大概念教学"有关的文献资料，并对搜集到的文献资料进行整理和分析、归纳和总结，我们的研究团队结合已有的理论基础和实践经验，确定了本书的研究思路、研究计划和研究内容，为后续研究筑牢理论基础。

（二）案例研究法

我们的研究团队基于部编版语文教材进行大概念统整下的项目式教学的案例设计，为了证实项目式教学能够有效提高学生的语文学科核心素养，我们将设计案例应用于教学实践中，并对其进行效果分析。首先在不同的班级记录教学效果，保证实践性和科学性。接着对所得案例进行整理与分析，结合后期的课堂观察，梳理总结项目式教学设计中存在的问题，并深入剖析其背后的原因，通过评价与调整来优化项目式教学设计案例。

（三）行动研究法

对研究过程中的教育教学实践进行反思，在行动研究中不断地探索、改进，解决研究中存在的实际问题，及时把研究成果转化为教育教学理论。

五、研究设计

我们的研究以大概念为指向，以项目式教学为实施方式，旨在探索促进学生进行深度建构的语文项目式教学设计与实施。从整体上看，首先将调查和文献分析作为教学设计的现实依据，将面向大概念统整的教学设计转变、基于项目式教学的教学设计的活动分析、课堂的特征分析、设计流程分析作为教学设计的理论依据，进行具体教学设计，然后设计案例并加以实施，最后探索关键策略，总结提炼资料，优化案例。

教学实施分为三个主要步骤：目标设计、过程设计和评价设计。

第一步：目标设计。以大概念为导向，构建逻辑严密的知识层级结构。通过调查法和文献分析法研究大概念，提炼其含义和特征。结合语文学科特点，重新构建教学内容，使课程内容融会贯通，明确教学的核心目标。

第二步：过程设计。项目式活动在语文学科中整合了结构化和情境化的学习支架，减少学生在语文核心素养上的差异。可以运用程序性支架，如通过驱动性任务提高学生参与读写活动的兴趣；运用策略型支架，如思维导图等方式引导学生梳理内容，解决问题；运用情境化支架，通过设计具体的读写活动场景，激发学生对人物特征和情感主题的深入探讨。

第三步：评价设计。采用多元化和多维度的评价方式，实施过程性评价，关注学生素养发展，重视对学生在实际情境中解决问题的能力的评价。评价形式是多元的、开放的，实施过程中，注重教师点拨引导，关注小组自评、生生互评等。这种项目式教学的实施不仅深化了学生对语文大概念的理解，还增强了他们在具体情境中灵活应用这些概念的能力。

第三节　大概念统整下语文学科项目式教学设计与实施研究过程

一、准备阶段

（一）展开课堂观测，梳理优化方向

通过持续性的语文课堂观测及学生学情把握，我们梳理并总结出以下两个问题：一是学科核心素养提升存在落差。在实际教学活动中存在一些重知识传授、轻素养落实的情况，审美鉴赏与创造力的培养有待加强。二是存在课内教学和课外阅读的碎片化问题，协作学习亟待加强。因此，探索新的语言实践活动形式，找到有效提升学生学科核心素养的途径成为重要且紧迫的问题。

（二）注重理论学习，细化研究方案

梳理总结国内外相关的理论和实践成果，实施集中学习与自主学习相结合的策略促进

理论知识的深化,并解决理论学习过程中遇到的问题。

细化研究方案,拟定具体的研究实施步骤。一是准备实验期:组建研究队伍,进一步开展文献收集和研究工作,学习和研究大概念、项目式教学等相关理论,撰写详细的研究计划。二是深化试验期:开展行动研究,开发和设计各类以大概念为指向的项目式教学任务及相应的评价量表,实施个案研究,并分别在高、中、低三个年级段进行试验,以优化教学案例。三是推广总结期:探索关键的教学策略,提炼实践经验,完善研究成果,并进行深度反思与优化,最后推广成熟的教学模式。

二、实施阶段

实施步骤有三个阶段:目标设计、过程设计和评价设计。

(一)目标设计:以大概念统摄,构建逻辑严密的知识层级结构

本阶段的评价设计以大概念统整下的课程整合为取向,审视单元知识内容,把握教学核心。首先对大概念统整进行研究,主要通过调查法、文献分析法提炼其含义及特征,接着结合语文学科特点重构教学内容。

(二)过程设计:项目式教学设计与实施,促进学生的主动学习和探究

本阶段的评价设计以语文项目式教学活动为载体,在语文学科大概念结构化和情境化之后融入多样的学习支架,减少学生在语文核心素养上的差异。

本阶段的项目式教学实施方式主要有三个。

一是运用程序性支架,通过任务驱动的形式促进学生参与读写活动,使其沉浸到语文实践活动之中。

如胡恒、朱元钦老师在"遨游汉字王国,探寻汉字奥秘"的教学中,就运用了程序性支架。他们设计了分层任务群,以任务驱动的形式引导学生了解汉字的特点和演变过程,感受汉字的趣味和文化魅力,培养学生查找和运用资料撰写简单研究报告的能力,同时弘扬中华优秀传统文化,激发学生的民族自豪感。

二是运用策略型支架,通过思维导图、表格等可视化学习工具,引导学生运用语文知识解决现实问题。

如吴青霞、孔稚桐老师在进行部编版《语文》教材二年级下册第三单元项目式教学设计时,就采用了表格(表1-1至表1-3)形式引导学生收集形声字,发现形声字的奥秘,感受中华民族的悠久历史和灿烂文化,培养学生搜集和整合资料的能力。

三是运用情境化支架,在创设读写活动情境中呈现重要问题,引发学生思考,引导学生深入探讨人物特征和情感主题,发展高级思维。

如陈智慧老师在部编版《语文》教材一年级下册跨单元项目式教学设计时,就创设了有趣的识字风车情境,带领学生在"设计一个识字风车"的情境中,抓住字族的特点,用形象直观的方法对语言文字进行积累和梳理,增强学生的学习兴趣。

表1-1　《神州谣》表格

主题	形声字藏在祖国山河中
祖国山河的名称	

续表

主题	形声字藏在祖国山河中
你发现的形声字有哪些	
这些形声字的形旁是什么	
这些形旁都和什么有关	
它们背后的故事或演变过程	

表 1-2 《传统节日》表格

主题	形声字藏在传统节日及节日美食中
传统节日或节日美食的名称	
你发现的形声字有哪些	
这些形声字的形旁是什么	
这些形旁都和什么有关	
它们背后的故事或演变过程	

表 1-3 《中国美食》表格

主题	形声字藏在中国美食中
中国美食的名称	
你发现的形声字有哪些	
这些形声字的形旁是什么	
这些形旁都和什么有关	
它们背后的故事或演变过程	

（三）评价设计：基于情境评价，帮助学生建立知识与生活的链接

本阶段的评价设计侧重基于情境的方法，以促进学生将学校学习与日常生活紧密连接。通过多元化和多维度的评价体系，我们不仅关注学生语文知识的掌握程度，也重视其在真实情境中应用这些知识的能力。我们通过设计具体且贴近生活的评价情境，使学生能够在解决实际问题时运用语文知识和技能，从而深入理解学科大概念。例如，学生可能会需要与日常生活中的情境产生连接，或者在模拟情境中进行角色扮演。

在过程性评价方面，应运用清晰具体、有层次、指向性明确的评价指标对学生进行评价。如孔稚桐、吴青霞老师在"畅游想象世界，制作童话绘本——部编版《语文》教材三年级上册第三单元项目式教学设计"中运用的过程性评价量表（表 1-4）。

表 1-4 "畅游想象世界，制作童话绘本"评价量表

组别或姓名		班级		学号	
项目主题					
项目组成员					

续表

一级评价指标	二级评价指标	评价内涵说明	权重	评价方式	状态水平描述		
					自评	他评	师评
学习态度	参与度	积极参与项目相关活动	10%	表现性评价			
	兴趣度	积极阅读与本项目有关的书籍	10%	表现性评价			
问题的探究和解决	发现问题	主动发现与主题相关的问题	10%	表现性评价			
	搜集资料	能围绕"制作童话绘本"这一活动,通过各种渠道收集到丰富的信息	10%	表现性评价或纸笔测验			
	整理资料	能通过分析整理,处理和应用查找到资料	10%	表现性评价或纸笔测验			
	总结归纳	能通过资料的整理,发现、归纳如何筛选与主题相关资料的方法	10%	表现性评价或纸笔测验			
语文综合运用能力	书面表达能力	每人至少完成一篇创编童话	10%	表现性评价			
	版面设计能力	完成童话绘本的设计与制作(版面设计须图文并茂)	10%	表现性评价			
	成果展示	完成童话绘本成果并展示	20%	表现性评价或纸笔测验			
综合评定等级( )			质性评语:				

在结果性评价方面,倡导以学生为主体呈现学习成果,实现读写思维和关键能力的深度融合。如朱元钦、胡恒老师的"知其人,论其事,懂其诗——部编版《语文》教材六年级上册古诗词项目式教学设计"和吴青霞老师的"漫游想象岛,创建想象乐园——部编版《语文》教材三年级下册第五单元项目式教学设计"中展示的学生的具体成果。

三、实施策略

(一)聚焦语文要素,提炼核心知识

项目式教学强调在真实的任务驱动下解决实际问题,学生需要调动已有的知识、能力

和经验。教师在大概念统整下实施单元项目式教学，依据语文要素确立核心知识和目标，通过研读教材和课标要求，做好关联与统整。一方面，可在整个单元内开展单元项目式教学。另一方面，可跨单元实施项目式教学，重整跨单元内容，提炼学科大概念。

（二）确定驱动问题，设计任务群落

设计语文学习任务，要围绕特定学习主题，确定具有内在逻辑关联的语文实践活动。项目式教学主题确定的依据，一是单元教材的解读，二是学生的真实需求。开展项目式教学的关键之一是依据单元核心知识设计驱动性问题。通过项目群落的推动，使学生综合运用语文知识与学习策略，通过任务驱动形成学习成果。这一教学模式为提升学生的言语智能和解决问题的能力开辟了新路径，有利于人才培养模式的转变、人才核心素养的提高。

（三）变革学习方式，推动项目实施

撬动课堂转型的一个支点是以学科大概念来统摄和组织教学内容，对教学内容进行重构设计与实践，可以更充分地揭示知识间的纵横关系。通过项目式教学方式促进学生积极参与课堂活动，创新任务驱动式言语实践活动，开展任务驱动式的合作型实践活动，以不断促进学生在实施过程中的阅读、比较、抽象、分析和创造能力的提升。在此基础上，形成项目成果。

（四）增值学习评价，关注实施过程

以终为始的学习评价更有助于激发学生自主合作探究的学习兴趣。学生在项目学习之初知晓各环节的评价量规，在学习中能根据清晰具体、有层次、指向性明确的评价指标对自己有所要求，并能根据教师的指导及时进行调整改进。学习评价不仅关注最终的学习作品的呈现，更关注学生解决实际问题的过程和情意展示的过程。此外，引入多元主体的评价可有效提升学生的语文素养。

四、成果例谈

下面以"让外国文学名著带我们遨游世界——部编版《语文》教材六年级下册第二单元项目式教学设计"为例进行说明。

（一）设计核心目标，确定大概念

首先进行项目简述，明白要做什么。接着进行规划设计，确定项目时长，收集相关资源，确定核心知识，如本单元所涉及的核心单元教学知识点：一是能借助作品梗概了解名著的主要内容；二是能就印象深刻的人物和情节交流感受，并对人物做出评价；三是能选择自己读过的一本书写作品梗概，与同学分享自己写的梗概，并根据反馈进行修改。

（二）设计核心内容，分解大概念

结合语文项目式教学设计的思路和理念，把单元的主要知识点转换统整为项目核心目标：通过探究性活动，阅读整本书，了解名著的主要内容，并学会撰写作品梗概；通过实践性活动，加深对名著中人物、情节和风土地貌的理解，培养语言实践能力和理性思维，提升资料搜集、筛选、整合能力和视觉艺术创作能力；通过团队合作，建立彼此互相理解、

尊重、包容的社会性联系。在统整观念的指引下，让学生读名著、品名著、悟名著，感受世界文明优秀成果。

（三）设计驱动问题，激活大概念

接着是项目最重要的环节——设计具有情境性的驱动性问题。本项目设计的本质问题：如何读懂一本外国文学名著，关注关键人物和主要情节并写出作品梗概。一个明确的、真实的、有意义的、有挑战性的驱动性问题，能够让学生专注于项目，让他们明确目的，为他们指明方向，激发他们的合作探究意识。从本质问题出发，提炼出驱动性问题：现在你是好书推荐官，你如何为一本外国文学名著设计阅读推荐卡，让读者快速了解主要内容。

（四）设计项目活动，建构大概念

项目共分为两个阶段：入项活动及分解项目。

1. 入项活动：设置问题情境

在项目开始之前，教师安排学生阅读"快乐读书吧"中的推荐书目，如《鲁滨逊漂流记》《骑鹅旅行记》《汤姆·索亚历险记》等。在入项活动中，学生分享他们的读书笔记，并交流阅读心得。随后，教师提出驱动性问题："作为一名好书推荐官，你如何为一本外国文学名著设计一张推荐卡，帮助读者快速了解其主要内容？"

2. 分解项目：提供任务支架

项目分为三个子问题，逐步引导学生从概念到方法，再到实践。

第一个子问题：什么是外国文学名著？什么是梗概？

学生通过搜集资料和阅读经典文学作品，理解外国文学名著的定义，并分组编写《外国经典名著推荐书目》，作为班级共读的参考。接着，学生通过阅读课文《鲁滨逊漂流记（节选）》，对作品的梗概与节选内容进行比较，从而理解如何简明扼要地概括名著的核心要点。在这一过程中，学生了解到，梗概是通过连贯、简明的叙述语言总结作品的框架，而节选则通过细致的描写和人物刻画展现作品的细节。此外，学生还对比了不同译者的翻译差异，进一步深化了对作品内容和翻译的理解。

第二个子问题：如何读懂一本外国文学名著？

教师设置了一系列任务，引导学生通过多种方式梳理阅读内容。首先，第一项任务是让学生从阅读名著节选过渡到整本书阅读。学生从经典名著（《鲁滨逊漂流记》《骑鹅旅行记》《汤姆·索亚历险记》）中选择一本进行阅读，并通过思维导图或连环画的方式整理故事情节。这种概括性的阅读为后续快速梳理整本名著、撰写图书推荐卡中的梗概打下了基础。其次，第二项任务要求学生以小组为单位，完成《骑鹅旅行记》的相关阅读活动，包括绘制尼尔斯的旅行路线图，并讨论主人公的选择与变化。通过这些活动，学生不仅了解了瑞士的自然风貌，还从多角度评价了尼尔斯的人物形象，并体会到了人物在不同情境下的变化。第三项任务是结合《汤姆·索亚历险记》，让学生通过思考汤姆的行为，讨论作品为何将一个调皮的孩子作为主角，并撰写个人见解。学生在小组讨论中试图从多个角度评述汤姆这一人物，并将自己的思考写下来，作为交流分享的资料。这样的探究式阅读让学生全面立体地感受到人物形象和故事情节。最后，教师提供一个交流平台，让学生举办读书交流会，分享阅读的收获。他们可以评价所读名著中的人物形象，分享自己为喜欢的人物绘制的画像，甚至分享在外国名著中阅读到的地理知识、风土人情等内容。这种分享式阅读使学生的阅读内容相互补充，思想相互碰撞，进一步提升了学生的口语交际能力。

第三个子问题：如何向读者推荐一本你喜欢的外国文学名著？

学生根据之前的阅读和讨论，开始实践创作。每位学生设计一张文学名著推荐卡，内容包括作品的梗概、核心情节和主要人物的特点。创作完成后，学生将作品进行展示，彼此交流创作思路与心得。通过这一环节，学生不仅巩固了对名著的理解，还提升了他们的综合分析和表达能力。

（五）设计学习评价，完善大概念

在项目式教学中，评价是不可或缺的一环。根据课标的评价建议，教师需要选择恰当的评价方式和工具，注重学生在真实情境中的表现，特别关注学生情感态度和语言能力的展现，并引导学生内化评价标准，学会评价。这与项目式教学的理念相契合，因为项目式教学注重反映学生在整体学习过程中的真实表现，包括态度、思维和参与程度等，强调评价主体的多元化。

在项目式教学中，评价量规有助于学生明确任务目标、完成程度和改进方向。通过这样的评价方式，学生能够在驱动性任务的引导下完成知识建构和能力提升。此外，多元评价方式，如自评、同学评、教师评等，也能促使学生形成自我监控和团队合作的学习态势，共同实现进步。

学生通过自评、生生互评等方式对项目成果进行修改和提炼。他们以"好书推荐官"的身份撰写精美的图书推荐卡，并根据评价表进行自评、互评。教师会对在项目中表现较好的小组和个人进行奖励表彰，鼓励学生的积极参与和表现。

总之，在"让外国文学名著带我们遨游世界"项目式教学的实践过程中，学生在任务驱动下积极参与各项任务，不断阅读、思考、交流、探索和发现。通过多元的评价方式，他们能够全面展现自己的风采，完成知识的建构和能力的提升，从而实现语文素养的生发和生长。

五、研究成效

（一）从知识学习走向素养发展，有效提升学生的语文素养

项目式教学是一种在教和学方面尝试突破的教学形式。项目式是对传统教学方式的改革和发展。教师通过设置和学生生活贴切的真实情境，使学生在完成项目的同时，促进他们语文素养和能力的提升。教师在提出任务后，学生按照自己的特长和能力匹配小组成员，组成小组，确定分工，进行实践，展示成果。教师可以制定相应的评价量表对学生的成果和过程进行评价，学生可以在实践的基础上进行互评和自评，反思收获和不足，教师对过程和结果进行总结和分析。通过这样的入项、实施、出项，学生获得了多方面能力的提升，思维的广度和深度得以发展，增强了解决问题的能力。教师也在这种模式中，不断提升和进步、学习和感悟。

对学生而言，这种方式能够激活学习参与度，促进自主学习，提升学习能力。同时，它还能拓宽学生的知识面，用充满趣味的方式提升学生的语文素养。具体来说，有以下两点。

第一，项目式教学能建立已有经验和未知经验的桥梁。当教师在布置一个教学项目时，项目的灵活性和多元性能激发学生的联结能力。项目推动的过程也是激发学生联结的过程。不同的项目会激起学生不同的已有经验，并提炼已有经验促进新知识的学习和吸收。小学语文课程标准中对学习任务群进行了分层分类，第一层是基础，名为"语言文字积累与梳理"；第二层是提升，分设"文学创意和表达""思辨性阅读与写作""实用性阅读与交流"三个任务群；第三层是发展，分设"整本书阅读""跨语文学习"两个任务群。学习任务群概念的提出是符合学生认知特点的：学生的学习不是一蹴而就的，学生经验的积累是循序渐进的。学习任务群分布在不同的学段，每个学段虽然单元主题和语文要素不同，但最终指向的学习任务群是相同的。而项目式教学中的项目有时不仅仅拘泥于一个单元，而是不同学段的不同单元的多元组合。学生的知识调配能力、对已有知识的激发能力在此时就能发挥作用了。

第二，项目式教学能促进学生思维的提升。在传统课堂中，学生通常把目光局限于课本、知识、考试。如果一个学生只关注自己的成绩，不会尝试用不同的角度和眼光看问题，那么他的学习是无效的，他的目光是狭隘的。而项目式教学强调学生用联系的、发展的、矛盾的观点看世界，用不同的思维视角看世界，学生获得的能力也是联系的、发展的。项目式教学的开展往往借助生活情境，如学生完成"遨游汉字王国"这一项目的过程，学生由此产生的对汉字起源的兴趣以及学到的科学的探究方法，是传统的讲授式课堂不可比拟的。

（二）从目标为本走向概念为本，有力促进教师的专业水平发展

大概念统整下语文学科项目式教学设计能在很大程度上提升教师的专业素养。一些教师开始改变自己的课堂教学形式，不断创新；同时，项目式教学对教师的要求也更高，有利于提升教师的教学能力。开展的任务各不相同，指向不同的维度。这对教师来说是一种挑战，有利于提升教师的专业技能，让教师对语文课堂更有信心。部编版《语文》教材具有双线结构和大单元教学的编写特点。在一堂语文课前，教师不能只备出这一堂课的内容，而是需备出这一单元的所有课，从大的项目中提炼出小的项目。"教什么"和"怎么教"都是需要教师明确的："教什么"指向的是教师的教学内容，教学内容的确定需要结合核心素养、学习任务、教学目标等；"怎么教"是指教师在完成教学任务时所采用的教学方法，教学方法的确定需要根据文本的形式、单元的目标等。项目式教学对教师的教学内容和教学形式提出了更高的要求。一方面，教学内容既要符合单元主题、单元目标，又需要结合项目任务；另一方面，教学形式既要有新的常识、符合项目化情境特色，又不能为了形式而形式，而把语文课上成非语文课。可见，项目式教学无论在教学内容还是教学形式上对教师都提出了更高的要求，能够促进教师教学素养和教学技能的提高，能激发教师的教学信心。多样的项目形式带来多个项目成果的汇总，同时也会促进良好师生关系的形成。

（三）从平面碎片走向立体结构，有序优化案例的丰富创新

大概念统整下的语文项目式教学能促进课堂模式创新。引入项目式教学模式，可以提升学生的学习兴趣以及课堂参与度，使教师乐于尝试项目、推进项目。师生共同构筑的课堂，由于项目式教学的引入，而充满了"生机与活力"。学生的学习能力提高，教师的专业素养提高，课堂模式不断创新。各类各级学校也尝试引进新的教学方式来促进学校的发展，而新的教学方式的引入会让课堂的面貌焕然一新。

在语文学科中引入项目式教学，突破了传统只注重结果的方式，形成了一种重视过程、重视体验的方式；改变了传统的一元结构，形成了一种多元思维的结构；改变了传统的独立思考的形式，形成了一种独立思考和合作学习相互结合的方式，促进教师教学兴趣和学生学习兴趣的提升。

（四）从被动角色走向主导意识，有质焕发课堂的生机活力

教师从被动角色走向主导意识，从理论精华中汲取营养，进而引领教育实践。在实践中提炼成果，以丰富教育理论。架起理论与实践的桥梁，促进二者的融合与贯通。从数量到质量，完善内容和形式。从注重结果性评价到多元评价的结合，更加重视以学生为主体。进而，教师引导学生在课堂中成为真正的主体，焕发课堂生命力。

1. 入情入境，重真实重体验

创建有效的项目情境是实施项目的关键。此外，明确、真实、有意义且具挑战性的驱动性问题是语文学科项目式教学设计的关键。这个驱动性问题能够让学生专注于项目，让他们明确目的，为他们指明方向，激发他们的合作探究意识。需要从本质问题出发，提炼出驱动性问题，如在"让外国文学名著带我们遨游世界"中，提出驱动性问题：现在你是好书推荐官，你如何为一本外国文学名著设计阅读推荐卡，让读者快速了解主要内容。

2. 重视素养，抓特点稳提升

教师要结合语文学科的特点进行项目式教学。无论何种教学方式和教学模式，都不能脱离语文课的本质和核心素养：听、说、读、写的能力，语言建构与运用，思维发展和提升，以及审美鉴赏和表达等。在实际教学中，需要结合部编版教材的编排，根据每个单元的单元体例和单元要素进行组织。有些教师常常将语文课上成非语文课，在实际教学中，教师一定不能忘记语文的本质，不能将语文课上成思政课、音乐课、美术课。同时，需要结合学科特点稳步提升，要求教师对整套教材体系有一定的解读和把握，知道所教的课文不仅是一篇课文，还是一个单元中的一课，更是一本书中的一课，甚至是小学语文教材的一篇。这就要求教师需要有长远意识和宏观意识，可以在低年级和中年级的时候就进行一些铺垫，为高年级的课程做准备。如何检验一堂课是不是语文课，需要看教师是不是以语言文字运用为核心展开授课。有些教师为了项目而项目，为了活动而活动，这是不可取的。语言、思维、审美、文化四大维度构成了语文的核心素养。语言是指在掌握语言规律、构筑语言积累、把握语言特点的基础上，形成自身的语言表达习惯，在小学语文中这一素养至关重要；思维是指在学生学习语文基础知识的同时不断突破自我，达到思维上的成长和进步，从而促进思维品质的提升；审美是指学生在语文学习中能够发现美、感受美、有美的意识，学生在学习语文知识的同时，借助阅读，窥探文学中的奥秘，审美品格自然也随之提升；文化是指学生在语文学习中不忘母语，不忘语文是根，在学习中不断提升自身的文化自觉和文化自信。当学生阅读到红色革命单元时，其自身的民族意识便会得到激发。这不仅体现了语文学习的态度，更是学生对文化传承和创新的一种展现。

3. 以生为本，终学生忠学生

项目式教学是从学生做任务开始的，也是以学生完成任务作为结束的标志。任务一定要贴近学生的生活，只有贴近学生的生活了，才能让学生的学习有持续的动力，才能有一

定的思维含量。此外，学生的参与应该是充分的，为了完成项目，小组中的成员都有自己的职责，大家"各司其职"。只有每个学生都充分参与，才能促进学生思维的提升。最后，要形成学生自己的成果，成果的形成代表了思维的发展。忠于学生的项目，才能促进学生的发展。"以学生为本"的理念应当贯穿于真实的语文课堂教学的全过程，教师在课堂中应该适当地把握好"扶"与"放"的平衡点。教学的实质就是引领学生思考，鼓励学生自主创造，并且在项目开展的过程中及时发现和解决出现的问题，以便更好地完成"扶放自如"的课程。当学生遇到困难时，教师应该给予有力的支持和帮助。在交流过程中，学生应该尽情地发表自己的见解，并且相互了解，以提高沟通能力。通过项目式教学，教师可以脱离传统教学中只关注学生读书的模式，而以培养学生的协作、研究和交流能力为主要目标。将项目学习融入语文学科，教师的基本目标是帮助学生建立起与自己、周围人以及更广阔世界的联系。未来，学生将会拥有更强的协作能力和倾听能力，这将有助于他们更好地融入社会。

4. 整体入手，助力项目设计

在单篇教学中，教师看到的是一棵树；而在单元整体教学中，教师看到的便是一片树林。对学生来说，前者收获的是一片树叶，后者则是一棵树。与先前的语文教材相比，部编版教材更强调单元意识。传统的教学方式是以单篇教学为主的。但现阶段倡导大单元学习，如果明天要上课，教师需要早早地就开始备课，把接下来这个单元的全部教学方案进行整合。单元教学的提出，是对语文教学的一种挑战和创新，旨在落实具体的语文学习要素和培养语文核心素养。部编版小学《语文》教材的每个单元都具有逻辑性，课文和课文之间、单元和单元之间层层递进，相互勾连。单元教学注重资源的整合和利用，每个单元围绕一个主题展开，将阅读、习作、口语交际、语言应用等方面相互融合，每个单元前都有单元导语、单元目标，每篇课文后有生字词模块、阅读链接、课后习题，单元后有语文园地、日积月累、交流平台、词句段运用、书写提示。单元之间不仅有横向联系，也有纵向联系，难度由浅入深，思维由易变难，循序渐进，符合学生成长的特点。每本语文书是一个大项目，每个单元是大项目下的子项目，每篇课文是子项目下的具体任务。完成了一个又一个具体任务后，子项目也就相应完成了，大项目也会随之完成。例如部编版六年级上册的第四单元，该单元是小说单元，选取了《桥》《穷人》《金色的鱼钩》三篇课文。这是本套教材第一次以单元形式引导学生接触小说，根据单元目标——读小说和编小说，来确定单元项目——小说家炼成记。子任务分设为读小说、荐小说、写小说。最后，学生和教师通过项目评价选出最优小说家，达到教、学、评的有机整合。大单元的模式，大项目的落实，为学生理解文章提供了更好的思维支架，也有助于学生的思维意识提升。

六、回顾反思

自我国开始探索项目式教学，研究者在课程样态、设计框架、实施模式等方面存在多样化观点。或偏重其综合性，以同一主题为媒介串联多门学科的内容；或偏重其实践性，以解决实际问题为目标重组课程框架。以上两种形式在教学时间、教师精力、教学资源、学生素质等方面存在局限性，因而我们倡导与学科教学相融合、与国家课程标准相对应的项目式教学。

大概念是我们优化学科项目式教学的关键，让学科核心素养能够在项目式教学中得到真正的落实。我们在设计大概念统整下的项目式教学方案时，以语文学科为课程依据和主要教学内容，在驱动性问题的引导下拓展语文学科和其他学科的必要知识，帮助学生实现知识内化和能力提升。在研究的过程中，我们也产生了一些思考，以期后续的研究可以深入探讨。

（一）适配：驱动性问题与学科知识、学生需求

驱动性问题是联动学科知识的枢纽，是激发学生学习热情的关键。它必须与学科知识和学生需求相适配，以确保项目式教学做到"以始为终"，落实学科核心素养。学科知识经过多年探讨形成了相对严谨的、系统的课程体系，呈螺旋式递进。学生受年龄和生活经验的影响，呈现出相对稳定的学习特点，而项目式教学是开放的，它以驱动性问题连接着多门学科的知识，因而是灵活的，它以具有鲜明时代特点的情境沟通着课程知识与生活场景。这要求我们在设计项目式教学方案时，要着重考虑驱动性问题的选取，要使之与学科知识、学生需求相适配。不适配的驱动性问题无法落实国家课程标准，无法落实学科教学目标，无法调动学生兴趣，无法保证学生主动探究的空间。

驱动性问题的选取要考虑其趣味性、知识性、活动性、情境性、合作性……其中与学科知识、学生需求的适配应为首要考虑因素。然而，三者如何适配、如何让驱动性问题的难度随着课程内容和学生年龄逐步递进，是我们要思考的问题。以"美丽风景"这一人文主题为例，从二年级到六年级的语文课程都有涉及该主题的内容，具体如表1-5所示，与之相对应的语文运用包括景点宣传手册、宣传策划书、美篇、短视频、建议书、旅行日记等。在选择驱动性问题时，或者说考虑项目式教学成果时，我们要衡量学生学习的可接受水平和项目难度是否有随年级递进，还要考虑成果形成中涉及的其他学科知识，以及学生其他学科的知识水平和接受能力。综上可知，驱动性问题与学科知识、学生需求的适配不是一个简单的问题，它涉及语文课程体系和其他学科课程体系的建设规律，以及学生的身心发展规律。因此，驱动性问题应该是一个系统的、科学的、有逻辑的体系，这一领域还需要后续进行更有针对性的研究。

表1-5 二到六年级涉及"美丽风景"人文主题的内容

涉及的年级和单元	课文篇目	语文要素
二年级上册第四单元	《登鹳雀楼》《望庐山瀑布》《黄山奇石》《日月潭》《葡萄沟》	—
三年级上册第六单元	《望天门山》《饮湖上初晴后雨》《望洞庭》《富饶的西沙群岛》《海滨小城》《美丽的小兴安岭》《习作：这儿真美》	借助关键语句理解一段话的意思；习作的时候，试着围绕一个意思写
四年级上册第一单元	《观潮》《走月亮》《秋晚的江上》《花牛歌》《繁星》《习作：推荐一个好地方》	边读边想象画面，感受自然之美；推荐一个好地方，写清楚推荐理由
四年级下册第一单元	《四时田园杂兴（其二十五）》《宿新市徐公店》《清平乐村居》《乡下人家》《天窗》《三月桃花水》《习作：我的乐园》	抓住关键语句，初步体会课文表达的思想感情；写喜爱的某个地方，表达出自己的感受
四年级下册第五单元	《海上日出》《记金华的双龙洞》《习作例文：颐和园》《习作例文：七月的天山》《习作：游_____》	了解课文按一定顺序写景物的方法；学习按游览的顺序写景物

续表

涉及的年级和单元	课文篇目	语文要素
五年级上册第七单元	《山居秋暝》《枫桥夜泊》《长相思》《四季之美》《鸟的天堂》《月迹》《习作：____即景》	初步体会课文中的静态描写和动态描写；学习描写景物的变化
五年级下册第七单元	《威尼斯的小艇》《牧场之国》《金字塔》《习作：中国的世界文化遗产》	体会静态描写和动态描写的表达效果；搜集资料，介绍一个地方

（二）平衡：项目实践性与学科性

大概念统整下的语文学科项目化是一种知行合一的语文教学方式，学生不仅学习语文学科知识，还在实践中运用所学知识。学科知识和实践任务互为表里、相辅相成。实践任务赋予学科知识意义，学科知识提高实践任务质量。两者必须达到一种平衡，才能更好地实现项目式教学的意义。

有的研究者更看重项目的实践意义，从情境问题出发，主张让学生自己提出问题、提出解决方案，教师作为支持者只在学生需要的时候出现。这样的项目式教学要求学校改变原有的教学组织方式，增加师资力量，以便教师及时给予学生支持。然而，这种方法可能导致知识学习碎片化，使学生所学的知识过于零碎，可能导致学生为了完成任务而做，项目学习退化为一次综合实践活动，学生无法实现知识的系统建构。有的研究者更看重项目的学科专业性，从所学知识出发，注意课堂指导和搭建支架，让学生在可模仿、可超越的空间内进行实践活动。但是如果教师没有充分理解项目式教学的内涵，只是在原有教案中进行项目式教学的套用，容易使得项目式教学流于形式化、表面化，难以实现项目式教学真正的价值。

可见，保证项目实践性与学科性的平衡是一件重要的事情。项目式教学是连接生活的学习，重在寻找知识的价值、构建知识体系、感悟学习过程、体验学习成就。这要求我们在设计项目式教学方案时，要注意所涉及的知识体系和知识含量，注意学科知识和实践任务之间的连接，兼顾学习的过程性评价和形成性评价，避免过度强调实践的功利性。为了避免出现新瓶装旧酒的现象，教师应该深刻理解项目式教学的理念和方法，将这种"以生为主""以始为终"的观念融入每天的日常教学和长期的语文学习，处理好学科知识与生活实践之间的关系。

（三）展望：新理念与新形式

课程标准强调整合学习内容、情境、方法和资源，设计语文学习任务群，这要求教师不断提高自身的教学设计能力。项目式教学实践通过多种评价方式评价项目成果和效果，以及评价学习全过程，这就需要教师拥有较强的评价设计能力，以激发学生学习的内在动力，以评促学，以评促教，在真正意义上实现教学评一体化。

结合部编版《语文》教材对项目式教学的价值内涵及应用范围进行深度挖掘和分析，才能够更好地为大概念下的语文项目式教学的教学设计提供理论指导。为推进项目式教学的研究与实施，笔者对今后的研究工作做出如下展望：

第一，尝试运用行动研究法，将项目式教学导向下的小学语文教学设计理念和策略运用于课堂实践，在实践探索的过程中不断修改与完善。

第二，及时关注项目式教学的最新学术成果，掌握前沿研究动态。继续深入分析语文学习的特性，寻找其与项目式教学更多的契合点，进一步细化设计策略，为教学设计提供理论指导，增加设计的语文性。

第三，尝试突破项目化单学科实施的囹圄，提高自身教材资源的开发能力，以大概念的整合能力为契机，思考跨学科的项目式教学模式，不断探索成长。

综上所述，基于大概念的语文单元项目式教学实践改变了传统教学方法，通过设计统整化、方法项目化建构了立体的知识网络，以项目为载体，对教材进行单元重组，克服单篇教学的不足，以"任务驱动"的言语实践活动解决知识碎片化和协作学习弱化的问题，形成了开放性和自主性的语文教学方式。在学习过程中，学生能够进行自主学习、探究性学习和合作学习，从而促进了学生思维的独立性、深刻性和创造性的发展。

参考文献

［1］汉默顿．西方文化经典（哲学卷）［M］．李治鹏，王晓燕，译．武汉：华中科技大学出版社，2016．

［2］巴克教育研究所．项目学习教师指南：21世纪的中学教学法［M］．任伟，译．2版．北京：教育科学出版社，2008．

［3］夏雪梅．项目化学习设计：学习素养视角下的国际与本土实践［M］．北京：教育科学出版社，2018．

［4］刘景福，钟志贤．基于项目的学习（PBL）模式研究［J］．外国教育研究，2002（11）：18-22．

［5］杨葛莉．项目化学习：统编初中语文教材实施困境的突破［J］．中国教育学刊，2019（12）：79-80．

［6］王荣生．事实性知识、概括性知识与"大概念"：以语文学科为背景［J］．课程·教材·教法，2020，40（4）：75-82．

［7］李卫东．基于大单元学习的深度阅读和真实写作［J］．中学语文教学，2020（3）：10-15．

［8］李卫东．大观念和核心学习任务统领下的大单元设计［J］．语文建设，2019（21）：11-15．

［9］凌士彬．语文大单元教学的内涵特征及价值实现［J］．教学与管理，2021（16）：44-47．

［10］张燕，李松林，刘莉，等．大概念统整下的项目化学习探究（笔谈）［J］．教育与教学研究，2021，35（5）：94-128．

［11］贺慧，陈倩．大概念统整下的学科项目式学习设计［J］．天津师范大学学报（基础教育版），2021，22（1）：51-54．

［12］吕立杰．大概念课程设计的内涵与实施［J］．教育研究，2020，41（10）：53-61．

［13］李松林. 以大概念为核心的整合性教学［J］. 课程·教材·教法，2020，40（10）：56-61.

［14］李刚，吕立杰. 落实学科核心素养：围绕学科大概念的课程转化设计［J］. 教育发展研究，2020，40（增刊2）：86-93.

［15］刘徽，徐玲玲. 大概念和大概念教学［J］. 上海教育，2020（11）：28-33.

［16］李刚，吕立杰. 国外围绕大概念进行课程设计模式探析及其启示［J］. 比较教育研究，2018，40（9）：35-43.

［17］王喜斌. 学科"大概念"的内涵、意义及获取途径［J］. 教学与管理，2018（24）：86-88.

［18］何克抗. 建构主义的教学模式、教学方法与教学设计［J］. 北京师范大学学报（社会科学版），1997（5）：74-81.

［19］钟启泉. 学会单元设计［J］. 新教育，2017（14）：1.

［20］卢小花. 项目式学习的特征与实施路径［J］. 教育理论与实践，2020，40（8）：59-61.

［21］堵爱玲. 语文学科项目化学习探微［J］. 江苏教育研究，2019（32）：31-34.

［22］郝琦蕾，焦芳芳，陈小伶. 基于项目学习的语文教学实践研究［J］. 课程教学研究，2020（2）：4-9.

［23］夏雪梅. 在学科中进行项目化学习：学生视角［J］. 全球教育展望，2019，48（2）：83-94.

［24］陈素平，缪旭春. 基于学科的项目化学习设计与实施样态［J］. 上海教育科研，2019（10）：38-43.

［25］王坚. 项目化学习：社会实践活动的德育新境界［J］. 中国教育学刊，2018（6）：98-102.

［26］夏江萍. 项目化学习任务：开启综合性学习的新方式——以"难忘的小学生活"为例［J］. 语文建设，2020（6）：56-59.

［27］董艳，和静宇，王晶. 项目式学习：突破研学旅行困境之剑［J］. 教育科学研究，2019（11）：58-63.

［28］蒋玉中. 英语项目式学习的要素与实践［J］. 教学与管理，2020（4）：58-61.

［29］夏涛，罗祖兵. 项目学习：中小学数学教学的应然选择［J］. 现代教育科学，2011（12）：102-104.

［30］徐文凯. 名著阅读项目化学习中的驱动性问题设计［J］. 语文教学通讯，2020（17）：34-36.

［31］成小娟，宋宏甲，张文兰. 基于电子书包的语文项目式学习设计与应用研究［J］. 中国教育信息化，2019（22）：22-28.

［32］谭轶斌. 语文项目学习：实现教与学方式的变革［J］. 语文学习，2020（1）：20-21.

［33］杨振兴，高冬玲．点亮学生生活、激活语文课堂、发展文化素养：记河北省保定师范附属小学"项目主题下的语文学习"教学研究与实践［J］．语文建设，2011（9）：78-80．

［34］周娅．语文学科主题型项目化学习的实践探索：以二年级"我是什么"项目化学习为例［J］．江苏教育，2020（30）：31-34．

［35］李勉，张平平，葛兴蕾，等．班额对教师教学行为与学生成绩、学习兴趣关系的调节：来自大样本研究的证据［J］．教育学报，2020，16（6）：108-116．

［36］秦宗路．转变教学观念，提升学习效率：小学数学教学中学生兴趣培养与激发的策略［J］．中文科技期刊数据库（引文版）教育科学，2021（12）：228-229．

［37］杨琳．项目化学习在小学语文阅读教学中的应用探究［J］．科学咨询（教育科研），2019（10）：164．

［38］杨和平．学习活动设计要考虑的基本要素［J］．语文教学通讯，2020（14）：18．

［39］薛祖红．大单元教学中的项目化学习：以五年级上册民间故事单元为例［J］．教育研究与评论（小学教育教学），2020（8）：61-67．

［40］刘春文．项目化古诗文统整教学策略探索［J］．语文教学通讯，2022（8）：31-35．

［41］王淑娟．美国中小学项目式学习：问题、改进与借鉴［J］．基础教育课程，2019（11）：70-78．

［42］李熹．语文项目化学习的内涵、特征及教学启示［J］．江苏教育研究，2021（增刊1）：49-53．

［43］姜静波．基于核心素养的小学语文项目化学习与研究：以五年级"邀约金花"项目为例［J］．江苏教育研究，2019（31）：43-46．

［44］鲍道宏，鲍清源．当前项目化学习实施的意义与问题［J］．福建教育，2021（6）：6-8．

［45］陶美萍．基于文本情境，让项目化学习落到实处［J］．小学教学研究，2021（27）：48-49．

第二章　我们的行动

第一节　设计一个识字风车
——部编版《语文》教材一年级下册跨单元项目式教学设计

一、项目简述

本次学习活动整合部编版《语文》教材一年级下册两个集中识字单元为内容，即第一单元、第五单元，尤其关注《小青蛙》《猜字谜》《动物儿歌》和语文园地五"识字加油站"等。在整合教材文本的基础上，我们重点关注字族文识字的方法，带领学生在"设计一个识字风车"的项目中，通过抓字族的特点对语言文字进行积累和梳理，增强学习兴趣。

《义务教育语文课程标准（2022年版）》较以往更加强调识字兴趣、愿望和独立识字能力。第一学段包括"初步感受汉字的形体美"，第二学段要求"能感知常用汉字形、音、义之间的联系"。本次项目将教材和拓展资源进行梳理整合，抽取字族相关内容进行集中识字教学，更有利于学生在识字单元的学习中理顺知识逻辑，建立常用汉字音、形、义之间的联系，加深对形声字构字特点的认识，积累和梳理语言文字。在项目中借助生动直观的方式，提高识字效率，增强学习信心，培养主动识字的习惯。

二、项目时长

一周。

三、教材和相关资源

（一）教材

部编版《语文》教材一年级下册第一单元、第五单元。

（二）推荐给学生的参考资料

《有意思的大单元识字》，林乐珍编著。
《字族文学字儿歌》，鄢文俊著。
《识字儿歌100首：同族字大变身》，刘畅著。
《小学识字强化读本》，陈士银、陈晨编著。

四、单元项目统整目标

（一）单元核心目标

掌握形声字的构字规律。

（二）单元基础目标

①能正确、流利地朗读识字儿歌、童谣。
②初步感受形声字音、形、义之间的联系。
③初步尝试运用学到的识字方法自主识字。

五、项目驱动性问题

（一）本质问题

运用多种方式自主识字。

（二）驱动性问题

学校举办语文主题游园活动——风车节，请同学们想一想：怎样将汉字做成字族风车，帮助更多同学在活动中批量识字？（图2-1）

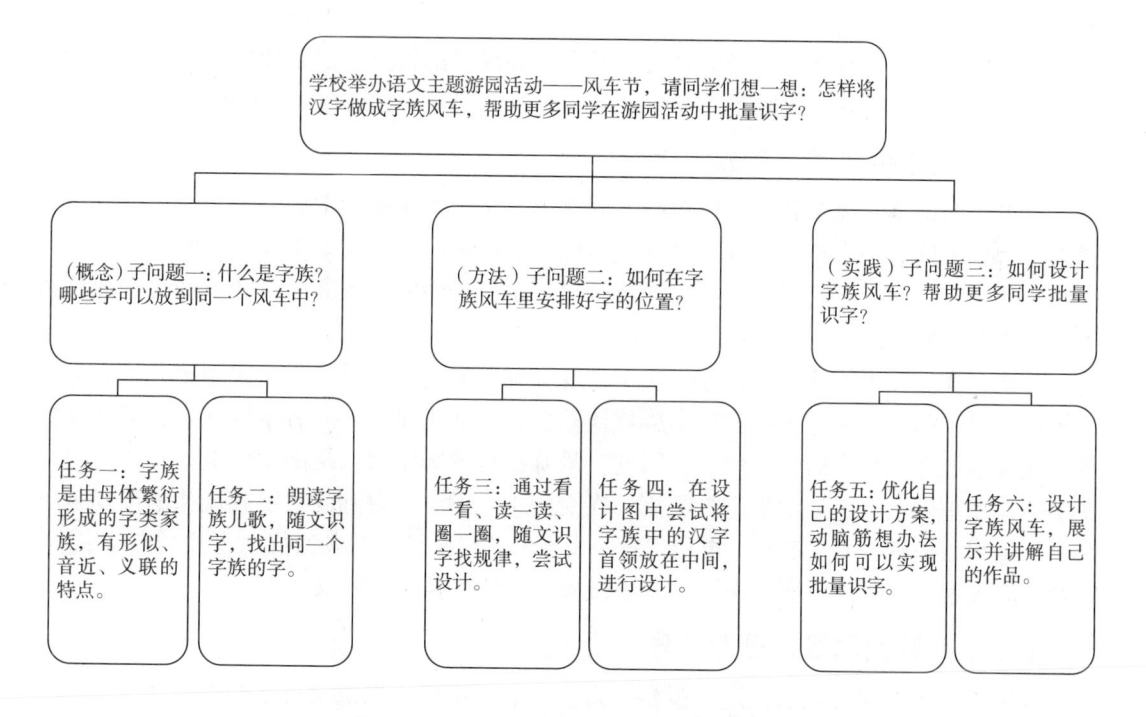

图 2-1 "设计一个识字风车"驱动性问题

六、评价量规

项目实施之初，学生可从量表（图 2-2）中知晓各环节的评价量规，在学习时可依据清晰具体、有层次、指向性明确的评价指标进行学习调整。

我能行	
正确朗读、书写	★ ★ ★ ★ ★
正确找出字族	★ ★ ★ ★ ★
说出自己的思考	★ ★ ★ ★ ★

我真棒	
书写美观	★ ★ ★ ★ ★
其他字族	★ ★ ★ ★ ★
每个字组词	★ ★ ★ ★ ★

图 2-2　"设计一个识字风车"评价量表

七、项目实施过程

（一）问题情境入项

"风车随风转啊转，多有趣！学校举办语文主题游园风车节，邀请同学们来把字族汉字放到风车里。"教师以实际情境导入，呈现驱动性问题，引发学生初步思考如何做字族风车。

逐步将项目进行细化：一是通过儿歌发现字族汉字的特点；二是依据字族认识、搜集更多的汉字；三是设计字族风车，书写汉字并注音、组词等，进行展示讲解。

（二）汉字捉迷藏，字族大集合

首先，明确字族风车和一般风车的不同之处。学生先了解"字族"的含义，汉字很有意思，一个家族有一个首领，首领最有代表性。字族中的字像人类大家族里的兄弟姐妹，彼此相像又有不同。把同一家族的汉字放到风车里，最中间是首领，风叶上的汉字像兄弟姐妹，越多越好，最好还能给每个字组词。

其次，在随文识字环节中，通过汉字"躲猫猫"游戏，鼓励学生多次朗读儿歌。学生可能出现以下问题：一是未能找出字族规律；二是未能依序找到所有字族汉字；三是未能将字族汉字放在风车中的合适位置。因此，教师要搭建脚手架，帮助学生进行知识建构；在学生作品基础上，引导学生进行交流。在交流中，学生了解到寻找字族规律的前提是对汉字进行积累梳理，要先观察，再用"看一看"和"读一读"的方法找出有共同点（字形、字音）的汉字，同时用"圈一圈"的方法做标记，依序找全字族汉字。

（三）头脑大风暴，思考齐分享

学生基于多次朗读儿歌，进而观察、发现、认识字族，先说说自己的思考，分享自己在解决问题过程中的处理方法。例如如何找出字族，如何确定哪个字应当作为字族首领放在风车的中央。通过组词的方式，将风车扇叶上的字族进行规整，总结自己的学习收获。教师引导学生梳理设计字族风车的流程：圈一圈，定中间；加偏旁，组新字；先写字，再组词；检查好，多读读。

教师在评价过程中要留心学生是否能通过独立思考与操作、同桌合作、全班交流的形式完善想法，并系统思考如何制作字族风车。学生以了解字族的特点、字族字中的区别与联系为学习目标。同时，提高学生的交流能力，体验识字的乐趣。

（四）展示作品谈发现，举一反三找规律

展示字族风车作品，教师引导学生通过"看一看"找出字形关系，通过"读一读"找出字音关系，通过"想一想"找出字义关系。在展示作品的过程中，教师要肯定学生的创造性。例如：有的学生设计出双面风车，使得一个风车的识字量翻倍；有的学生通过增减风叶，达到不同的设计效果；有的学生通过图文结合的形式引导年幼儿童增加对汉字形体美的认识。

在此基础上，教师设计出项目中的挑战阶段——变化与应用，将游戏难度升级，进一步激发学生的智慧。让学生在体验项目过程中遇到变化，学会应对变化，增加对字族的理解。初步了解形声字的特点、偏旁知识，理解、运用、梳理字族识字方法。通过汉字游戏增强学习兴趣，感受汉字的语言文字之美。

找出变化，建构新知，举一反三。教师引导学生在儿歌中识字，在生活中识字，运用字族识字方法积累、梳理、总结。呈现《动物儿歌》等资料，提出项目主题：以同一个偏旁为首领字应当如何设计识字风车。补充材料《小猴摘桃》《上课》《小水瓢》（上字字族），补充生活中真实的材料——海鲜市场价目表（"鱼"偏旁字族）、海滨小城地图（"三点水"偏旁字族）等，引导学生尝试运用。

在试操作、正式操作的基础上，引导学生发现并主动建构项目中的新知识。在这个环节中，学生可能出现的问题：①对生字尚不熟悉；②定式思维。由于学生已通过《小青蛙》《包字朋友多》初步认识形声字的特点，对依据形声字做字族风车有一定的信心，能够做到"看一看""读一读""圈一圈"，然而在实际操作中仍有难点，教师应当协助学生进行知识建构。《动物儿歌》以同类偏旁字为字族，学生需要对偏旁有一定的了解，并能灵活应对变化，做字族风车。教师既要引导学生抓住形声字的特点，也要引导学生打开思路，了解偏旁相关知识，帮助学生克服难点。

八、效果展示

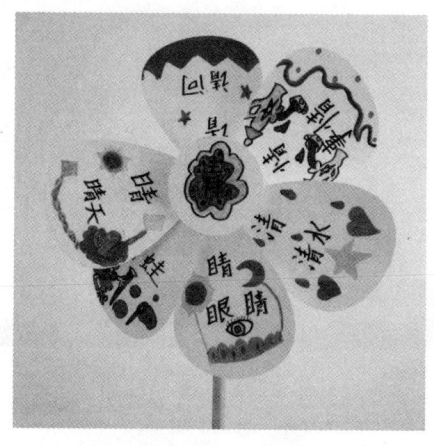

学生作品：孙曼菲
漂亮的识字风车

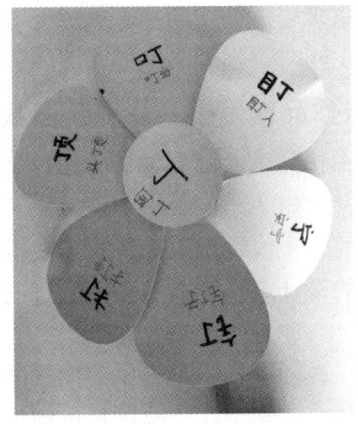

学生作品：张国睿
不同形状的识字风车

学生作品：高浩轩
双面批量识字风车

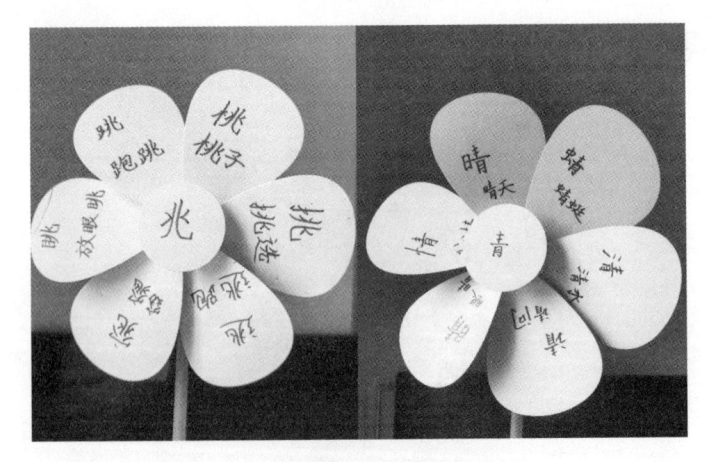

学生作品：黄以晴
认真书写的识字风车

（指导教师：陈智慧）

第二节 "一诗一画"主题诗歌收集与创作
——部编版《语文》教材二年级下册诗歌项目式教学设计

一、项目简述

在部编版《语文》教材二年级下册中,有两个单元涉及古诗的学习。第一单元中《村居》《咏柳》两首诗都表达了诗人对祖国春天美好景色的赞美,第六单元中杨万里的《晓出净慈寺送林子方》和杜甫的《绝句》均描绘了祖国的大好河山,抒发了诗人对大自然的深切热爱和赞美之情。

基于语文课标要求,在低学段的阅读教学中,学生能"诵读儿歌、儿童诗和浅近的古诗,展开想象,获得初步的情感体验,感受语言的优美"。我们将这一册书中两个单元的古诗进行重整,提炼出本册古诗学习的人文主题"热爱大自然,弘扬中华情"。

我们以"一诗一画"为主题展开项目式教学,让学生发挥想象,用一幅图表达对一首诗歌的理解。这既激发了他们自主识字的欲望,又帮助学生理解了诗文大意。我们将本质问题转化为学生喜闻乐见的驱动性问题:咏经典诗词,绘个性诗集。在此次项目式教学过程中,我们大胆进行整合,旨在让学生在阅读与欣赏大量的诗歌后,摘录经典,尝试创作,并编制成个性化诗歌集。

二、项目时长

三周。

三、教材和相关资源

(一)教材

部编版《语文》教材二年级下册的所有诗歌。

(二)推荐给学生的参考文章/关联资料/参考材料

《唐诗三百首》《国民读本·国学经典系列》编委会编。
《泰戈尔诗歌集》,泰戈尔著。
《给孩子的截句:走进最短的现代诗》,蒋一谈著。
《日有所诵》(小学二年级),亲近母语编著。
《我成了个隐身人》,任溶溶著。
《花和蝴蝶》,林焕彰著。
《向着明亮那方》,〔日〕金子美铃著。

四、单元项目统整目标

(一)单元核心目标

①初步了解诗句的意思,想象画面,用文字或图画表达诗句描绘的美景。

②热爱大自然，感受大自然的美，弘扬中华情。

（二）单元基础目标

①正确书写古诗，积累优美的中华传统诗词。
②有感情地朗读古诗和儿童诗，背诵诗歌。

五、项目驱动性问题

（一）本质问题

诵读儿歌、儿童诗和浅近的古诗，展开想象，获得初步的情感体验，感受语言的优美。

（二）驱动性问题

我们怎样吟咏经典诗词，绘制个性诗集？（图2-3）

```
                    吟咏经典诗词，绘个性诗集
        ┌──────────────────┼──────────────────┐
  （概念）子问题一：   （方法）子问题二：创作   （实践）子问题三：
  什么是诗集？         一本诗集需要做哪些准备？  如何制作一本个性诗集？
     ┌────┬─────┐       ┌──────┬──────┐         ┌──────┬──────┐
  任务一  任务二       任务三   任务四         任务五   任务六   任务七
```

任务一：对比学习《村居》《咏柳》，找出两首诗的共同特点。

任务二：阅读《泰戈尔诗歌集》《唐诗三百首》等，在小组内谈谈诗集的特点。

任务三：借助项目式学习"闯关卡"，读诗歌、品诗歌、摘录诗歌。

任务四：分类整理摘录的诗歌，并想象画面，将脑海中领悟到的诗歌以图文结合的方式呈现。

任务五：阅读《向着明亮那方》《花和蝴蝶》《唐诗三百首》等，小组合作探秘书籍的样式，并归纳总结"诗集制作六步曲"。

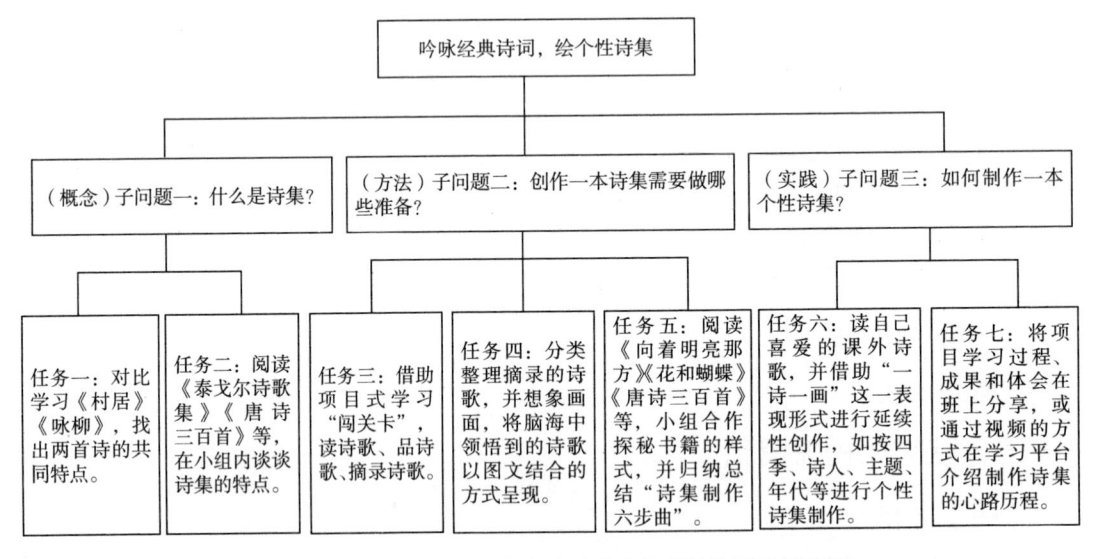

任务六：读自己喜爱的课外诗歌，并借助"一诗一画"这一表现形式进行延续性创作，如按四季、诗人、主题、年代等进行个性诗集制作。

任务七：将项目学习过程、成果和体会在班上分享，或通过视频的方式在学习平台介绍制作诗集的心路历程。

图2-3 "'一诗一画'主题诗歌收集与创作"驱动性问题

六、评价量规

项目式教学强调以终为始的教学与评价和以评价为先的学习，更有助于激发学生自主合作探究的学习兴趣，走出被动学习的束缚。

我们将学习评价贯穿项目式教学过程中，在诗歌集的创作过程中，学生可以用"一诗一画"式诗集制作评价表（表2-1）来做自测；作品展示时，同学之间也可以用评价表来给予宝贵的意见反馈；项目活动结束时，教师也可根据学生项目实施过程和成果给予鼓励及建设性的描述评价，并有针对性地提出具有建设性的意见，以切实提升学生的语文素养。评价不仅关注最终的学习作品的呈现，更关注学生解决实际问题的过程、情意的展示过程。

表 2-1 "一诗一画"式诗集制作评价表

评价内容	得分			评价与建议
	3 分	2 分	1 分	
1. 积极参与"制作诗歌集"话题讨论				
2. 正确、流利地朗读课内外诗歌				
3. 规范书写诗歌，字迹工整、漂亮				
4. 一诗一画，画表诗意，画面美观				
5. 介绍诗集时，语言简洁，表达流利，自信大方				
6. 在多个平台分享展示、集赞，展示方式具有个性				
总分				
评价说明：高于标准（3 分），达到标准（2 分），接近标准（1 分）				

七、项目实施过程

（一）设计驱动问题，确定项目主题

项目式教学主题确定的依据，一是单元教材的解读，二是学生的真实需求。

如何将项目式教学转化为学生自我的问题需求，使之成为强烈而持久的内驱力。那就需要设计驱动性问题。二年级的学生对动手操作、需要合作完成的学习内容比较感兴趣，通过组织学生"头脑风暴式"的专题讨论，我们形成了"咏经典诗词，绘个性诗集"这一驱动性问题。学生将围绕该主题组建学习任务群，在一系列经典诗词的吟咏中感受传统文化的魅力，在"一诗一画"式的诗歌创作中体验学习的乐趣。

（二）搭建支架，推进深度学习

为指导与推进任务完成过程中的深度学习，促进项目成果的生成，教师需要搭建"成长的支架"，提供学习资源、学习策略等。

1. 挑战闯关卡

要制作出精美的诗歌集，学生首先要读懂诗歌，才能为诗歌配画。教师可以设计制作闯关卡（表 2-2），让学生在闯关卡的指引下，读诗歌、品诗歌、摘录诗歌，最后为诗歌配上恰当的图画。

表 2-2 学生项目式学习闯关卡

关卡	闯关任务	自我评价	他人评价
第 1 关 读一读	小组诵读过关：能正确、流利地朗读/吟诵二年级下册的古诗、"最美诵读"App 推送的课外古诗	☆☆☆☆☆	☆☆☆☆☆
第 2 关 写一写	小组书写比拼：能正确地书写二年级下册课本中的三首古诗，把生字书写工整；为新生字注音；批注难理解的字词	☆☆☆☆☆	☆☆☆☆☆

续表

关卡	闯关任务	自我评价	他人评价
第3关 看一看	我爱看： 观看"儿童诗创作"微课视频；阅读课外推荐书目《给孩子的截句》《日有所诵》等	☆☆☆☆☆	☆☆☆☆☆
第4关 想一想	我能悟： 一边读一边想象画面，感受意境，理解古诗	☆☆☆☆☆	☆☆☆☆☆
第5关 背一背	小组背诵比拼： 1. 背诵课内三首古诗 2. 背诵"最美诵读"课外拓展的古诗	☆☆☆☆☆	☆☆☆☆☆
第6关 做一做	我们能一起做： 1. 阅读推荐书目，了解制作的基本格式要求 2. 与同伴合作制作"一诗一画"式项目的诗集	☆☆☆☆☆	☆☆☆☆☆
第7关 晒一晒	我们的作品秀： 在畅言晓学App、朋友圈、班级群晒出小组制作的个性化诗歌集	☆☆☆☆☆	☆☆☆☆☆

2. 尝试诗配画

学生根据闯关卡的指引反复赏读课内古诗，学习生字词，为诗歌集的创作奠定基础。学生想象画面，将脑海中领悟到的诗歌内容以图文结合的方式呈现。

3. 制作诗歌集

教师给学生推荐诗集的相关书目，如《向着明亮那方》《花和蝴蝶》《给孩子的截句》等，学生小组合作探秘书籍的样式，归纳总结"一诗一画"式诗集制作六步曲（表2-3），并尝试编排，制作个性化诗集。

4. 拓展延伸

教师还可以鼓励学生读自己喜爱的课外诗歌，并借助"一诗一画"这一表现形式进行延续性创作，如按四季、诗人、主题、年代等进行个性化诗集定制。学有余力的学生还可以借助教师推送的"诗歌创作"微视频，写一写属于自己的原创小诗，以此来丰富诗歌集的内容。在摘录和制作诗歌集的过程中，促进学生对传统文化和民族精神的培养。

表2-3 "一诗一画"式诗集制作六步曲

编写环节	人员分工
第一步：选取诗集题目，确定封面	
第二步：为诗集写序	
第三步：编写诗集目录	
第四步：给收集/原创的诗歌分类	

续表

编写环节	人员分工
第五步：一诗一画，画表诗意，为诗集配画	
第六步：诗集内容整合	

学生在真实问题的驱动下，主动参与项目式深度学习，综合运用语文知识与学习策略，完成学习任务，形成学习成果。这样的项目式综合性学习为提升学生言语智能和解决问题的能力开辟了新路径，有利于人才培养模式的转变、核心素养的发展。

（三）探索与形成成果

学习活动的最后，学生用他们喜欢的方式展示自己的作品，将学习过程、成果和体会在班上分享。有的学生将作品拍成照片分享到班级学习平台，通过视频的方式在平台介绍制作诗歌集的心路历程。在这个过程中，学生既能回顾单元学习内容统整学习的过程与收获，又能训练自己的口语表达能力。

（四）反思迁移

教师在面对传统文化主题单元时，能基于大概念把握核心价值和目标要素，整体把握知识体系，立足于古诗词文体特征实施基于项目式单元整合教学，有效落实单元要素，形成课内、课外阅读相融合，读、写、交际、评价相结合的学习模式，引导学生在学习的过程中兼收并蓄、发展思维，从而促进了学生语文核心素养的发展与提升。

八、效果展示

（指导教师：毛燕影）

第三节　弘扬中华传统文化，制作形声字小报
——部编版《语文》教材二年级下册第三单元项目式教学设计

一、项目简述

本单元以"传统文化"为主题，编排的课文有《神州谣》《传统节日》《"贝"的故事》《中国美食》四篇课文。选取的课文根据地理、节日、美食等方面进行设置，课文形式活泼、内容丰富。语文园地内也涉及了对中国十二生肖的介绍，表达了中国人对祖国山河、传统节日、中华美食及传统民俗文化的自豪感，便于学生在不同的语境中激发识字兴趣，学习识字方法，同时感受优秀的传统文化。

识字和写字是本单元的重点教学内容，而本单元出现的生字大部分是形声字。故本项目围绕着形声字"形旁表义"的特点，以单元内的课文为切入点，辅以课后习题和语文园地内设置的训练点，激发学生深入探索形声字奥秘的兴趣。在此过程中引导学生了解中华传统文化，提升学生的学科核心素养，实现课程资源的整合与优化。弘扬中华传统文化教学在当下具有重大的现实意义。

二年级教师在进行项目化活动时，不仅要引导学生感受丰富优秀的传统文化，还要重点落实识字写字内容，尤其要把握形声字"形旁表义"的特点，并对形声字的归纳方法进行总结，激发学生主动探索形声字、归纳偏旁含义、挖掘字理故事的兴趣。

二、项目时长

两周。

三、教材和相关资源

（一）教材

部编版《语文》教材二年级下册第三单元。

（二）书籍

《汉字是画出来的》，小象汉字著绘。

（三）纪录片

《"字"从遇见你》。

四、单元项目统整目标

（一）单元核心目标

培养学生语言建构与运用、文化理解与传承的能力，增强学生的民族自信心。

（二）单元基础目标

①领略神州大地的壮美山川，了解中国传统节日及美食文化，感受中华民族的悠久历史和灿烂文化。
②了解形声字"形旁表义"的特点，认识常见偏旁，了解其字理、字源。
③掌握形声字的构字规律，自主找寻课文中的形声字并归纳整理。
④初步学会搜集、整合相关资料的方法，制作形声字小报。

五、项目驱动性问题

（一）本质问题

掌握形声字的构字规律并认识常见偏旁。

（二）驱动性问题

制作一份可以弘扬中华传统文化的形声字小报。（图2-4）

```
                    制作一份可以弘扬中华传统文化的形声字小报。
                                      │
        ┌─────────────────────────────┼─────────────────────────────┐
（概念）子问题一：什么是形声字？    （方法）子问题二：形声字背后有哪   （实践）子问题三：怎样设计一份可
什么是中华传统文化？                些含义和字理故事？                以弘扬中华传统文化的形声字小报？
        │                                    │                                     │
   ┌────┴────┐                      ┌────────┴────────┐                  ┌─────────┴─────────┐
任务一：将《"贝"   任务二：学习本    任务三：依托   任务四：依托课       任务五：初步     任务六：搜集资
的故事》作为入    单元课文，了解    本单元课文，找  文，并结合向他       确定要弘扬的     料，设计小报。
项课，提供学习    中华文化，        出课文中有哪   人请教、阅读书       中华传统文化
形声字的思路，    弘扬民族文化。    些形声字。     籍、网络搜索等       哪些具体方面。
了解形声字"形                                      多渠道方式完成
旁表义"的特点。                                    任务表格。
```

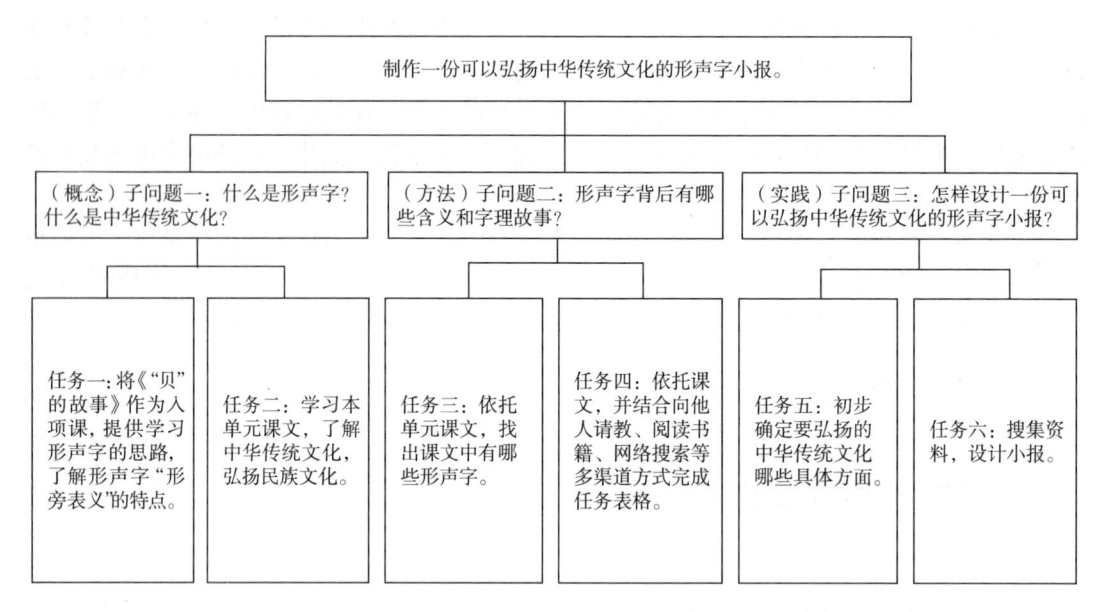

图 2-4 "弘扬中华传统文化，制作形声字小报"驱动性问题

六、评价量规

项目式教学的实施离不开科学合理的评价标准。综合性学习的单元素养指向更为明确，就是要培养学生探究问题和解决问题的能力、资料收集和筛选的能力、结果呈现和迁移的能力。学生在项目实施之初知晓各环节的评价量规，通过清晰具体、有层次、指向性明确的评价指标，在学习和小组合作时对自己有所要求。教师在项目实施过程中不断细化评价指标，优化评价量表，帮助学生及时修正自己的学习行为。评价表中有一级指标和二级指标，再加入表现性评价和纸笔测验结果以及质性评语等，让评价兼顾过程与结果（表 2-4）。

表 2-4 "弘扬中华传统文化，制作形声字小报"评价量表

组别或姓名		班级		学号			
项目主题							
项目组成员							
一级评价指标	二级评价指标	评价内涵说明	权重	评价方式	状态水平描述		
					自评	他评	师评
学习态度	参与度	积极参与项目相关活动	10%	表现性评价			
	兴趣度	积极了解形声字	10%	表现性评价			
问题的探究和解决	发现问题	主动发现与主题相关的问题	10%	表现性评价			
	搜集资料	能围绕"制作形声字小报"这一活动，通过各种渠道收集到丰富的信息	10%	表现性评价或纸笔测验			

续表

组别或姓名		班级		学号		
项目主题						
项目组成员						
一级评价指标	二级评价指标	评价内涵说明	权重	评价方式	状态水平描述		
					自评	他评	师评
问题的探究和解决	整理资料	能通过分析整理，处理和应用查找到的资料	10%	表现性评价或纸笔测验			
	总结归纳	能通过资料的整理，发现、归纳、筛选与主题相关资料的方法	10%	表现性评价或纸笔测验			
语文综合运用能力	书面表达能力	完成形声字小报内容的设计	10%	表现性评价			
	版面设计能力	完成形声字小报设计（版面设计须图文并茂）	10%	表现性评价			
	成果展示	完成形声字小报并展示	20%	表现性评价或纸笔测验			
综合评定等级（ ）		质性评语：					

七、项目实施过程

（一）入项活动

1. 创设情境，开启项目式教学任务

为了有效开展项目式教学任务，首先需要创设情境，开启学生的学习兴趣与积极性。我们可以设计一个真实且具有吸引力的情境：

同学们，下个星期国外友好学校要来我们学校进行文化交流活动，为了弘扬中华优秀传统文化，学校决定举办"汉字之美"活动，邀请同学们担任"传统文化小使者"，在我们优秀的中华传统文化中探寻"形声字"的奥秘。你知道哪些形旁？它们都和什么有关？你知道它们背后的故事吗？把它们整理出来制作一份可以弘扬中华传统文化的形声字小报吧！

2. 通过驱动任务，细化分解实施项目

（1）单元整合，提供思路

这一单元要求学生不仅要感受丰富优秀的传统文化，还要重点落实识字写字内容，尤其要把握形声字"形旁表义"的特点。本单元的每一篇课文和语文园地都有不少的形声字。我们将《"贝"的故事》作为入项课，提供学习形声字的思路，包括字形演变过程及形声字形旁与字义之间的联系；再将其学习方法迁移运用至其他课文，引导学生发现形声字存在于我们生活中的方方面面；最后利用课后习题及语文园地中的内容对形声字的归纳方法进行总结,激发学生主动探索形声字、归纳偏旁含义、挖掘字理故事的兴趣。

(2)搭建支架,合作探究

学生在了解了形声字"形旁表义"的特点后,在本单元课文创设的不同识字环境中都能快速精准地识字。教师以"形声字藏在_____中"为线索串联本单元课文,指导学生合作完成每课的任务表格。(表2-5至表2-7)

表2-5 《神州谣》任务表

主题	形声字藏在祖国山河中
祖国山河的名称	
你发现的形声字有哪些	
这些形声字的形旁是什么	
这些形旁都和什么有关	
它们背后的故事或演变过程	

表2-6 《传统节日》任务表

主题	形声字藏在传统节日及节日美食中
传统节日或节日美食的名称	
你发现的形声字有哪些	
这些形声字的形旁是什么	
这些形旁都和什么有关	
它们背后的故事或演变过程	

表2-7 《中国美食》任务表

主题	形声字藏在中国美食中
中国美食的名称	
你发现的形声字有哪些	
这些形声字的形旁是什么	
这些形旁都和什么有关	
它们背后的故事或演变过程	

小组内成员依托《神州谣》《传统节日》《中国美食》几篇文本,通过向他人请教、阅读书籍、网络搜索等多渠道获取与表格相关的资料并完成表格。教师跟进式引导,适时点拨。

(3)资料整合,设计形声字小报

学生通过自主学习、积极查阅资料、观看纪录片等方式进行深度研究,选择其中一个主题进一步交流探讨形声字小报的内容组成与版面设计,做到图文并茂,使小报富有文化气息。

（二）知识与能力建构

为了让学生更顺利地完成项目活动，教师需要搭建学习支架，并提供相关资料供学生参考。学生从课内和课外资料中提取信息并整理归纳，之后制作形声字小报，汇报分享。这些可以提升学生收集整理和运用资料的能力、书面表达和口语表达的能力、审美能力等。具体有以下两种方式。

第一，从课内文本入手，让学生在领略祖国壮美山河风光、认识传统节日及美食的过程中识字，探寻汉字之美，感受中华传统文化的魅力。

第二，结合课外资料链接，引导学生进行资料整合。本次项目在低年级落实时，我们采用比较具体的相关课外资料的呈现方式，例如阅读书籍《汉字是画出来的》，观看纪录片《"字"从遇见你》等，同时建议学生在家长的协助下进行网络资料的收集。教师带领学生随文发现形声字的过程也促进了学生对中国版图、中国传统节日、传统美食文化及生肖文化的了解，并在课堂上对学习方法进行引导，包括对相关资料的筛选、整合和运用。在制作形声字小报前，教师引导学生进行规划，确定主题之后，学生在小组讨论的基础上进行分工。收集资料，筛选资料，至共同设计小报，都需要团队的互相信任与合作，这都很好地促进学生合作探究能力的发展，初步培养了学生主动探索与积累中华传统文化的能力。在此过程中，学生了解了中国汉字的字理、字源，真切感受到汉字之美、文化之美，激发了他们对中华传统文化的敬意。

（三）探索与形成成果

1. 成果修订与完善

学生初步完成形声字小报设计后，进行组内讨论。教师根据学生的成果提出指导建议，如材料的取舍、图文的搭配、版面的设计等。小组根据讨论结果对作品进行修改完善，并准备展示。

2. 成果展示

举行全班交流展示会。各小组推荐、介绍本组的形声字小报，并分享本次活动的体验与感受。邀请学生、家长对各组作品进行评级。

（四）评价修订，反思迁移

1. 目标达成

在此次项目式教学过程中，每个小组都制作了一张形声字小报，学生的参与度比较高，学习较有兴趣和信心。

2. 反思与迁移

本项目通过创设情境，让学生以"传统文化小使者"的身份进行形声字小报的设计，激发学生的使命感，大大提高了学生参与的热情。在项目实施过程中，学生积极性高，能以小组为单位探究形声字小报的主题，主动协助搜集整理相关资料，群策群力共同设计小报。教师为学生提供了多种成果展示形式，学生可以根据自己的情况及兴趣点自由选择，在项目实施的过程中，教师与学生共同探讨，适时给予指导，鼓励学生开阔思维，创新设计，形成自己富有创意的成果。

但在项目实施过程中也发现了一些问题，如学生的创作潜力还是没有得到很好的激发。在小报的造型上可以看出，许多作品都中规中矩，与教师示范的小报大体一致，学生的个性没有得到很好的张扬，思维受到教师示范的束缚，创意性略显不足。在小报内容书写方面，本项目的初衷是锻炼学生查找、筛选、归纳信息的能力，但部分学生依赖于组员的学习成果，依赖于教师提供的资料，所以对他们的挑战性并不高。接下来的学习训练中应多关注此类学生，让他们真正参与到课堂中来，养成自主学习的好习惯。

学生制作的每一张形声字小报都是对传统文化尤其是文字的探究，体现了学生搜集资料、整合资料、创新设计的能力。这种能力在以后的学习生涯，甚至生活、工作中都非常重要。因此，在指导学生学习的过程中，教师需要注意重点培养学生的信息处理能力，并引导学生学会迁移运用。

八、效果展示

（一）祖国山河主题

第二章 我们的行动

（二）传统节日主题

（三）中国美食主题

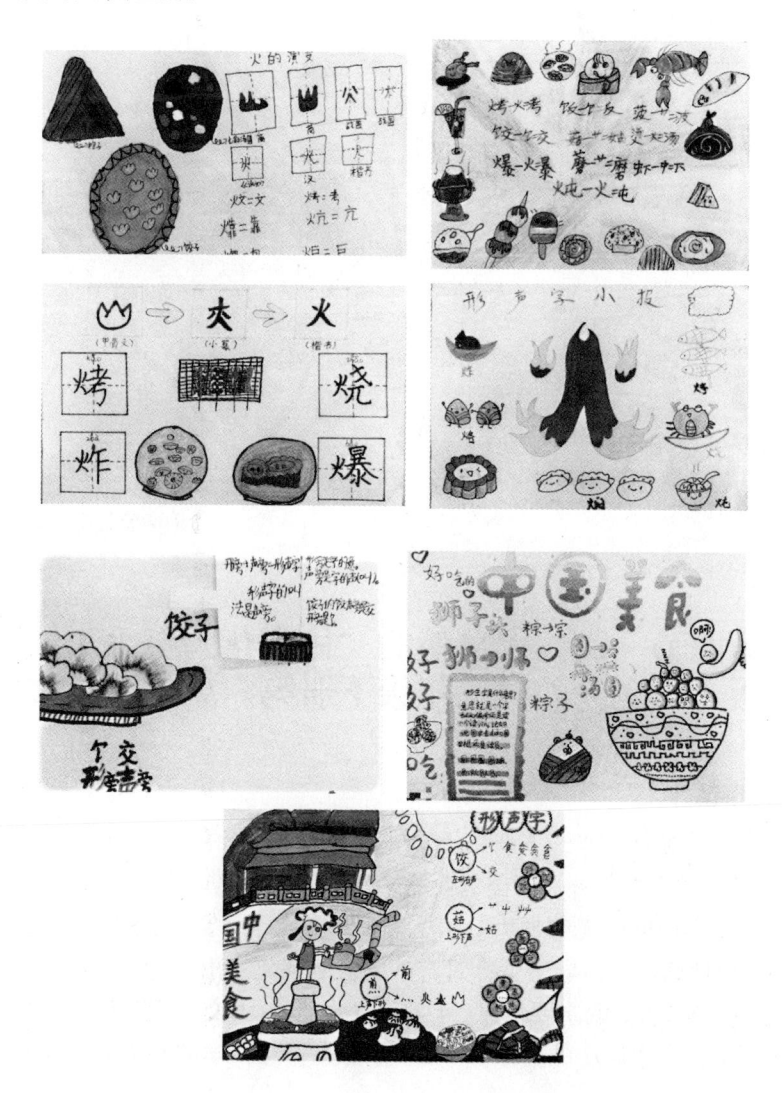

（四）学生自创主题

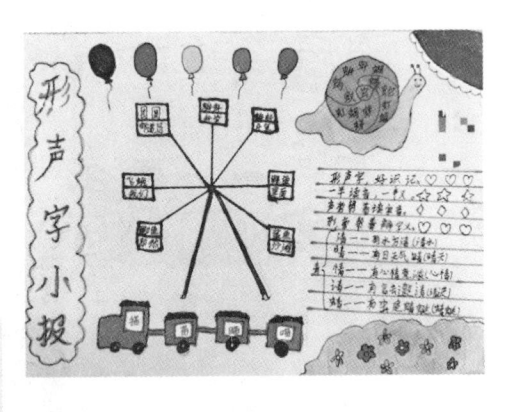

（指导教师：吴青霞　孔稚桐）

第四节　制作大自然的"秘密花园"手工册
——部编版《语文》教材二年级下册第六单元项目式教学设计

一、项目简述

部编版《语文》教材二年级下册第六单元以"大自然的秘密"为主题，编排了《古诗二首》《雷雨》《要是你在野外迷了路》《太空生活趣事多》四篇课文。这些课文语言生动，内容有趣，展现了大自然的无穷魅力。语文园地里编排了《最大的"书"》作为拓展阅读内容，还安排了写话活动，引导学生针对奇妙的自然现象提出问题，并把这些问题写下来。这个单元的语文要素是"提取主要信息，了解课文内容"。人文要素是调动学生的生活积累，学会观察自然现象与身边环境的关系，培养学生探索自然科学的兴趣和热爱大自然的情感。

培养学生提取主要信息的能力是小学语文教学的重要目标。教师要在方法上给予技术指导，引导学生自主发现、推断和提取信息，以达到正确理解文本的目的。因此，我们依托单元课文、语文园地等作为学习素材，开展大概念统整下单元项目式教学设计，培养学生"提取主要信息"的能力。围绕着语文要素的落实，搭建学习支架，开展制作大自然的"秘密花园"手工册活动。通过项目统整，对教学内容进行整合。在项目实施过程中，调动学生的生活积累，引导学生通过图书、网络等渠道收集资料。在教师的指导下构建"提取主要信息"并进行整合、解决实际问题的学习路径，提升学生的语言表达能力、语言运用能力、探究能力和培养审美情趣。

二、项目时长

两周。

三、教材和相关资源

（一）教材

部编版《语文》教材二年级下册第六单元。

（二）推荐给学生的参考材料

《十万个为什么：小学生彩绘版》系列，蜗牛爸爸编著。

四、单元项目统整目标

（一）单元核心目标

学会提取文本的主要信息。

（二）单元基础目标

①认识本单元的生字、新词。
②能拓展积累词语，抄写句子。
③能提取主要信息，了解课文内容。
④激发学生探索自然科学的兴趣和热爱大自然的情感。

五、项目驱动性问题

（一）本质问题

通过提取主要信息的方法来了解大自然事物的特点。

（二）驱动性问题

自然界里藏着许许多多的秘密，请你制作一本大自然的"秘密花园"手工册，帮助大家解锁大自然的奥秘。（图2-5）

```
                    制作一本大自然的"秘密花园"手工册,帮助大家解锁大自然的奥秘。
                    │
       ┌────────────┼────────────────────────────┐
   子问题一:什么是主要信息?    子问题二:如何运用提取主要信息    子问题三:如何把提取的信息
   如何提取主要信息?            的方式进行非文本阅读?          进行整理、归纳、润色,形成
                                                              手工册?
    ┌──────┬──────┐        ┌──────┬──────┐            ┌──────┬──────┐
  任务一   任务二           任务三   任务四             任务五   任务六   任务七
```

任务一:借助抓关键词句等方法,了解课文的主要内容,对比概括性内容和课文,发现联系。

任务二:学习课文群组探究"提取主要信息"的方法,如抓关键词句、联系生活等。

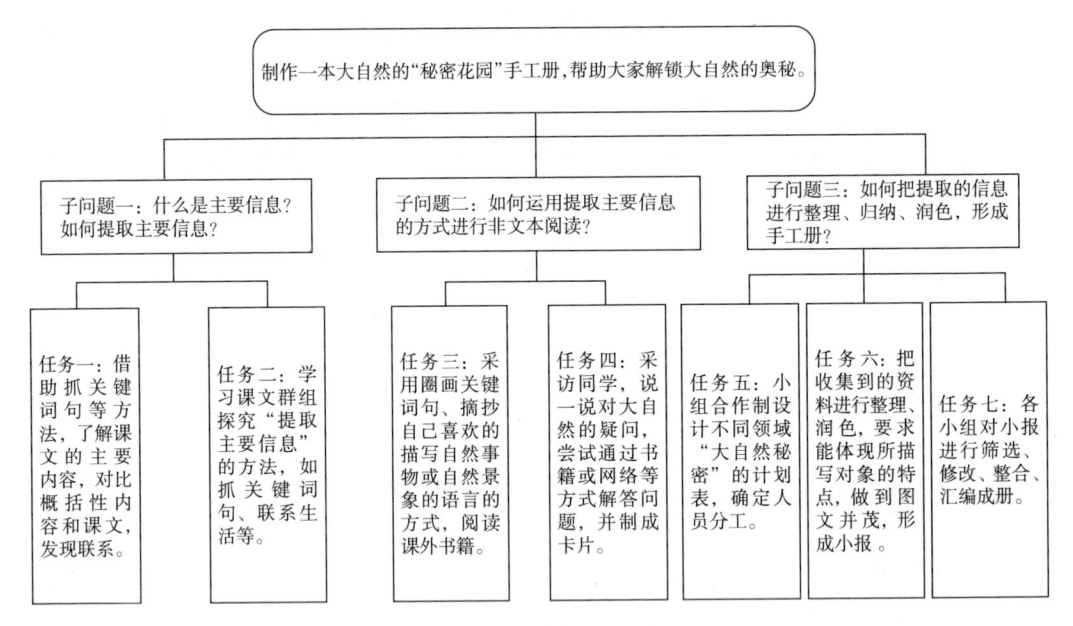

任务三:采用圈画关键词句、摘抄自己喜欢的描写自然事物或自然景象的语言的方式,阅读课外书籍。

任务四:采访同学,说一说对大自然的疑问,尝试通过书籍或网络等方式解答问题,并制成卡片。

任务五:小组合作制设计不同领域"大自然秘密"的计划表,确定人员分工。

任务六:把收集到的资料进行整理、润色,要求能体现所描写对象的特点,做到图文并茂,形成小报。

任务七:各小组对小报进行筛选、修改、整合、汇编成册。

图 2-5 "制作大自然的'秘密花园'手工册"驱动性问题

六、评价量规

此次项目式教学的评价量规,见表 2-8。

表 2-8 "制作大自然的'秘密花园'手工册"评价量表

组别或姓名		班级			学号		
项目主题							
项目组成员							
一级评价指标	二级评价指标	评价内涵说明	权重	评价方式	状态水平描述		
					自评	他评	师评
学习态度	参与度	积极参与项目相关活动	10%	表现性评价			
	兴趣度	积极了解自然的知识	10%	表现性评价			
问题的探究和解决	发现问题	主动发现与主题相关的问题	10%	表现性评价			
	搜集资料	能围绕制作手工册活动,通过多种渠道收集到丰富的信息	10%	表现性评价或纸笔测验			
	整理资料	能通过分析、讨论,处理和应用查找到的资料	10%	表现性评价或纸笔测验			

续表

组别或姓名		班级		学号			
项目主题							
项目组成员							
一级评价指标	二级评价指标	评价内涵说明	权重	评价方式	状态水平描述		
					自评	他评	师评
问题的探究和解决	总结归纳	能通过团结协作，完成相应的任务，解决驱动性问题	10%	表现性评价或纸笔测验			
语文综合运用能力	口语交际能力	能流利大方地介绍收集到的资料等	10%	表现性评价			
	书面表达能力	语言通顺流畅，表达清晰，能突出事物的特点	10%	纸笔测验			
	版面设计能力	主题突出，图文并茂，有个性创意	10%	纸笔测验			
	成果展示	大自然的"秘密花园"手工册成果展示、交流、评价	10%	表现性评价或纸笔测验			
综合评定等级（　）		质性评语：					

七、项目实施过程

（一）入项活动

1. 创情境话自然，巧设驱动性问题

上课伊始，教师播放自然世界纪录片，带领学生领略花开花落的神奇，认识动物世界的奇妙……由此引出话题：

大自然包罗万象、无奇不有，就像一个美丽而神秘的大花园。除了记录片中看到的，大自然中还有许多许多的奥秘等着我们去发现、去探索。今天我们一起走进第六单元的学习，用提取主要信息的方式探究大自然的奥秘，并将我们的发现制作成一本丰富有趣的大自然的"秘密花园"手工册，帮助更多的同学解锁大自然的奥秘。

2. 统整单元内容，细化任务驱动

教师统整单元学习内容，引导学生通过提取主要信息的方式从课文中寻找大自然的秘密，帮助学生形成信息提取的意识，促进学生阅读能力的提高，推进项目的实施。在项目实施过程中教师围绕着任务的落实，将项目活动进行了细化，培养学生从读到说到写的能力，实现从学习并运用提取课文主要信息的方法到用提取的信息解决实际问题的能力的提升,详情见表2-9。

表2-9 "制作大自然的'秘密花园'手工册"活动详表

活动内容	成果形式
活动一:学习课文群组探究"提取主要信息"的方法	圈画关键词句,完成探究表格
活动二:采访同学,将他们对大自然的疑惑记录下来,通过查书籍、网络,运用提取主要信息的方法,帮助同学寻找答案	"大自然求真"发布会
活动三:阅读课文+绘本,摘抄你喜欢的有关动物、植物或景象的秘密的语言,尝试用提取主要信息的方法获取大自然的秘密	设计阅读小报"_____的秘密"
活动四:整合小报,汇编成册,全班分享交流	举办"大自然的'秘密花园'"分享会

(二)知识与能力

为了让学生更顺利地完成项目活动,教师需要搭建学习支架,依托《晓出净慈寺送林子方》《绝句》《雷雨》《要是你在野外迷了路》《太空生活趣事多》等多堂课例,引领学生赏诗词之美景,观事物之变化,悟自然之语言,感天宇之奥妙。引导学生通过书本和生活走进大自然,通过提取主要信息去发现大自然的奥妙。

1. 立足课内,方法导向

教师对本单元课文教学进行整合,采用抓课文的关键词句、联系生活经验等方式来培养学生提取主要信息、了解课文内容的能力,落实本单元的语文素养目标,为后续项目活动的实施提供方法支持。

(1)品味重点语句,发现景物之美

《晓出净慈寺送林子方》和《绝句》两首古诗在写景时都着意描绘色彩,给人强烈的画面感。在教学时,教师在指导学生读出诗歌节奏美和韵律美的基础上,结合"圈景物、涂景色、画景致"等活动步骤引导学生品读重点字词的表达效果,感受景物的色彩美,品味诗中画面的意境美,体味大自然的美好风光。

(2)巧借课后习题,理清课文脉络

课后习题是教材助学系统的重要组成部分,承担着落实语文要素的重要任务。因此,教师应依托课后习题进行活动设计,从不同角度落实语文要素,通过渐进式引导,帮助学生逐步理解课文内容,掌握提取主要信息的方法。

在教学《雷雨》《要是你在野外迷了路》《太空生活趣事多》三篇课文时,教师指导学生对课文进行深入阅读,在此基础上有针对性地结合课后习题渗透"提取主要信息"方法的学习。比如《雷雨》一课按照雷雨前、雷雨中和雷雨后的顺序来写,结构清晰明了。教师引导学生抓关键词句,通过"画时段,圈景物,说变化"的方法,感知雷雨前、雷雨中、雷雨后三个场景的鲜明特点。

有了前面课文的方法引路,在教学《要是你在野外迷了路》《太空生活趣事多》时,教师可以放手让学生在实践中巩固方法要领,学以致用。组织学生采用小组学习的方式,通过联系生活,运用抓关键词句等提取主要信息的方法,引导学生通过圈画查找、交流讨论的方式用表格(表2-10、表2-11)来梳理课文的主要内容。这样可以帮助学生进一步掌握提取主要信息的方法，为学生后续在整理阅读资料或其他信息资料时，快速提取相关对象的主要信息做好方法铺垫。

表 2-10 《要是你在野外迷了路》提取主要信息

天然的指南针	怎样辨别方向
例：太阳	中午在南边，树影正指着北方

表 2-11 《太空生活趣事多》提取主要信息

太空生活的趣事	有趣的地方
例：睡觉	钻入固定在舱壁上的睡袋里

2. 课外探究，品味奇妙

（1）"大自然求真"发布会

"语文园地"是单元教学内容的巩固和延伸，也是引导学生进行运用、积累和拓展的重要阵地。学生通过本单元课文的学习，提取主要信息的能力有了进一步的提升。在此基础上，教师围绕语文要素对语文园地进行了整合，借助《最大的"书"》拓展阅读，通过圈画的形式引导学生了解化石的形态和成因等相关知识，从阅读交流中感受川川的勤学好问，激发学生探究大自然的兴趣。借此契机，教师鼓励学生阅读课外书《十万个为什么：小学生彩绘版》系列丛书，并运用之前学过的方法提取关键信息。

大自然是一个神奇的世界，浩瀚的宇宙、璀璨的星空、茂密的森林、各种各样的鸟儿和昆虫、奇形怪状的植物等，让人充满思考和遐想。在激发学生探究大自然兴趣的基础上，教师巧借"写话"，对语文要素进行强化练习。通过学习课文和阅读课外书籍，学生对大自然有更深入的了解，小脑瓜里是否也有更多的小问号呢？引导学生说出心中的疑问，并让学生学会把自己的问题说清楚。同时教师巧设情境，以疑促思。请学生化身小小科学家采访同学，把同学对大自然的疑问记录下来，再通过书籍、网络等方式进行查阅，尝试运用提取主要信息的方法帮同学寻找答案，并记录在"十万个为什么"卡片上。教师适时召开"大自然求真"发布会，各小组代表分享本组收集到的问题及解决的方式。

（2）读中感思，设计"秘密"小报

大自然如此丰富多彩，还藏着哪些我们不知道的"秘密"呢？教师相机引领学生跟着书本去探秘，感受大自然的丰富多彩、神奇有趣。学生自主选择教师提供的阅读参考书籍，进行阅读探究，也可以通过其他相关书籍进行拓展阅读。在品读中感受生活中的一花一草、一景一物，既是欣赏景致，也是体验斑斓的世界，大自然的美需要学生用心去发现。同时，充满好奇心和向往大自然的孩子们会迫不及待地投进大自然的怀抱中，观察树叶的变化、跟踪虫儿的活动、仰望美丽的星空……切身体会大自然的美好，感受大自然的无穷魅力。

教师趁机搭建支架，组织学生深入探讨，为开展探索自然奥秘的活动制订计划。大自然涵盖面广，如何清晰地找到探索的方向？教师引导学生对大自然进行简单分类，根据单元课文主题把全班分为四个小组，分别探索四个不同的领域，如动物、植物、自然现象、十万个为什么等。各组在合作学习的模式下交流讨论，确定人员分工和所选取的自然事物及其"秘密"等，完成探究表格（表2-12）。

表 2-12　制作大自然的"秘密花园"手工册分工计划表

设计主题	动物篇			要求
版面设计 团队分工	封面： 内容： 绘画：			各取所长 合理搭配
选取的自然事物	学生1	学生2	……	常见 有代表性
"秘密"				表达清晰 描写生动
绘画内容				突出特点 图文对应

小组讨论确定"秘密"的制作方向后，各成员按照既定分工收集资料。在阅读中尝试用提取主要信息的方法摘抄有关动物、植物或景象的语句，获取大自然的"秘密"。把收集到的资料采用图文并茂的方式形成本组的成果小报"_____的秘密"，为有序制作手工册做好铺垫。

（三）探索与形成成果

各组形成初步成果后，教师组织开展组内交流活动。在这一环节，教师要为各小组提供指导和帮助，引导学生对之前整理的材料进行修改完善。在提取资料的主要信息、梳理文字的基础上，对内容加以润色，做到图文并茂。小组成员在讨论中确定入册的内容，同时根据主题设计手工册封面并进行筛选，将全班成果汇集到一起装订成册，进行展示分享。

（四）反思与迁移

本项目以制作大自然的"秘密花园"手工册为主题，调动学生参与的热情。将其延伸为驱动性问题，并将问题进一步具体化，激发学生的好奇心和探索自然科学的动力。在项目实施过程中，提取资料中的主要信息是一大难点。学生在以小组探究合作学习和自主学习为主要方式的学习过程中，习得提取主要信息的方法，尝试筛选、整合所需的资料并制作成小册子，提高了学生自主学习的能力。

在项目活动实施过程中也发现了许多问题。如学生的阅读积累不够丰富，应重视课外阅读的质与量，引导学生进行有效阅读，增加学生的知识储备；部分学生的自主学习意识不强，学习上过度依赖教师，依赖小组的劳动成果。在接下来的学习中应多关注此类学生，让他们真正参与到课堂中来，养成自主学习的好习惯。

未来可以继续深化探究提取并运用文本主要信息的能力，带领学生采用提取文本主要信息的方法阅读更多的书籍，帮助学生提高学习、阅读的效率。

八、效果展示

（一）封面

（二）动物篇

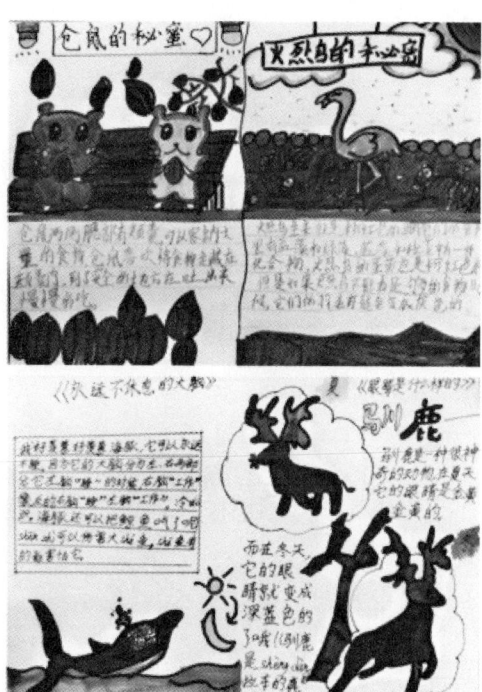

（三）植物篇

（四）自然现象

（五）十万个为什么

（指导教师：吴青霞　孔稚桐）

第五节　制作我的秋天笔记
——部编版《语文》教材三年级上册第二单元、第五单元项目式教学设计

一、项目简述

部编版《语文》教材三年级上册第二单元以"金秋时节"为主题，编排了《山行》《赠刘景文》《夜书所见》三首描写秋天的古诗和《铺满金色巴掌的水泥道》《秋天的雨》《听听，秋的声音》三篇课文。这个单元的语文要素是"运用多种方法理解难懂的词语"。第五单元则以"留心观察"为主题，编排了《搭船的鸟》《金色的草地》两篇美文和《我家的小狗》《我爱故乡的杨梅》两篇习作例文。这个单元的语文要素是"留心观察周围事物，把观察所得写下来"。这两个单元的人文要素为让学生感受大自然的美，培养学生热爱生活、热爱大自然的情感。

教师可将这两个单元的内容作为项目式教学的素材，基于学生的知识基础，搭建语言运用支架，开展"如何调动多种感官观察生活，完成'制作我的秋天笔记'"的项目式教学。基于项目驱动的统整课程，让学生在项目实施过程中经历一个循序渐进、不断拓展和深入的完整学习过程，提升学生的语言运用能力、思维能力、审美创造等学科核心素养。

二、项目时长

四周。

三、教材和相关资源

（一）教材

部编版《语文》教材三年级上册第二单元、第五单元。

（二）推荐给学生的参考文章／关联资料／参考材料

《紫藤萝瀑布》，宗璞著。
《爬山虎的脚》，叶圣陶著。
《翠鸟》，菁莽著。
《狼王梦》，沈石溪著。
《我的自然笔记》，芮东莉、吕永林主编。
《小熊布鲁诺的秋天》，〔瑞典〕古妮拉·英格芙兹著。

四、单元项目统整目标

（一）单元核心目标

留心观察周围事物，用文字记录观察所得。

（二）单元基础目标

①认识两个单元的生字、新词。
②有感情地朗读课文。
③积累描写事物的优美语言。
④能留心观察生活，记录自己生活中的美好事物。

五、项目驱动性问题

（一）本质问题

留心观察周围事物，把观察所得写下来。

（二）驱动性问题

如何制作我的秋天笔记？（图2-6）

```
                        ┌─────────────────────┐
                        │ 如何制作我的秋天笔记? │
                        └─────────────────────┘
           ┌───────────────────┼───────────────────┐
    ┌──────┴──────┐    ┌───────┴──────┐    ┌───────┴──────┐
    │（概念）子问题│    │（方法）子问题│    │（实践）子问题│
    │一：谈一谈可以│    │二：我们以什么│    │三：我们怎么记│
    │用什么方式记  │    │方式制作我的  │    │录秋天？      │
    │录生活中的美好│    │秋天笔记？    │    │              │
    └──────┬──────┘    └──────┬───────┘    └──────┬───────┘
```

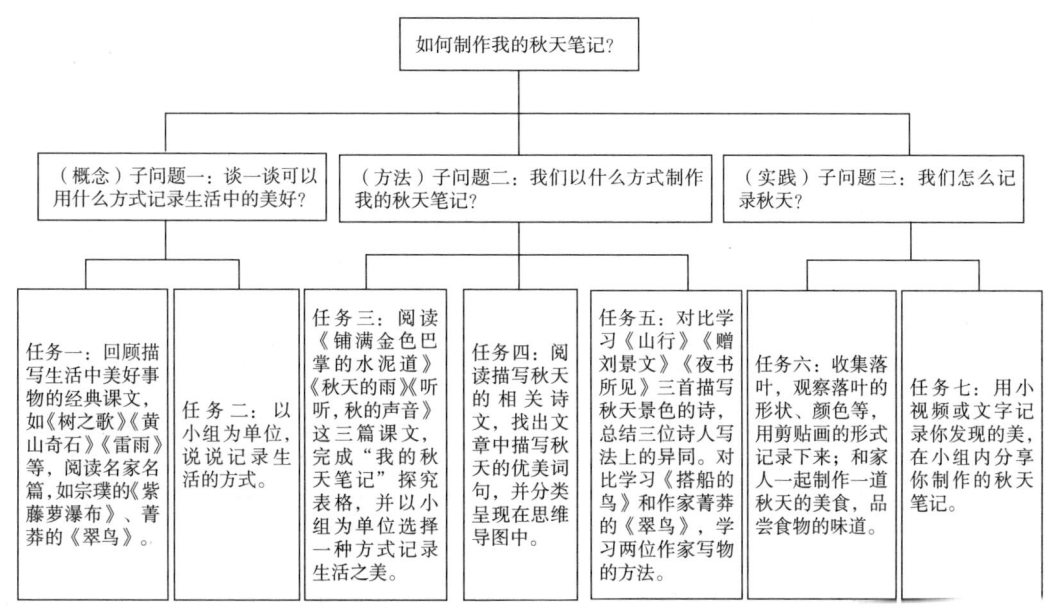

图 2-6 "制作我的秋天笔记"驱动性问题

任务一：回顾描写生活中美好事物的经典课文，如《树之歌》《黄山奇石》《雷雨》等，阅读名家名篇，如宗璞的《紫藤萝瀑布》、菁莽的《翠鸟》。

任务二：以小组为单位，说说记录生活的方式。

任务三：阅读《铺满金色巴掌的水泥道》《秋天的雨》《听听，秋的声音》这三篇课文，完成"我的秋天笔记"探究表格，并以小组为单位选择一种方式记录生活之美。

任务四：阅读描写秋天的相关诗文，找出文章中描写秋天的优美词句，并分类呈现在思维导图中。

任务五：对比学习《山行》《赠刘景文》《夜书所见》三首描写秋天景色的诗，总结三位诗人写法上的异同。对比学习《搭船的鸟》和作家菁莽的《翠鸟》，学习两位作家写物的方法。

任务六：收集落叶，观察落叶的形状、颜色等，用剪贴画的形式记录下来；和家人一起制作一道秋天的美食，品尝食物的味道。

任务七：用小视频或文字记录你发现的美，在小组内分享你制作的秋天笔记。

六、评价量规

评价的知识和能力，见表 2-13。

表 2-13 "制作我的秋天笔记"评价量表

项目	注意要点	评价
感知力	大量阅读描写美好事物的诗词、美文，感受语言美	☆☆☆☆☆
协作力	能与小组成员合作收集资料	☆☆☆☆☆
创造力	能用特别的方式记录生活中的美好事物	☆☆☆☆☆
审美力	能图文结合制作小报或剪贴画	☆☆☆☆☆
表达力	在活动中能自信地表达自己的观点	☆☆☆☆☆

七、项目实施过程

（一）入项活动

1. 巧设驱动性问题，确定项目主题

上课伊始，教师与学生谈话，回顾描写生活中美好事物的经典课文，如《树之歌》《田家四季歌》《黄山奇石》《雷雨》等。还可以聊一聊相关的名家名篇，如宗璞的《紫藤萝瀑布》、叶圣陶的《爬山虎的脚》、菁莽的《翠鸟》。作家们都喜欢写生活中的所见所闻，他们都是用什么方式记录生活中的美好呢？我们可以用什么样的方式记录自己生活中的美好事物呢？

2. 展开头脑风暴，分解驱动性问题

读完相关经典课文和名家名篇后，教师出示话题：以小组为单位，说一说记录生活的方法。学生以小组为单位展开头脑风暴，总结出以下记录方法：写散文、写诗歌、制作小报、制作剪贴画、拍摄小视频等。

紧接着，教师引出第五单元的主题"留心观察"，相机揭示记录生活中美好事物的方法是留心观察生活。教师继续将驱动性问题分解成两个子问题：①我们以什么方式制作秋天笔记：以小组为单位选择一种方式记录生活之美。②我们怎么记录秋天：调动多种感官留心观察生活中的美好事物。

3. 统整单元内容，细化任务驱动

部编版《语文》教材三年级上册第二单元和第五单元要求学生留心观察生活，感受生活的美和大自然的美，并用文字记录下来。三年级语文组教师大胆尝试，统整两个单元的教学材料，如课后习题、单元习作和语文园地等，设计丰富且有层次的项目式作业，推进项目的实施。单元统整思路下的项目式作业类别与思维层级，见表2-14。

表 2-14　单元统整思路下金秋时节主题项目式作业类别与思维层级

活动内容	作业设计	相关课文	思维层级
活动一：寻生活之美	完成"我的秋天笔记"探究表格	《铺满金色巴掌的水泥道》《秋天的雨》《听听，秋的声音》	理解
活动二：赏生活之美	欣赏描写美好生活的诗文；巧用多种方法理解诗文中难理解的词语；朗读相关的优美诗文	《山行》《赠刘景文》《夜书所见》	应用
活动三：品生活之美	关注课文中的表达，品析文中的色彩美、修辞美、叠词美、动态美等；感受留心观察的好处，并留心观察生活中的事物	《铺满金色巴掌的水泥道》《秋天的雨》《听听，秋的声音》	分析
活动四：赞生活之美	小组合作，用不同形式（剪贴画、小报、写话、制作美食等）记录你眼中的美好事物	《山行》《赠刘景文》《夜书所见》《铺满金色巴掌的水泥道》《秋天的雨》《听听，秋的声音》	创造
活动五：评生活之美	开展"我眼中的美"展览会	—	评价

（二）知识与能力建构

为了让学生更顺利地完成项目活动，教师要搭建学习支架，提供评价量规。依托《山行》《铺满金色巴掌的水泥道》《秋天的雨》《搭船的鸟》《金色的草地》等课例，引领学生走进金秋时节，体会留心观察的好处，学会调动多种感官观察秋天的各种事物，感受大自然的美。

1. 搭建情境支架，激发寻秋热情

教师鼓励学生去课文中和生活中寻找秋的痕迹，推出"我的秋天笔记"探究任务单，激发学生寻秋的热情。

"我的秋天笔记"探究任务单

姓名：_____   班级：_____

"生活中不缺少美，只是缺少发现美的眼睛。"你们瞧！金色的阳光，洒在树叶上，洒在花瓣上，也洒在我们的心上。在这个多彩、丰收的金秋时节，让我们一起制作"我的秋天笔记"吧！

1. 请用四字词语描述你眼中的秋天。

_____   _____   _____   _____

2. 结合小学《语文》教材三年级上册第二单元的课文，小组合作收集资料，用图文结合的形式，讲述秋天给我们的生活带来的变化。

你知道秋天有哪些水果成熟了吗？（我会画）	"一叶知秋"，请收集秋天的树叶，仔细观察，它有什么变化？（我会写）	你知道秋天有哪些蔬菜吗？（我会画）	你还喜欢秋天的哪些事物？用文字或图画记录它的特点。

3. 如果要你制作"我的秋天笔记"，你想用什么方式表达对秋天的喜爱呢？（喜欢的打"√"）

A. 剪贴（   ） B. 绘画（   ） C. 小报（   ） D. 写话（   ） E. 其他（   ）

2. 妙用思维导图支架，抓住秋天的特点

《铺满金色巴掌的水泥道》《秋天的雨》《听听，秋的声音》等文章，语言优美生动，富有童趣，作者调动多种感官观察身边的事物，并运用多种描写方法展现事物的美。教师

可以引导学生找出文章中描写秋天的优美词句，并分类呈现在思维导图中。如在《铺满金色巴掌的水泥道》这篇美文中，可以归纳出比喻之美、叠词之美、色彩之美。而在《秋天的雨》《听听，秋的声音》《我爱故乡的杨梅》这三篇美文中，可以调动视觉、嗅觉、味觉、听觉、触觉观察秋天，记录秋天的美。学生在最后写话阶段，描写秋天的一种事物如橙子时，就可以通过绘制思维导图（图2-7），来梳理橙子的颜色、形状、味道等多个方面，然后有序地进行描写。预设如下——

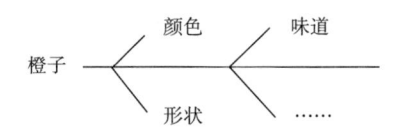

```
             颜色      味道
    橙子 <
             形状      ……
```

图 2-7　橙子描写思维导图

3. 掌握比较支架，学习作者细致的观察

对比学习《山行》《赠刘景文》《夜书所见》三首描写秋天景色的诗。同样是写景，不同的诗人却各有妙招，完成以下表格（表2-15），并鼓励学生自主收集更多描写秋天的课外诗词。

表 2-15　不同的诗人描写秋天景色各有妙招

古诗	作者	朝代	诗中描述的秋景	作者的感情
《山行》				
《赠刘景文》				
《夜书所见》				
《　　　》				
《　　　》				

对比学习《搭船的鸟》和作家菁莽的《翠鸟》，引导学生对比两篇文章中对翠鸟和翠鸟捕鱼动作的描写，发现异同。两位作者观察都非常仔细，抓住了翠鸟最突出的特点"羽毛颜色美丽"，有重点地描写外形；抓住了动作描写，突出了翠鸟捕鱼动作的迅捷。菁莽在描写中多采用比喻、拟人等修辞手法，而课文的语言朴实，接近口语化的表达充满童真童趣，让人觉得亲切。最后引导学生仿写迁移。

4. 巧用课外阅读支架，体会秋天的韵味

在学习《山行》《赠刘景文》《夜书所见》这三首古诗时，可以拓展许多关于秋天的古诗词，在课堂上玩"秋"字飞花令、用"树叶"制作贴画，并摘抄一首关于秋季的古诗。教师还可以在课堂上推荐《我的自然笔记》《小熊布鲁诺的秋天》《狼王梦》等书籍，激发学生积极主动探索自然的热情。

5. 借助课后习题支架，学习言语表达

叶圣陶先生曾说，"教材无非是个例子"，教师应该应用好教材，让学生习得语言，运用语言，激发学生对生活的热爱之情。借助课后习题：你在上学或放学路上看到了什么

样的景色？用比喻、拟人的手法，把这些美丽的景物用语言表达出来；想象一下，秋天的雨还会把颜色分给谁呢？照样子，写一写。教师可以借助课后的小练笔，丰富学生的语言表达。

6. 活用实践支架，丰富语言表达

教师可以鼓励学生联系生活实际，完成该项目。如去操场收集落叶，观察落叶的形状、颜色等；和家人一起制作一道美食，品尝食物的味道。这样的实践活动能让学生亲近大自然，感受最真实的生活，用文字记录自己的所见所闻。

（三）探索与形成成果

通过以上活动的开展，学生亲身感受到了生活的美，并用不同形式记录生活的美。最后一个项目是在小组内分享自己记录的生活之美，在成果分享中记录他人的建议和观点。

（四）评价修订，反思迁移

本项目学生参与度高，但是三年级学生刚接触习作，写整篇文章对于他们来说有一定的难度，接下来应该借助后面几个单元的学习，通过范文帮助学生搭建支架，了解文章的结构，让学生所写的文章层次更加清晰。

八、效果展示

（一）笔记

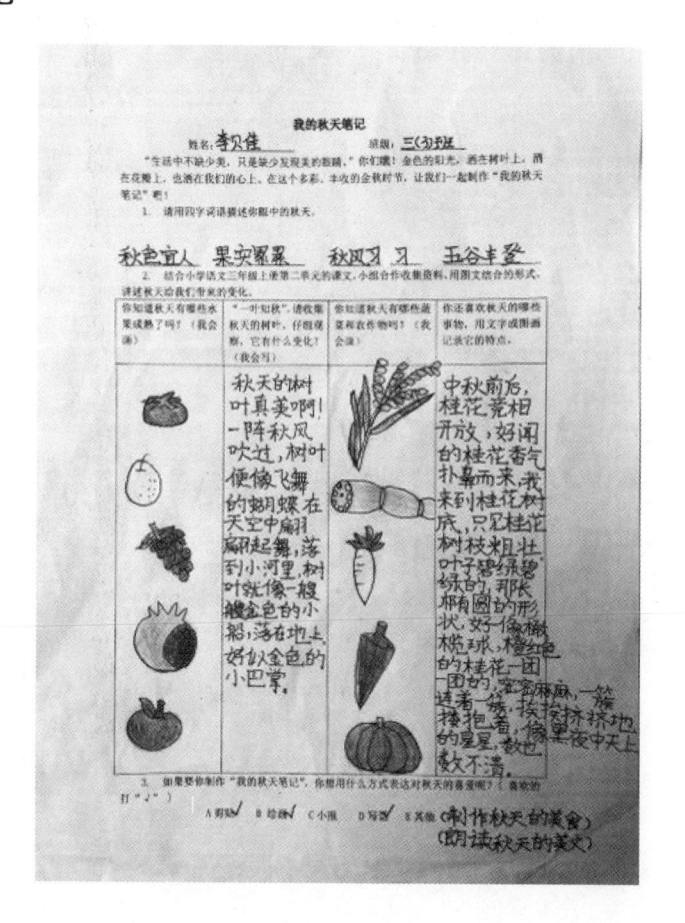

（二）绘画

（三）小报

（指导教师：毛燕影）

第六节　畅游想象世界，制作童话绘本
——部编版《语文》教材三年级上册第三单元项目式教学设计

一、项目简述

本单元以"童话"为主题，选编了不同作家、不同风格的四篇中外童话。安排了精读课文《卖火柴的小女孩》《在牛肚子里旅行》，略读课文《那一定会很好》《一块奶酪》，习作"我来编童话"以及语文园地和快乐读书吧"在那奇妙的王国里"。

本单元最重要的语文要素是"感受童话丰富的想象，试着自己编童话、写童话"，旨在引导学生体会童话丰富而奇特的想象，帮助学生建立对童话这种文学体裁的初步认识并创编童话。

三年级语文教师将本单元的内容整合提炼，在课文学习的基础上，搭建循序渐进的语言运用支架，不断锻炼和提升学生的语言表达、思维逻辑和审美创造能力。本次项目式教学设计实施的目的一方面让学生感受到童话是一个五彩缤纷的大花园，在这个大花园里，动物、植物也像人一样，有快乐、有烦恼、有情义；另一方面让学生借助文本去感悟主要内容，在阅读中体会童话故事蕴含的道理，进而自己创编出有意义的童话故事。

二、项目时长

三周。

三、教材和相关资源

（一）教材

部编版《语文》教材三年级上册第三单元。

（二）绘本

《百年经典童话绘本》。

（三）整本书阅读

《安徒生童话》，〔丹麦〕安徒生著。
《稻草人》，叶圣陶著。
《格林童话》，〔德〕格林兄弟著。

四、单元项目统整目标

（一）单元核心目标

感受童话丰富的想象，并尝试创编童话。

（二）单元基础目标

①阅读童话故事，感受奇妙的想象。

②梳理童话故事结构，认识童话体裁，交流总结童话特点及阅读童话的好处。
③创编童话故事，组内成员一起讨论修改。
④根据童话内容，小组合作共同制作童话绘本。

五、项目驱动性问题

（一）本质问题

如何创编童话故事？

（二）驱动性问题

如何制作一本有趣的童话绘本故事？（图2-8）

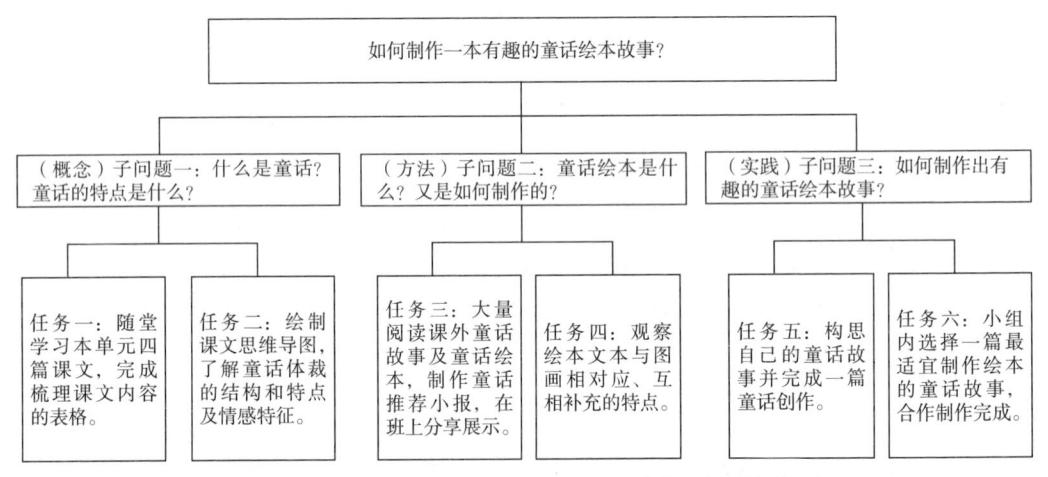

图2-8 "畅游想象世界，制作童话绘本"驱动性问题

六、评价量规

评价的知识和能力，见表2-16。

表2-16 "畅游想象世界，制作童话绘本"评价量表

组别或姓名			班级			学号		
项目主题								
项目组成员								
一级评价指标	二级评价指标	评价内涵说明	权重	评价方式	状态水平描述			
					自评	他评	师评	
学习态度	参与度	积极参与项目相关活动	10%	表现性评价				
	兴趣度	积极阅读与本项目有关的书籍	10%	表现性评价				
问题的探究和解决	发现问题	主动发现与主题相关的问题	10%	表现性评价				

续表

组别或姓名		班级		学号		
项目主题						
项目组成员						
一级评价指标	二级评价指标	评价内涵说明	权重	评价方式	状态水平描述		
					自评	他评	师评
问题的探究和解决	搜集资料	能围绕"制作童话绘本"这一活动，通过各种渠道收集到丰富的信息	10%	表现性评价或纸笔测验			
	整理资料	能通过分析整理，处理和应用查找到的资料	10%	表现性评价或纸笔测验			
	总结归纳	能通过资料的整理，发现、归纳、筛选与主题相关资料的方法	10%	表现性评价或纸笔测验			
语文综合运用能力	书面表达能力	每人至少创编一篇童话	10%	表现性评价			
	版面设计能力	完成童话绘本的设计与制作（版面设计须图文并茂）	10%	表现性评价			
	成果展示	童话绘本成果完成、展示	20%	表现性评价或纸笔测验			
综合评定等级（　）		质性评语：					

七、项目实施过程

（一）入项活动

1. 创设情境，开启项目式教学任务

首先，要创设一个真实且有吸引力的情境，引出任务。

任务引导语：

大家都很喜欢童话故事，因为阅读童话故事时"可以乘着想象的翅膀，游历奇妙的童话王国，看花儿跳舞，听星星唱歌"。学校的"读书月活动"即将开始，请每位同学创编属于自己的童话故事，并通过小组合作制作一本童话绘本，供全校学生阅读。

2. 通过驱动任务，细化分解实施项目

（1）单元整合，提供思路

这一单元要求学生不仅要感受童话丰富的想象，还要试着编童话、写童话。学生可以通过对本单元的四篇童话课文的学习初步感受童话丰富的想象，了解童话体裁的特点。在此基础上，语文园地的交流平台处对童话体裁的特点进行了梳理和总结：童话中的人物都是能说话、有思想、有情感的；童话中充满了丰富的想象；阅读童话能使我们获得很多启示。此外，"快乐读书吧"栏目还推荐了有关童话的整本书阅读，旨在进一步激发学生阅读童话的兴趣，带他们走进更加广阔的童话世界，感受童话的美好和培养阅读的习惯。

（2）搭建支架，合作探究

教师统整单元教学，设计丰富且有层次的项目式作业，推进项目的实施。单元统整思路下的项目式作业类别与思维层级，见表2-17。

表2-17 单元统整思路下童话主题项目式作业类别与思维层级

活动内容	作业设计	思维层级
活动一：随堂学习单元内四篇课文	完成梳理课文内容的表格	理解
活动二：绘制思维导图	根据课文内容表格制作思维导图	分析
活动三：大量阅读课外童话故事及童话绘本	制作童话推荐小报，在班上分享展示	应用
活动四：构思自己的童话故事	总结童话体裁的特点，每人创编一篇童话故事	创造
活动五：观察绘本特点，制作童话绘本	小组内选择一篇最适宜制作绘本的童话故事，合作制作完成	创造、评价

（二）知识与能力建构

为了让学生更顺利地完成项目，教师要搭建学习支架，依托课内的四篇童话故事《卖火柴的小女孩》《那一定会很好》《在牛肚子里旅行》《一块奶酪》的课例，引领学生走进童话世界，感受童话中丰富的想象，把握童话体裁的基本结构和特点。

1. 根据课文内容填表，探究童话体裁的结构特点

教师带领学生完成本单元第一篇童话《卖火柴的小女孩》童话故事卡，目的是找出童话故事的主要人物，发现故事中的人物特点，探究童话情节及童话故事的深层启示，在分析文本的基础上对童话体裁的结构和文本特点有更深入的了解。之后让学生独立完成本单元其他三课的童话故事卡，并制作图文并茂的思维导图。

《卖火柴的小女孩》童话故事卡

主要人物：＿＿＿＿＿＿＿＿＿＿＿＿＿＿＿＿＿＿＿＿＿＿＿＿＿＿＿＿＿＿＿＿

人物特点：＿＿＿＿＿＿＿＿＿＿＿＿＿＿＿＿＿＿＿＿＿＿＿＿＿＿＿＿＿＿＿＿

童话情节：
起因：＿＿＿＿＿＿＿＿＿＿＿＿＿＿＿＿＿＿＿＿＿＿＿＿＿＿＿＿＿＿＿＿
经过：＿＿＿＿＿＿＿＿＿＿＿＿＿＿＿＿＿＿＿＿＿＿＿＿＿＿＿＿＿＿＿＿
结果：＿＿＿＿＿＿＿＿＿＿＿＿＿＿＿＿＿＿＿＿＿＿＿＿＿＿＿＿＿＿＿＿

童话启示：＿＿＿＿＿＿＿＿＿＿＿＿＿＿＿＿＿＿＿＿＿＿＿＿＿＿＿＿＿＿＿

2. 通过大量课外阅读，感受童话丰富的想象

本单元只有四篇童话故事，对于初读童话的三年级学生来说是远远不够的。为了拓宽他们的想象力，"快乐读书吧"向学生介绍了古今中外的童话作者及他们的代表作，如丹麦作家安徒生的《拇指姑娘》《坚定的锡兵》、德国作家格林兄弟的《灰姑娘》《小红帽》、中国作家叶圣陶的《稻草人》，以及教师推荐的《百年经典童话绘本》。学生通过自主阅读制作童话推荐简报，并在班级进行展示，这样的活动能让学生了解更多童话故事，感受其中丰富的想象和发人深省的启示，激发他们的阅读兴趣，点燃他们创编童话的热情。

3. 借助习作单元，创编多彩童话

本单元的习作要求学生从给出的几组角色、时间、地点词语中选择几个创编童话，词语可以交叉使用以形成多种故事情景，便于学生展开想象，打开创编童话的思路。学生先列出创编的思维导图，包括人物特点、故事情节、童话启示等，再根据此支架丰富内容，最后形成一篇完整的习作。

4. 根据内容表格，制作童话绘本

小组内互相阅读创编的童话故事，互相交流后共同选定一篇童话作为创作基础，并集思广益，对其进行修改与完善，并制作成绘本故事。通过观察绘本的特点，共同完成"制作童话绘本入项表格"（表2-18），确定每个版面的文字与插图内容，小组（四人为一组）分工共同制作。

具体步骤如下：

①互读童话故事，选择组内一个人的童话进行绘本创作，可以适当丰富情节。

②确定哪些内容为一页，并初步构想每页的图画。

表 2-18 制作童话绘本入项表格

文字内容	画面描述
封面文字内容：	封面图画描述：
封底文字内容：	封底图画描述：
第 1 面文字内容：	图画描述：
第 2 面文字内容：	图画描述：
第 3 面文字内容：	图画描述：
第 4 面文字内容：	图画描述：

（三）探索与形成成果

1. 成果修订与完善

学生在完成"制作童话绘本入项表格"后，教师根据此表格提出指导建议，如图文的搭配、版面的设计等。小组根据讨论结果在表格上进行修改完善，并制作绘本。

2. 成果展示

举行全班交流展示会。各小组派代表介绍童话绘本，并分享本次活动中的收获、感受。各班流动展示制作好的童话绘本，邀请更多学生参与评级。

（四）评价修订，反思迁移

1. 目标达成

在此次项目式教学过程中，每个学生至少创编了一篇童话，每个小组都制作了一个童话绘本，学生的参与度比较高，学习较有兴趣和信心。

2. 反思迁移

本次项目式教学活动通过创设情境，让学生带着目的去编写童话并设计制作童话绘本，激发了学生的使命感，大大提高了学生参与的热情。在项目实施过程中，学生积极性高，

能自主创编童话，并能以小组为单位共同整理文本，群策群力共同设计绘本。

学生制作的每一本童话绘本都是基于对童话故事特点的深入了解，经过构思内容、书写作文、设计创作等一系列步骤后生成的，体现了学生学习、归纳、整理、创新设计的能力。这些能力在学生以后的学习乃至生活、工作中都很重要。

但在项目实施过程中也发现了一些问题。在小组互读作品讨论用谁的作品作为绘本内容时，组员们都更倾向于推荐教师评分高的作品，缺少自己对童话的主观评价。在选定作品后，也基本没有再讨论出更丰富的情节，缺少再创造性。在绘制绘本时，为了能有一个较为规范的绘本，教师为学生提供了制作绘本的表格及纸张，所以学生的创作潜力没有得到很好的激发，创意性略显不足。在制作绘本的过程中，小组分工也出现了一些问题，有些人能担起重任，有些人无所事事，把希望寄托在自己的组员上，动手能力和实践能力并没有得到很好的发挥。接下来的学习训练中应多关注此类学生，让他们真正参与到课堂中来，养成自主学习的好习惯。

八、效果展示

（一）课内童话思维导图

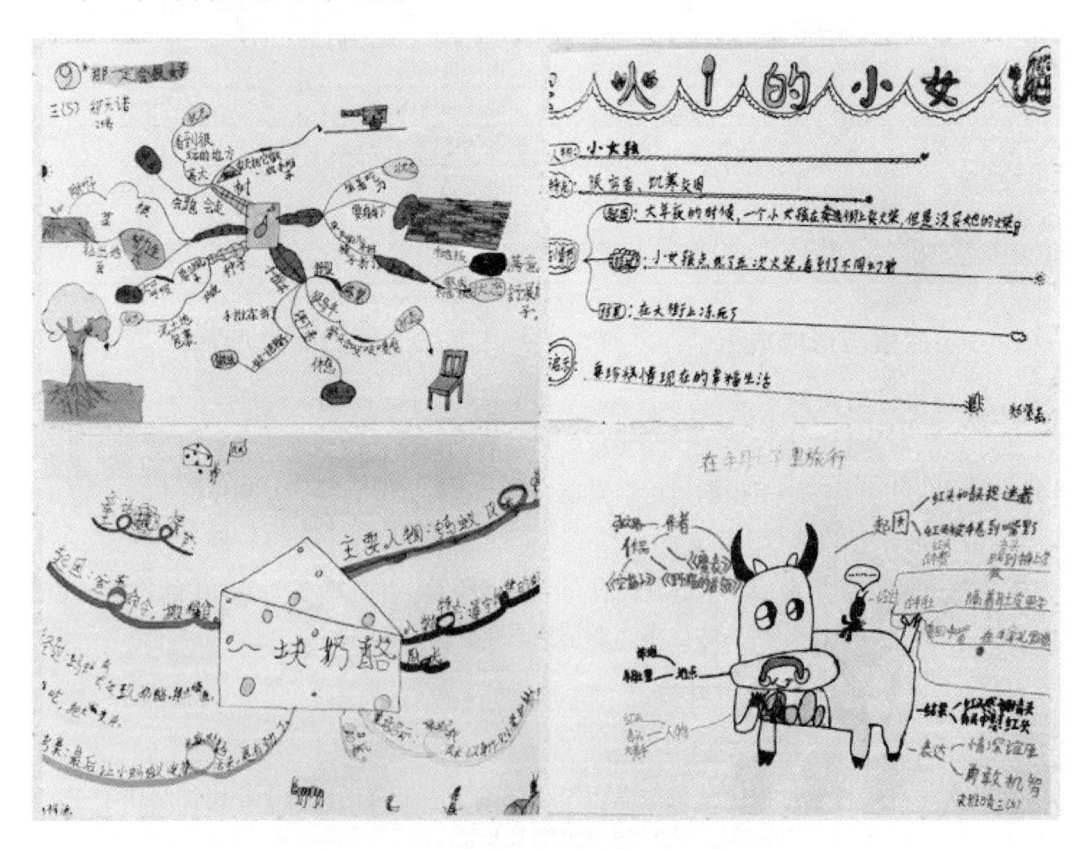

（二）童话推荐小报

（三）创编童话

（四）童话绘本

1. 《森林火车超市》

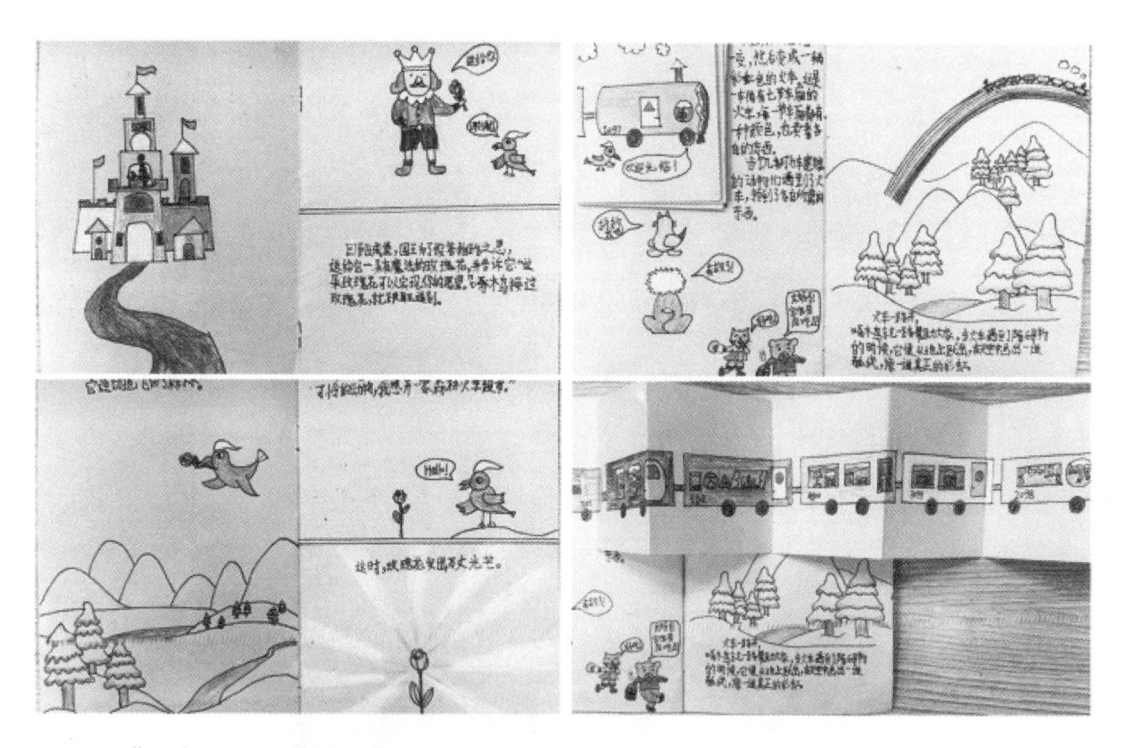

2. 《不专心的森林医生》

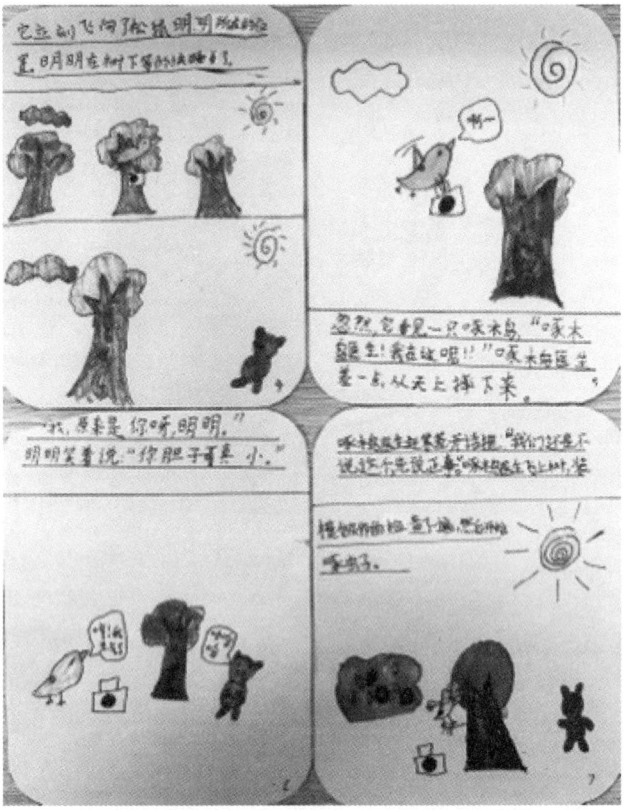
“哎，原来是你呀，明明。”
明明笑着说：“你胆子真小。”

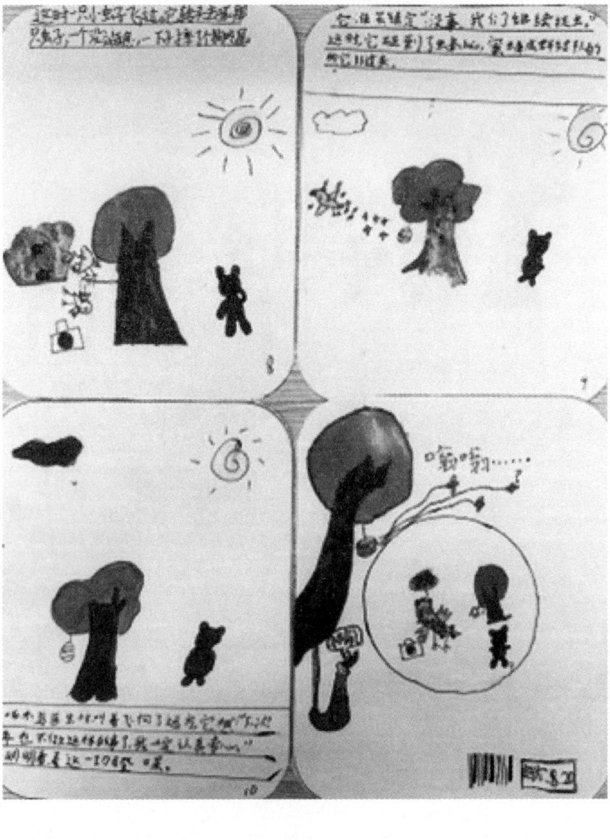
嗡嗡……

3. 《爱自由的小磁铁——欢欢》

4. 《啄木鸟历险记》

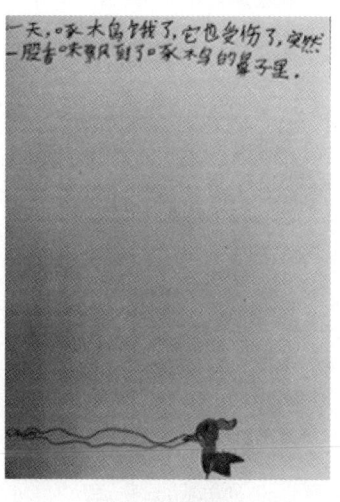

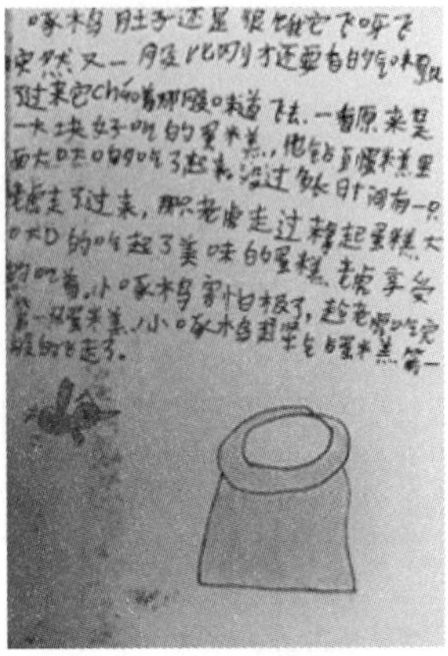

5.《啄木鸟与猫头鹰》

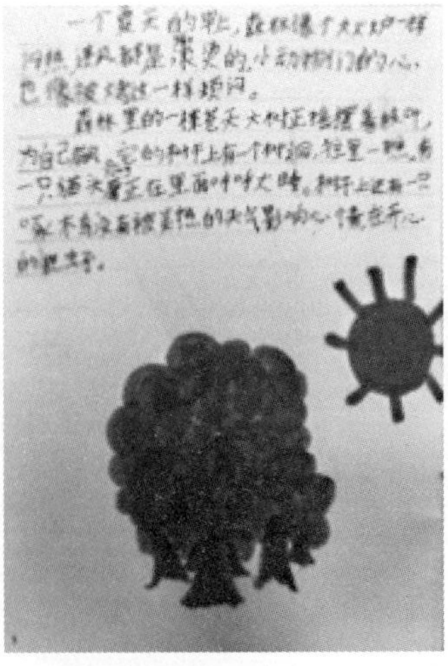

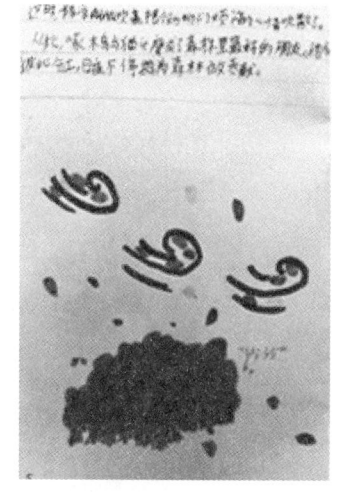

6.《森林超市》

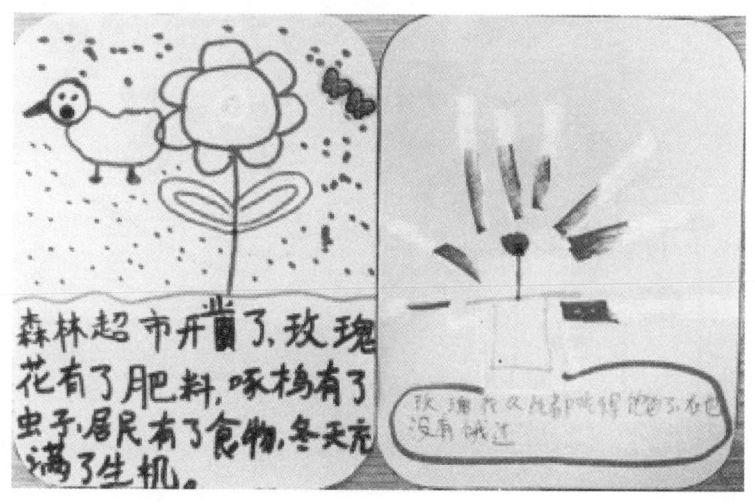

7. 其他作品

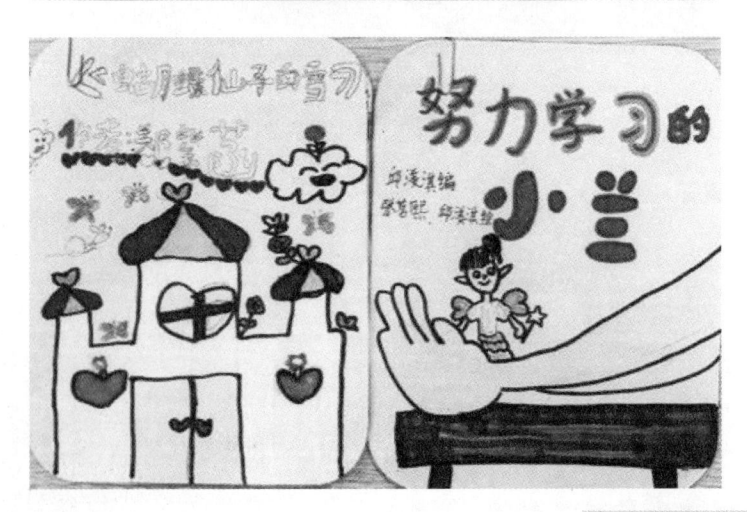

（指导教师：孔稚桐　吴青霞）

第七节　漫游想象岛，创建想象乐园
——部编版《语文》教材三年级下册第五单元项目式教学设计

一、项目简述

部编版《语文》教材三年级下册第五单元是习作单元，以"大胆想象"为主题，编排了两篇精读课文《宇宙的另一边》和《我变成了一棵树》，两篇习作例文《一支铅笔的梦想》和《尾巴它有一只猫》。四篇课文从不同的角度、用不同的方式讲述了神奇有趣的想象故事，让学生充分感受到想象的神奇。语文园地的"初试身手"板块，为学生提供想象的体验活动，帮助学生打开想象的思路。这个单元的两个语文要素是"走进想象的世界，感受想象的神奇"和"发挥想象写故事，创造自己的想象世界。"

《义务教育语文课程标准（2022年版）》中提出在发展语言能力的同时，发展思维能力，激发想象力和创造潜能，要鼓励学生写想象中的事物，激发他们展开想象和幻想。这一学习建议与本项目的理念相契合。本项目以童话习作单元为素材，通过课文学习使学生掌握想象的方法，同时搭建语言运用支架，为学生的自主写作提供有利条件和广阔空间，减少对学生写作的束缚。因此，我们以学生喜爱的漫游乐园的方式开展以"漫游想象岛，创建想象乐园"为主题的项目式教学活动。通过项目驱动的统整课程，实践读写结合，把学到的想象方法运用到习作中，写出"奇妙的想象"，培养他们的想象力、思维能力和创造力。

二、项目时长

两周。

三、教材和相关资源

（一）教材

部编版《语文》教材三年级下册第五单元。

（二）推荐阅读资料

散文诗：诗歌《金色花》，〔印度〕泰戈尔著。

诗歌：《我想》，高洪波著；《如果我是一片雪花》，金波著。

整本书：《小真的长头发》，〔日〕高楼方子著；《爱丽丝漫游奇境》，〔英〕刘易斯·卡罗尔著。

四、单元项目统整目标

（一）单元核心目标

大胆想象，创编想象故事。

（二）单元基础目标

①了解课文内容，感受想象的神奇。

②能在画手指印和故事接龙的活动中运用想象进行创造。
③拓展想象视角，打开想象思路。
④初步掌握想象的方法和技巧。
⑤能运用所学方法，创编一个想象故事。

五、项目驱动性问题

（一）本质问题

如何创编出自己的想象故事？

（二）驱动性问题

如果你是想象乐园总设计师，会如何创编想象故事，让游乐项目变得神奇有趣？（图2-9）

```
如果你是想象乐园总设计师，会如何创编想象故事，让游乐项目变得神奇有趣？
├── 子问题一：什么是想象故事？
│   └── 任务一：趣玩指印画，初步了解想象故事的特点。
│   └── 任务二：了解课文的主要内容，感受想象的神奇。
├── 子问题二：想象的方法有哪些？
│   └── 任务三：通过课文和习作例文的学习，了解想象的方式。
├── 子问题三：如何运用想象的方法进行实操？
│   └── 任务四：通过课文及例文的仿写、续写等方式落实想象方法的训练。
│   └── 任务五：利用"初试身手"接龙续编故事体验活动，把习得的方法进行巩固。
└── 子问题三：如何创编想象故事？
    └── 任务六：发挥想象，创编自己的想象故事。
    └── 任务七：把创编的想象故事进行润色，制作成连环画形式，图文并茂。
```

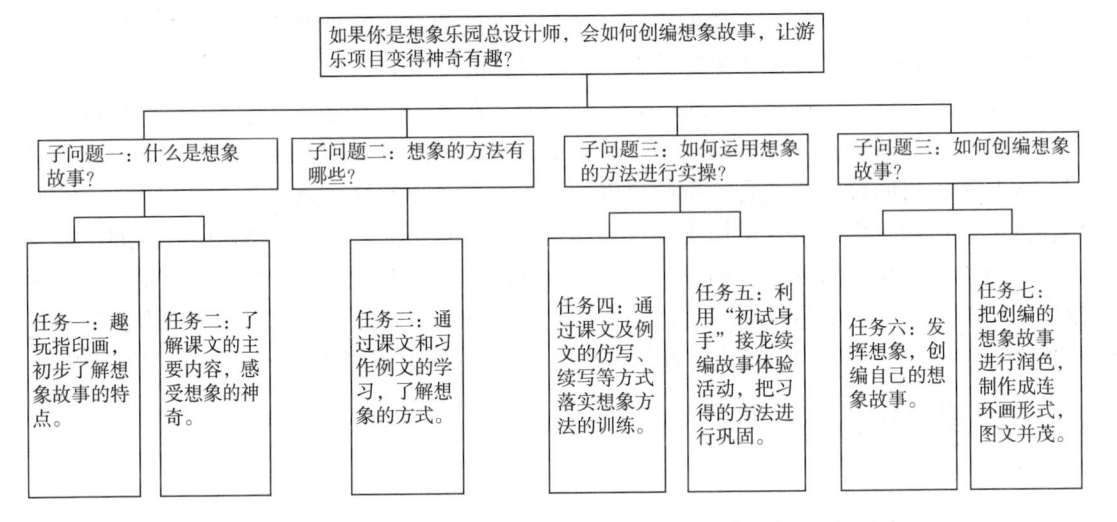

图2-9 "漫游想象岛，创建想象乐园"驱动性问题

六、评价量规

此次项目式教学的评价量规，见表2-19。

表2-19 "漫游想象岛，创建想象乐园"评价量表

组别或姓名		班级		学号		
项目主题						
项目组成员						
一级评价指标	二级评价指标	评价内涵说明	权重	评价方式	状态水平描述		
					自评	他评	师评
学习态度	参与度	积极参与项目相关活动，乐于合作，积极参加小组讨论	10%	表现性评价			
	兴趣度	积极阅读想象主题的书籍	10%	表现性评价			

续表

组别或姓名		班级		学号		
项目主题						
项目组成员						
一级评价指标	二级评价指标	评价内涵说明	权重	评价方式	状态水平描述		
					自评	他评	师评
问题的探究和解决	发现问题	主动发现与想象故事相关的问题	10%	表现性评价			
	搜集资料	能多渠道多角度进行课外阅读，积累不同主题的想象故事	10%	表现性评价或纸笔测验			
	整理资料	能通过课文及课外阅读，在分析整理基础上，了解想象故事的特点	10%	表现性评价或纸笔测验			
	总结归纳	能通过例文的学习归纳出写想象作文的方法	10%	表现性评价或纸笔测验			
语文综合运用能力	书面表达能力	完成想象故事创编，故事完整，表述有条理，语言流畅，书写规范，有感染力	10%	纸笔测验			
	版面设计能力	完成故事连环画设计，内容图文并茂	10%	纸笔测验			
	成果展示	介绍条理清晰、生动形象	20%	表现性评价或纸笔测验			
综合评定等级（　）		质性评语：					

七、项目实施过程

（一）入项活动

1. 创设情境，明确驱动性问题

在引入具体任务前，首先需创设有吸引力的情境。

任务导入语：

同学们，在遥远的地方有一座想象岛。那里神奇有趣，还能让人梦想成真。想象岛正在创建想象乐园，假如你是乐园总设计师，把你想象到的故事以图文并茂的形式呈现出来，并分享给大家，就可以在想象岛上拥有自己的想象乐园和神奇的超能力了。让我们一起跟随书本去漫游想象岛，开启你的想象之旅吧。

然后，引领学生以"漫游想象岛，创建想象乐园"为主题，开展部编版《语文》教材三年级下册第五单元的项目式教学活动。

2. 统整单元内容，细化任务驱动

基于单元整体解读，围绕"漫游想象岛，创建想象乐园"学习主题，教师大胆尝试，打破原有教学秩序，重整教材教学思路，设计学习框架，使单元学习内容前后连接，形成一个整体，同时找准读写结合点，为学生的学习进阶搭建支架，推进项目的实施，项目具体活动，见表2-20。

表2-20 "漫游想象岛，创建想象乐园"活动详表

活动名称	活动内容	成果形式及要求
活动一 感受想象的神奇	1. 体验"指印大变身"活动 2. 课文阅读分享	1. 根据指印特点画出想象中的事物，说画面或串联故事 2. 画出神奇的语句，交流想象的神奇
活动二 发现想象表达的密码	通过课文及习作例文的学习，了解想象的方式	交流讨论，总结出想象的方式：关联想象、变身想象、反向想象等
活动三 实践想象力练习	1. 根据课文延伸拓展，设计想象训练 2. "初试身手"续编故事体验活动	1. 仿写《宇宙的另一边》片段 2. 仿写现代诗《我想》 3. 续写《一支铅笔的梦想》 4. 接龙续编故事
活动四 创编想象故事	1. 根据评价量表编写想象故事 2. 加工、润色，图文并茂	举行想象故事分享活动

（二）知识与能力建构

教师搭建学习支架，通过课文和习作例文的学习以及"初试身手"的两项体验活动，引领学生走进奇妙的想象世界，体验想象的乐趣：和手指印一起跳舞，和梦想一起飞翔，和颠倒村的村民一起探奇。

1. 活用实践支架，体验想象的乐趣

在整合单元教材时，教师把"初试身手"的体验活动之一——"指印画"前置，设计"手指印大变身"互动学习活动，让学生动手实践，根据手指印的特点，画出想象中的事物，说一说想象中的画面，或展开想象把多个指印画串成小故事。在此活动中，激发学生想象的热情，让学生体验大胆想象带来的愉悦，为接下来进入"变"主题的课文学习做好准备。

"初试身手"的另一项体验活动——"瞌睡虫找朋友"和"颠倒村漫游记"的接龙编写故事则安排在课文学习之后。通过课文阅读，学生被带入一个奇妙的世界，教师趁热打铁，组织学生以小组合作的形式开展接龙编故事体验活动。学生对教材提供的故事开头充满好奇，学习热情高涨。小组成员之间互相启发，开拓思路，使故事的内容更丰富。在小组长的组织下，小组成员分工合作，梳理故事情节，并记录下来，进行组间分享。

2. 巧用课后习题支架，感受想象的思路

课文的有趣想象往往源于生活，与学生的生活经验有共通之处，容易引发共鸣。教师在设计项目活动时应抓住其大胆而奇特的特点，结合课后习题进行有趣的"练笔"设计。如《宇宙的另一边》一课，教师让学生在描写出宇宙另一边的秘密时，还可以采用指印画来表现课文内容，使学生兴趣盎然、热情高涨。在《我变成了一棵树》的教学活动中，教师调整了方式，分享了几首与课文有内在联系的诗歌，学生想象的闸门一下被打开了，纷

纷用诗歌的形式把自己脑海里各种神奇的想象表达出来，充满创意。在《一支铅笔的梦想》《尾巴它有一只猫》的教学活动中，在教师的引导下，学生拓展想象的思路，说出更多新奇有趣的想法。教师利用课后习题的支架，进行有针对性的扩展和延伸，激发了学生想象的热情，唤醒了学生的想象意识。

3. 巧搭课外阅读支架，激发想象促迁移

《我变成了一棵树》语言俏皮，童趣盎然。"我"为了逃避吃饭而变成了一棵树，拥有一连串奇妙的经历。故事的童真童趣正符合学生内心的想法和渴望。在进行拓展训练时，教师补充了与课文有相同内涵的阅读材料：《金色花》《我想》《如果我是一片雪花》等三首诗歌，启发学生从自己的美好愿望出发，用诗意的语言去构建自己的想象世界，并自行创编一首想象现代诗，开展想象诗歌朗诵会。

为丰富学生的阅读体验，把学生带入更加广阔的想象空间，教师推荐了《小真的长头发》《爱丽丝漫游奇境》等书籍，引导学生自主阅读，充分感受想象的神奇魅力，发现想象的语言表达特点，激发他们想象的热情，唤起他们写作的欲望。

（三）探索与形成成果

通过以上项目活动的开展，学生走进充满奇思妙想的想象世界，感受到想象的奇妙与快乐。他们迫不及待地想要把自己满脑子稀奇古怪的想法和大家分享。教师借机依托课本提供的各类想象题目，提供"想象乐园项目单"。学生自由选择项目，也可自主设计项目，根据自己的想象项目，大胆想象，创编想象故事。

在学生完成初稿后，教师组织各小组内进行分享交流，根据评价量表（表2-21）互相评价，及时修改。学生可根据自己的意愿在完善故事后，独立将其设计成连环画，也可与同学合作，选择一篇最有创意的故事共同制作成连环画。最后一个环节是交流展示会，并推选出"十佳创意故事设计"。

表2-21 "奇妙的想象"评价量表

习作要求	评价内容	评价细则	自评	互评	师评
写一个想象故事，要大胆想象，创造出属于自己的想象世界	选材（写什么）	1. 故事新奇有趣（简要概括故事内容：　　　　）			
		2. 大胆展开想象，有神奇之处（用荧光笔标出，批注"大胆想象"）			
	组材（怎么写）	1. 故事完整，按照一定的顺序展开，有开头、经过、结尾（用//划分）			
		2. 习作有3—6个自然段最佳（本文有＿＿＿个自然段）			
	语言表达（写得怎么样）	1. 用词准确，语句连贯（读一读，用修改符号进行修改）			
		2. 使用平时积累的好词、佳句（用~~~画出好词佳句）			
		3. 至少正确使用两处修辞手法，如夸张、拟人等（用☆在文中标出、批注）			
	创意（附加）	用词、造句有新鲜感，故事给人耳目一新的感觉（本文创意点：　　　　）			

习作要求	评价内容	评价细则	自评	互评	师评
写一个想象故事，要大胆想象，创造出属于自己的想象世界	其他	字数：三年级作文要求250字以上（你的字数：　　　）			
		错别字：不写错别字，不会的字查字典（错字＋拼音数量：　　　）			
		每项满分为10分，按照习作内容进行评分，最后为总分			
打分说明		每项满分为10分，按照习作内容进行评分，最后得出总分	总分：		

（四）评价修订，反思迁移

本项目通过创设情境，以"漫游想象岛，创建想象乐园"为主题，激发学生的兴趣，调动学生参与的热情。在项目实施过程中，学生积极性高，每一项练笔都能得到学生的积极响应，特别是在课堂讨论过后，许多学生又产生了新的想法，这种讨论往往延续到课后仍在热烈进行。整个项目实施过程中都能看到学生对"想象"情有独钟，每个人都能充分发挥想象，自主创编想象故事，充满童趣。但也发现了部分学生容易受限于教师的引导，或同学交流示范的影响，创意略显不足。以此为鉴，以后在进行此类型的学习任务时，应注重将阅读与习作有机统一，通过搭建思维支架，开拓思路，让学生从多角度展开想象，创编想象故事，让学生所写的文章层次更清晰，想象更奇妙，成果呈现的形式更丰富。

八、效果展示

（一）指印画

（二）现代诗仿写

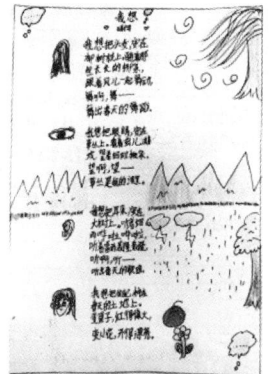

（三）《宇宙的另一边》仿写片段

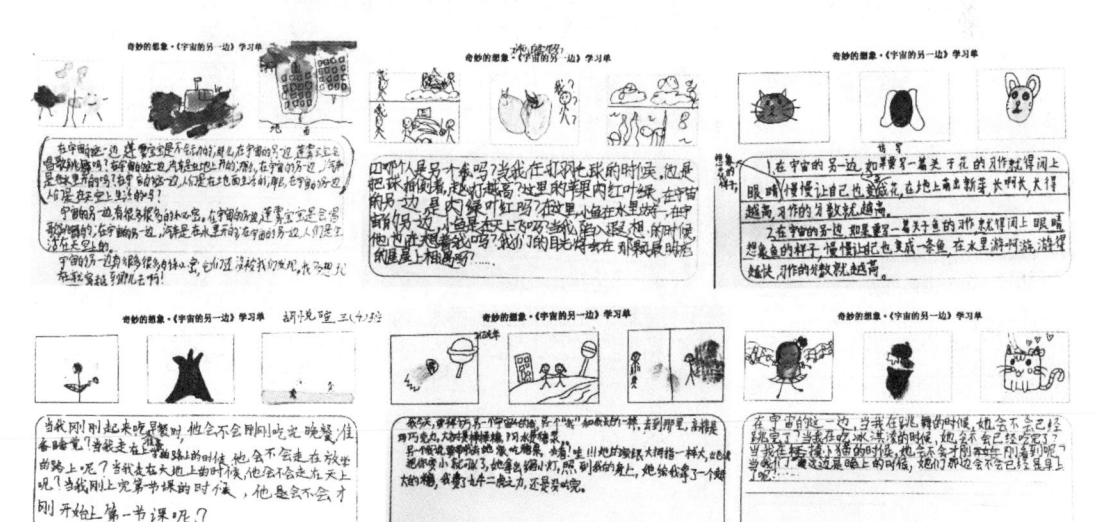

（四）续写《一支铅笔的梦想》

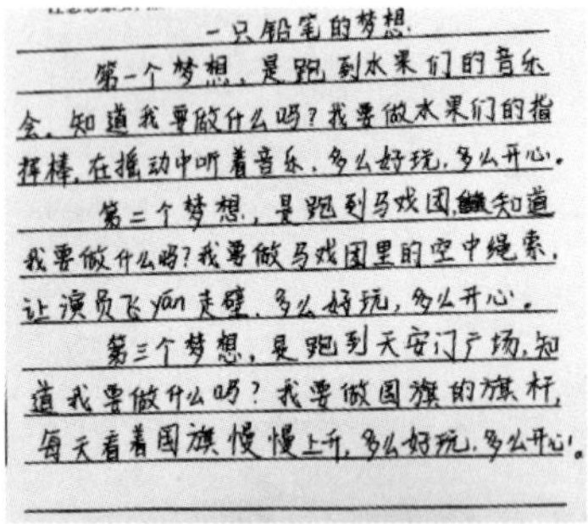

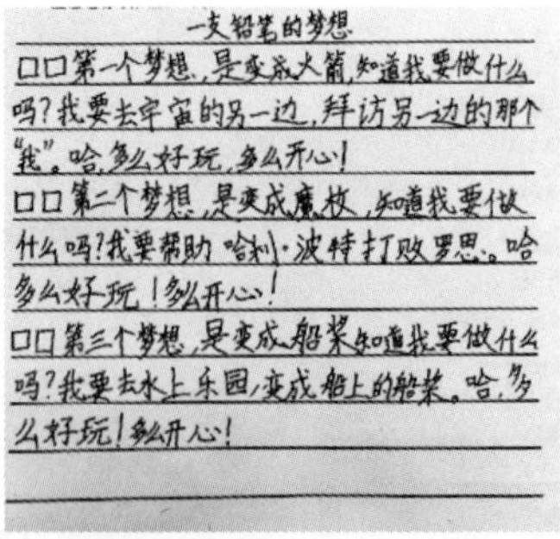

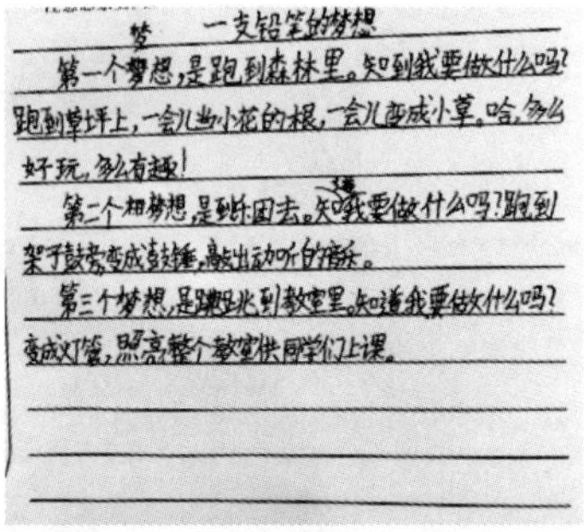

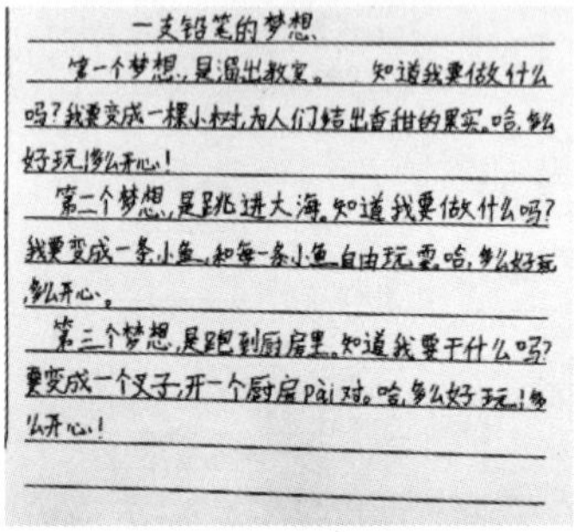

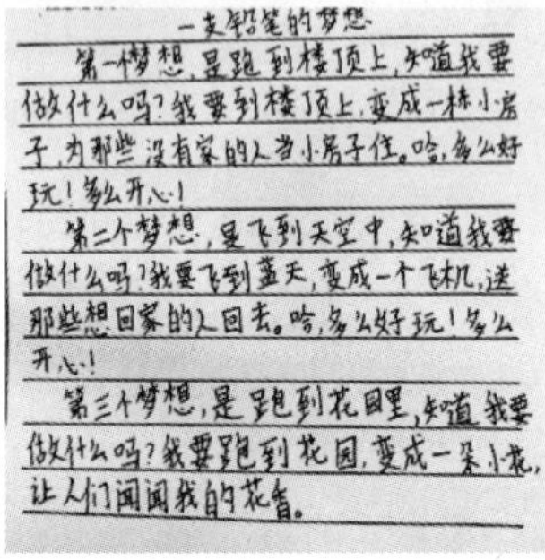

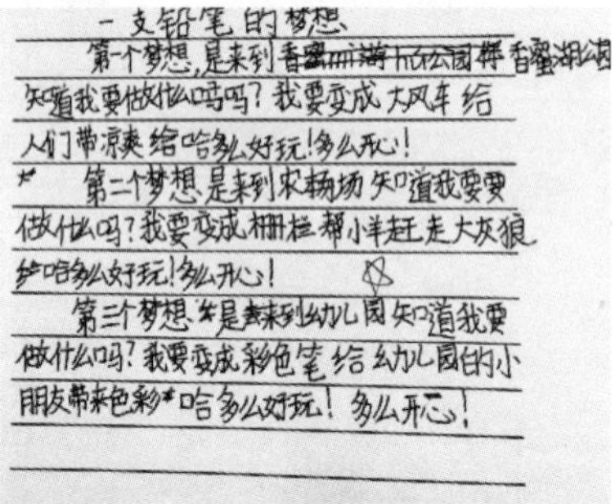

（五）接龙故事

(六) 连环画故事

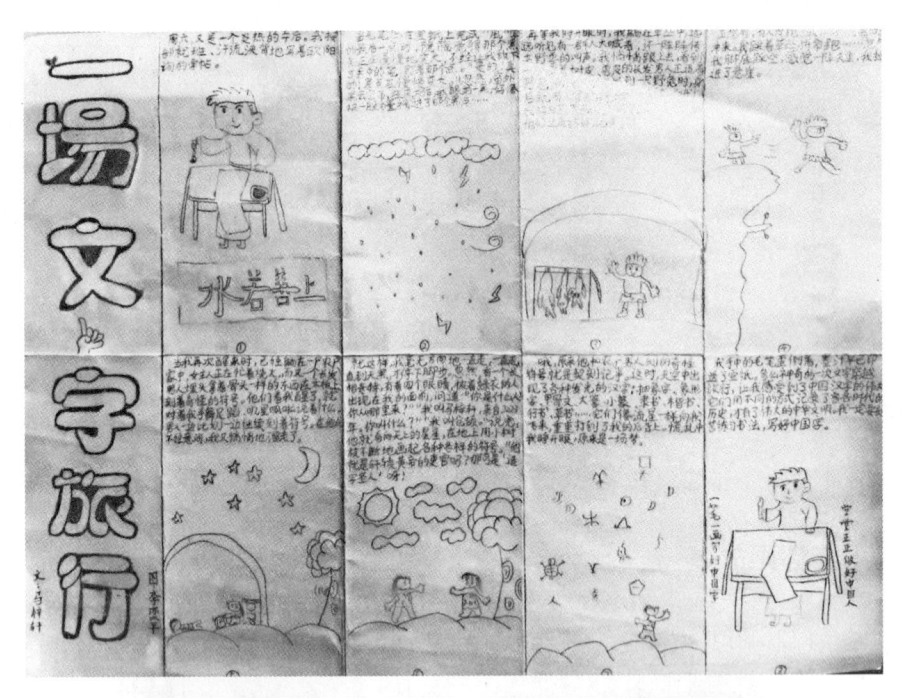

❖ 用项目引领课堂——基于国家课程的小学语文单元项目式教学的研究与实施

第二章 我们的行动

（指导教师：吴青霞 陈倩芝 曹丽华）

第八节 猫，跃然纸上
——部编版《语文》教材三年级上册第五单元项目式教学设计

一、项目简述

本项目基于部编版《语文》教材三年级上册第五单元设计，单元主题为观察并学会表达。本单元编排课文《搭船的鸟》《金色的草地》，习作例文《我家的小狗》《我爱故乡的杨梅》等内容。单元语文要素为"体会作者是怎样留心观察周围事物的"和"仔细观察，把观察所得写下来"。因此，学生需要做生活中的有心人，平时留心观察周围的人、事、景、物，积累生活素材，学会自主学习，体会作者观察的细致，一步步做到：总结留心观察的好处，试着写出观察所得，展示观察所得，并分享自己的感受。

《义务教育语文课程标准（2022年版）》重视从关注学什么到关注如何学习和学会学习，从关注自我学习到关注团队合作和沟通。三年级学生喜爱小动物，本次活动以此为学习契机，以"猫"为切入点，以小见大，引导学生通过观察、实践等欣赏身处的环境，运用不同的角度进行观察，进而总结、创作、表达。

在实践过程中，根据学生投票得出结论——学生最喜爱的小动物是猫，以此确定本次观察学习的主题。教师鼓励学生多观察、多表达，启发学生通过多元的观察角度进行有层次的观察，在表达中注意有条理、有感情，学会从课文和习作例文中学会观察和表达的方法。

二、项目时长

两周。

三、教材和相关资源

（一）教材

部编版《语文》教材三年级上册第五单元。

（二）相关资料

《猫》，老舍著。
《猫》，郑振铎著。
《猫的故事》，梁实秋著。

四、单元项目统整目标

（一）单元核心目标

观察并学会表达。

（二）单元基础目标

①有层次地观察：动物的外形、生活习性、静态、动态。
②多角度地观察：调动各种感官，通过多样角度，进行合理联想及想象。

③有条理表达：层次分明，突出重点。
④有感情表达：个人情感，个性表达。

五、驱动性问题

（一）本质问题

学会观察与表达。

（二）项目驱动性问题

校园需要征集小猫观察官，传播推广爱护猫咪的理念，如何有层次、多角度观察，将自己的观察所思转化成表达成果？（图2-10）

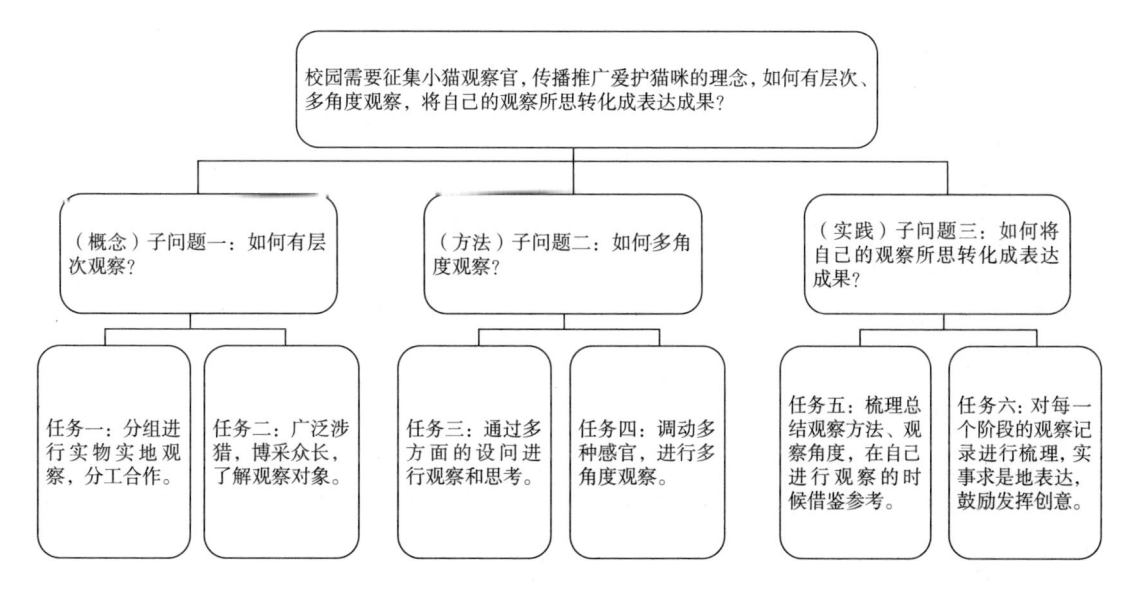

```
校园需要征集小猫观察官，传播推广爱护猫咪的理念，如何有层次、
多角度观察，将自己的观察所思转化成表达成果？
├── （概念）子问题一：如何有层次观察？
│   ├── 任务一：分组进行实物实地观察，分工合作。
│   └── 任务二：广泛涉猎，博采众长，了解观察对象。
├── （方法）子问题二：如何多角度观察？
│   ├── 任务三：通过多方面的设问进行观察和思考。
│   └── 任务四：调动多种感官，进行多角度观察。
└── （实践）子问题三：如何将自己的观察所思转化成表达成果？
    ├── 任务五：梳理总结观察方法、观察角度，在自己进行观察的时候借鉴参考。
    └── 任务六：对每一个阶段的观察记录进行梳理，实事求是地表达，鼓励发挥创意。
```

图2-10　"猫，跃然纸上"驱动性问题

六、评价量规

项目式教学的实施离不开科学合理的评价标准。在项目之初学生可从量表中知晓各环节的评价量规，在小组合作时可依据清晰具体、有层次、指向性明确的评价指标进行调整。

评价维度，见表2-22。

表2-22　"猫，跃然纸上"评价量表

项目	评价
解决问题的能力	☆☆☆☆☆
团队协作能力	☆☆☆☆☆
创作能力	☆☆☆☆☆
艺术鉴赏能力	☆☆☆☆☆
观察并学会表达的能力	☆☆☆☆☆

七、项目实施过程

（一）开放学习时空——像科学家一样探究

项目导入，观察"喵喵喵"三个字，看起来就很有意思，有猫叫的声韵，有叠声词的生动，有拟声词的趣味，还有形声字的巧妙。教师带领学生学习阅读《民国老课本》中的《猫斗》，引导学生在观察猫、了解猫的探究过程中学会设置疑问。

猫斗

黄白二猫，斗于屋上，呼呼而鸣，耸毛竖尾，四目对射，两不相下，久之，白猫稍退缩，黄猫奋起逐之，白猫走入室，不敢复出。

项目初始进行分组，每个小组中有一位成员家中养猫。学生将围绕猫完成小调查，小组共同观察实物，及照片、画作、视频中的猫，自主提出研究问题，创建合作小组展开学习。

在项目实施过程中，学生设计观察方案，查阅资料，亲身观察猫咪朋友，并广泛涉猎与猫相关的歌谣、文章、戏剧等，了解不同年代、不同地域的人对猫的认识。同时，学生通过查阅资料，了解猫咪的成长等生物学知识，提高科学素养，在整合信息的过程中提高信息搜集、筛选能力，梳理信息制作各品种猫咪卡片。此外，学生通过欣赏、演绎音乐剧《猫》的角色，在戏剧的情境中发挥想象，且能够从个性的角度观察到不同角色猫的特点，展开充满趣味的体悟式学习。最终，通过成果展示和团队合作获得成就感。

（二）发展多元智能——像艺术家一样创作

探究问题，根据问题进行多角度、多层次观察。学生通过查阅资料，阅读《DK猫咪百科》等书籍，提出关于猫的问题，例如：猫为什么从高处摔下往往安然无恙？猫的眼睛为什么在夜间会发光？

在各组进行提问后，教师引导学生将问题进行归类、删减，理出脉络并确定各小组的研究设计方案。学生结合各组的提问观察猫，学会表达及解决探究问题。同时，教师提醒学生注意安全要求：在观察猫时需要注意，不能挑衅猫，要了解若不慎被抓、咬的处理方式。各组中须设有小安全员、小记录员、小摄影师。

学生可以阅读《猫斗》等文章，在口语交际中进行转述类口头表达。学生还可以阅读《猫》（老舍）、《猫》（郑振铎）、《猫的故事》（梁实秋）、《文人，猫事》等经典名家文章，并做读书笔记。学生可以欣赏音乐剧《猫》，分角色读一读台词，演一演。学生可以唱跳《学猫叫》形体舞。学生可以组织成员实地观察猫，分享各小组的观察笔记及感想。针对各组同学的提问，汇报问题解决的进展。

（三）进行个性表达——像文学家一样报告

赏读《搭船的鸟》《金色的草地》后进行归纳和要素梳理。（表2-23）

表 2-23 《搭船的鸟》《金色的草地》归纳和要素梳理

课文	可学之处	归纳梳理
《搭船的鸟》	感受作者对翠鸟的外貌、动作的细致观察，体会留心观察的好处	观察角度一：雨天船上的场景 观察角度二：翠鸟的外貌 观察角度三：捕鱼时的动作
《金色的草地》	体会作者对草地的变化情况及变化原因的细致观察	特点：观察随时间变化而不同 观察时间：早上、中午、傍晚 颜色变化：绿色、金色、绿色 变化原因：花瓣——合、开、合
总结：观察角度不同，因为观察时间或地点等会产生变化		

学生要学会运用迁移的方法，如将习作例文《我家的小狗》《我爱故乡的杨梅》以类似的方法进行表格式梳理，归纳出自己观察的方法、总结及启示，明白观察周围的事物时需要充分调动自己的感官，多听多看，多想多问，多查资料。学生可以边观察，边思考，边记录，也可以从小处着眼或者思考在变量下的一些变化。（表 2-24）

表 2-24 不同文章中作者观察的方法总结及启示

课文	《搭船的鸟》	《我家的小狗》	《金色的草地》	《我爱故乡的杨梅》
对象	动物	动物	景物	植物
方法	多感官	多感官	连续	连续、多感官
特点	静态：美丽的外貌 动态：捕鱼时敏捷的动作	淘气又可爱	时间不同，草地的颜色不同，最后揭示原因	杨梅树的样子 杨梅的外形、颜色、味道
启示	一连串疑问，再进行观察	推测、拟人	比喻	先整体，后局部，接着分方面

根据小组的协商，选定一只小猫作为小组的观察对象，小组各成员明确好根据观察所得和自己所想，应当如何进行表达，一步步加深对观察对象的了解，丰富小组协作的内容，展示观察所得，分享想法和心得。（表 2-25）

表 2-25 个性表达小组协作各阶段活动内容

第一阶段	了解猫咪	外形	1.根据猫科动物合照，讲述各品种的猫各有什么特点	2.选择一个品种写猫咪档案卡片	3.一只猫成长中从小到大的特点，结合纪录片《萌宠生活》，画出猫咪成长图
		习性	1.各组结合记录员、摄影师拍摄的视频及相片进行讲述	2.结合音乐剧《猫》，每位同学抽签代表一只猫，每只猫性格不同，要揣摩性格并写出剧本（用语气表现猫的个性）	3.猫喜欢在哪些地方做什么？制作猫咪地图：把猫常出现的地方和时间做标记，想想为什么？（每位同学各用黏土做一只猫，小组合作动手制作沙盘模型）

第二阶段	观察猫咪	外形	
		习性	
第三阶段	所得所想	我的画	（要求：为观察所得、自己所想配上图画，使文章更有趣）
		我的话	（要求：写出自己所观察到的猫咪的特性，表达直观具象，生动有条理）
选做	我的创意表达	\multicolumn{2}{l	}{1. 增强信息素养，设计猫咪实用类小科普文网页 2. 想象自己变成了一只猫，来到学校，会发生什么故事 3. 自创绘本，举办讲故事大会。要给出具体情境，如杂货店里的猫、明朝的猫、假如猫走进了《清明上河图》、躲猫猫立体绘本等 4. 邀请家长、教师作为观众欣赏自演或自己配音的音乐剧《猫》}

八、效果展示

（一）学生作品佳句精选

奥利奥在大猫面前来了一个完美的空手翻，"咚"！哎呀呀，原本它想让大猫被它的动作吸引，结果却在大猫面前摔了个大跟头。

——陈宇铭《萌宠日记》

还有一群刚出生的小猫婴儿，个个闭着眼睛，卷成一团，好像在取暖。当它们睁开眼睛时，慢慢融入这个新世界，去探险。小猫因为刚出生，所以走路歪歪扭扭的，像"不倒翁"似的。

——徐子衿《萌猫成长记》

小猫还是个贪吃鬼，爷爷吃肉的时候会和小猫对半分，爷爷吃瘦的，小猫吃肥的。有一次，我夹了一点青菜给小猫吃，小猫上前嗅了嗅，又跑到我脚边向我撒娇，喵喵个不停。我扔了一块肉给它，它才不吭声了，津津有味地吃了起来。吃完舔了舔嘴巴，喵喵了两声，似乎在感谢我呢！

——杨梓暄《小猫老大》

不知为何，我一进到学校就被一大堆猫毛包围了，害得我打了一个喷嚏。等我打完喷嚏后，睁开眼睛吓了一大跳，学校里所有人都变成了猫头。

到了上课的时候，我们学习的不是古诗、汉字，而是学习鱼的种类和品种特点。体育猫老师说："今天跑步比赛第一名的奖品是一条大鲜鱼。"

——李欣宜《猫学校》

（二）猫咪档案卡

（三）猫咪绘本

（指导教师：陈智慧）

第九节　乐游锦绣中国，共编山河手册
——部编版《语文》教材三年级上册第六单元项目式教学设计

一、项目简述

本单元围绕"祖国山河"这一主题编排了四首古诗和三篇现代文：有描写安徽天门山奇观的《望天门山》；有赞美杭州西湖晴雨天美景的《饮湖上初晴后雨》；有描写湖南洞庭湖山水的《望洞庭》；有记录在重庆江陵欢快行舟的《早发白帝城》；有表现海南优美风景、丰富物产的《富饶的西沙群岛》；有描绘广东海边城市风光的《海滨小城》；有展现东北四季迷人景色的《美丽的小兴安岭》。本单元课文旨在让学生领略祖国各地的美丽风光、感受名家对祖国的赞美与深情，引发学生强烈的爱国情感。本单元的语文要素是"借助关键语句理解一段话的意思"，习作要求是"试着围绕一个意思写"。本单元的编排体现了"由读到写"的学习路径，教师可以在课文教学中趁机指导学生模仿课文典型段落，以中国某地的独特风光为题材，让学生在有章可循、有例可依的情况下进行小练笔。

基于上述分析，本单元开展了大概念统整下单元项目式教学的设计。教师在课文教学过程中渗透中国地理知识，引导学生建立文字和景色、文字和行政区划之间的联系，积累写景文阅读方法，帮助学生建构写景要表达情感、要能按一定顺序写的意识。本项目以"制作祖国山河手册"为驱动性任务，指导学生整合融通单元学习内容；回顾二年级上册第四单元的写景文，帮助学生实现知识迁移，加深对写景文的认识；鼓励学生阅读课外写景文章，拓展知识面；以单元内经典文章段落为支架，指导学生就中国某处山河景色写一个"总分"结构的段落。制作祖国山河手册的过程，是学生对单元学习内容进行再次加工重组的过程，也是学生收集资料、整合资料、互相合作的过程。

学生初次尝试写景时，常面临如何系统地观察与描述景物的挑战。在课文教学中，教师可以着重介绍从远到近、从上到下、从整体到局部、移步换景等写作顺序。另外，由于本次任务面对全体学生，而学生之间的写作水平差异较大，我们可以设计不同的写作方案来帮助学生完成驱动性问题。我们也鼓励学生之间分组合作，让每个学生都可以不同程度地参与到活动中，让最终的作文成果体现出每位学生的独特风格和创造性。

二、项目时长

三周。

三、教材和相关资源

（一）教材

部编版《语文》教材三年级上册第六单元，部编版《语文》教材二年级上册第四单元。

（二）推荐给学生的参考文章/关联资料/参考材料

《草原》（节选），老舍著。

《桂林山水》，陈淼著。
《绿》，朱自清著。
《阿里山纪行》（节选），吴功正著。

四、单元项目统整目标

（一）单元核心目标

感受祖国名川大山的魅力，制作一本关于祖国山河的小册子。

（二）单元基础目标

①加深对写景文的认识，学习"总分"结构。
②了解中心句的重要性，能借助关键语句理解一段话的意思。
③能模仿课文，围绕中心句描写某个地方的景色。
④了解中国的名川大山和行政区划，领略祖国山河的多样与美好，增强民族认同感和自信心。

五、驱动性问题

（一）本质问题

能以某处风景为观察对象，围绕中心句写一段话。

（二）项目驱动性问题

怎样运用所学知识制作祖国山河手册？（图2-11）

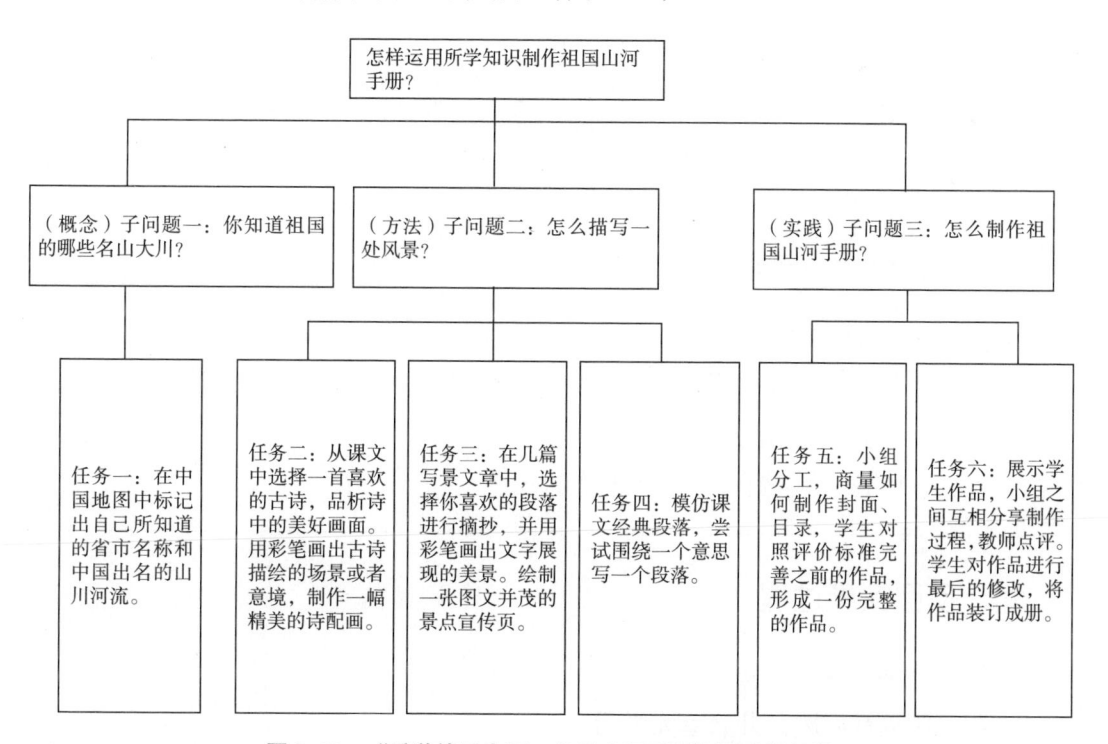

```
怎样运用所学知识制作祖国山河手册？
├─（概念）子问题一：你知道祖国的哪些名山大川？
│   └─ 任务一：在中国地图中标记出自己所知道的省市名称和中国出名的山川河流。
├─（方法）子问题二：怎么描写一处风景？
│   ├─ 任务二：从课文中选择一首喜欢的古诗，品析诗中的美好画面。用彩笔画出古诗描绘的场景或者意境，制作一幅精美的诗配画。
│   ├─ 任务三：在几篇写景文章中，选择你喜欢的段落进行摘抄，并用彩笔画出文字展现的美景。绘制一张图文并茂的景点宣传页。
│   └─ 任务四：模仿课文经典段落，尝试围绕一个意思写一个段落。
└─（实践）子问题三：怎么制作祖国山河手册？
    ├─ 任务五：小组分工，商量如何制作封面、目录，学生对照评价标准完善之前的作品，形成一份完整的作品。
    └─ 任务六：展示学生作品，小组之间互相分享制作过程，教师点评。学生对作品进行最后的修改，将作品装订成册。
```

图2-11 "乐游锦绣中国，共编山河手册"驱动性问题

六、评价量规

本项目式教学的评价表，见表2-26。

表2-26 "乐游锦绣中国，共编山河手册"评价量表

<table>
<tr><td colspan="5" align="center">任务：制作祖国山河手册</td></tr>
<tr><td colspan="5">姓名：_____　　　小组名称：_____
我在本次任务中负责：_____</td></tr>
<tr><td>分数</td><td>外观</td><td>内容</td><td>小组合作</td><td>现场展示</td></tr>
<tr><td>21～30分</td><td>封面和目录制作精美，方便翻阅。明确编者和出版年月日</td><td>至少包含12个地点。每页内容图文并茂，图片精美，书写工整</td><td>组内每人都参与制作，发挥所长，团结合作</td><td>能自信大方地介绍本书每页内容</td></tr>
<tr><td>11～20分</td><td>有封面和目录，但设计不精致、不符合书本要求。目录与书内页码不能对应</td><td>至少包含8个地点。不是每页内容都图文并茂，图片不够精美，书写不够工整</td><td>组内每人都参与制作，但没有做到分工明确</td><td>声音响亮、仪态大方，基本上能介绍本书大部分内容</td></tr>
<tr><td>0～10分</td><td>缺少封面或者目录，缺少编者或出版年月日</td><td>少于8个地点。图片质量很差，书写不认真，图文不能对应</td><td>大部分任务由一两位同学承担，个别同学没有参与</td><td>声音不够响亮，不能清晰地介绍本书的大部分内容</td></tr>
<tr><td colspan="5">小组作品成绩：</td></tr>
<tr><td colspan="3"></td><td>自我评价</td><td>小组评价</td></tr>
<tr><td rowspan="3">学习态度（30分）</td><td colspan="2">是否积极参与小组讨论</td><td></td><td></td></tr>
<tr><td colspan="2">是否在小组中积极贡献自己的力量</td><td></td><td></td></tr>
<tr><td colspan="2">是否希望通过自己的力量帮助小组更好地完成任务</td><td></td><td></td></tr>
<tr><td rowspan="3">合作能力（30分）</td><td colspan="2">能否在小组讨论中勇敢地提出自己的建议或者意见</td><td></td><td></td></tr>
<tr><td colspan="2">能否在小组讨论中认真地倾听他人的建议或者意见</td><td></td><td></td></tr>
<tr><td colspan="2">能否和他人配合，共同完成一项任务</td><td></td><td></td></tr>
<tr><td rowspan="4">学习能力（40分）</td><td colspan="2">遇到难题时，是否主动向父母、教师寻求帮助，是否能通过网络搜索、查阅资料获取信息</td><td></td><td></td></tr>
<tr><td colspan="2">是否尝试主动发现与祖国山河主题有关的文章，或运用自己写的相关文字</td><td></td><td></td></tr>
<tr><td colspan="2">是否尽到自己最大努力去完成属于自己的一部分任务，做到图片精美或者文字工整或者自信展示或者精心装订或者认真校正</td><td></td><td></td></tr>
<tr><td colspan="2">能否欣赏其他组的作品，并学习到他人的长处</td><td></td><td></td></tr>
<tr><td colspan="5">总分：</td></tr>
</table>

七、项目实施过程

（一）入项活动

1. 明确驱动性问题，开启单元学习

翻看单元导语，明确单元学习主题：祖国的壮美山河。"你知道本单元里的文章写的

是哪里的美景吗？这些美景分别在哪个省市？你还知道哪些中国的名山大川？"教师通过提问、播放祖国山河视频激发学生对学习主题和任务的探究兴趣。

教师在教学活动开始前揭示驱动性问题，让学生带着问题开启单元学习任务。

旅游手册可以让外地人快速地了解一个地方的景色，其语言直观简洁，图片和文字结合的效果让读者产生强烈的向往。在本教学单元中，学生将通过小组合作的方式制作一本祖国山河手册，通过这个过程，加深对祖国自然地理的认识和理解。

2. 细化分解实施项目，提供多种支架

此次项目式教学活动涵盖整个单元的语文要素，为了让学生更有序地、有方向地开展活动，我们将活动项目进行了细化。（表2-27）此次项目式教学活动一方面可以帮助学生巩固课内知识、夯实从单篇到整体的思维，另一方面可以让学生开拓视野、增强合作意识、提高动手能力。

表2-27 "乐游锦绣中国，共编山河手册"活动详表

时间	学习内容	活动项目	成果形式及要求
11月7日	二年级写景课文	任务一：认识祖国山河	在中国地图中标识出自己认识的省市名称和祖国的名山大川
11月7日—11月8日	《古诗三首》《早发白帝城》二年级写景古诗 课外写景古诗	任务二：品诗中美景	1. 选择一首你喜欢的古诗，品析诗中每句话的意思 2. 用彩笔画出古诗描绘的场景或者意境，制作一幅精美的诗配画
11月9日—11月18日	《富饶的西沙群岛》《海滨小城》《美丽的小兴安岭》二年级写景现代文 教师推荐的写景文章	任务三：绘文中美景	1. 在几篇写景文章中选择你喜欢的段落进行抄写，并用彩笔画出文字展现的美景 2. 绘制一张图文并茂的景点宣传页
11月21日	讲解"总分"结构 课内练笔	任务四：写眼中美景	1. 模仿课文经典段落，尝试围绕一个意思写一个段落 2. 观看展现内蒙古风光的视频，写一段描写内蒙古景色的文字
11月22日	小组分工、明确任务	任务五：小组合作	1. 学生依据项目评价标准和自身优势进行合理分工 2. 鼓励学生对之前完成的作品进行修改，让整个小组的作品更加和谐统一 3. 小组成员整合作品，形成成果
11月24日—11月25日	作品展示与改进	任务六：形成成果	1. 小组代表展示并介绍作品 2. 根据评价标准，教师对作品进行打分，学生对自己及其他小组成员进行评分，谈谈活动的收获和感受 3. 小组之间互相学习，对作品进行完善

（二）知识与能力建构

1. 任务一：认识祖国山河

在二年级上册，我们已经初步接触过一些写景文，如《黄山奇石》《日月潭》《葡萄

沟》，这些地方分别在安徽省、台湾省和新疆维吾尔自治区。教师回顾课文内容，指导学生在简笔画版《中国地图》中标记出相应的地方。

教师提问学生，游览过中国的哪些名山大川，并帮助学生在地图中找出相对应的位置。学生在标记地图的过程中认识中国有名的地方，并将山河的名称和所在位置建立联系。

2. 任务二：品诗中美景

一首古诗就是一个世界，短短几个字就能蕴含无尽话外之音。学生学古诗是学字词、学表达，更是学中国文化中包罗万象的意象和虚实相生的意境。学生以画配诗，可以帮助学生走进诗中的画面，更可以在这一过程中体现和增进学生对古诗的理解。

学生在课堂上学习了本单元中四首写景古诗，了解了诗中描写景色的所在地。课堂上还复习了五首从前读背过的写景古诗，拓展了相关知识。学生在这九首古诗中选择自己喜欢的一首，以诗画结合的方式展现中国山河的美景。要求在半张A4纸（竖幅）上完成。

3. 任务三：绘文中美景

任务导入语：

美丽富饶的西沙群岛、干净整洁的海滨小城、千奇百怪的黄山奇石……总有一处让你翘首以盼。我们在文字中领略山河壮美，在文字中畅游锦绣中国，文字的魅力可以突破时空的限制、传递作者的情感。

在这项任务中，教师提出要求：请学生在学过的写景文中选择喜欢的段落进行抄写，并为文字配图，制作一张图文并茂的景点宣传页。

4. 任务四：写眼中美景

任务导入语：

在本单元中我们学习了三篇写景文章，在二年级我们学习了《黄山奇石》，它们都是"总分"结构的范例。围绕中心句写可以让文章结构更合理，让读者更好地理解作者的意思。

在这项任务中，教师提出要求：请学生参照《富饶的西沙群岛》的第四自然段，写一段描写内蒙古景色的文字。

（三）探索与形成成果

1. 任务五：小组合作

上述子任务完成后，学生对中国的名山大川和行政区划有了一定的了解，形成了初步的知识架构。

学生按照惯例进行分组，共分为六组，每组八人。各个小组根据项目要求和评价标准商量方案，并根据个人所长进行任务分工。任务包括封面的设计、目录的制作、图片的选择与布置、文字的选择与誊抄、图文校正、手册装订、现场呈现。所有任务完成后，小组成员的作品整合起来是一本内容丰富、设计精美的手工册。

2. 任务六：形成成果

各小组代表在班内展示任务成果，分享在活动中的收获与感悟。

教师根据评分标准对各小组成果进行点评，并给学生的成果提出指导建议。学生反思自己在活动中的表现，完成自评，再接受小组集体评价。通过本次活动，学生对自己的长处与需要提升的地方有了更深的认识，对如何能和他人商量、合作也有了实际体会。

学生根据教师提出的指导建议和其他小组成果的启示，逐步完善作品。

（四）评价修订，反思迁移

在此次项目式教学活动中，学生有较高的兴趣和信心，能以认真的态度完成作品。由于设计了不同水平的任务，每位学生都可以最大限度地参与到活动中，保证不同层次的学生都能学有所得。本次项目式教学以小组合作的形式进行，很多学生在活动中建立了以小组为单位的微信群，以便能更好地进行交流和合作。每个学生在小组讨论中都贡献了自己的智慧，感受到思考的快乐。在这次活动中，学生普遍对自己在活动中的表现评价很高，表示自己学到了很多新知识和新技能。

八、效果展示

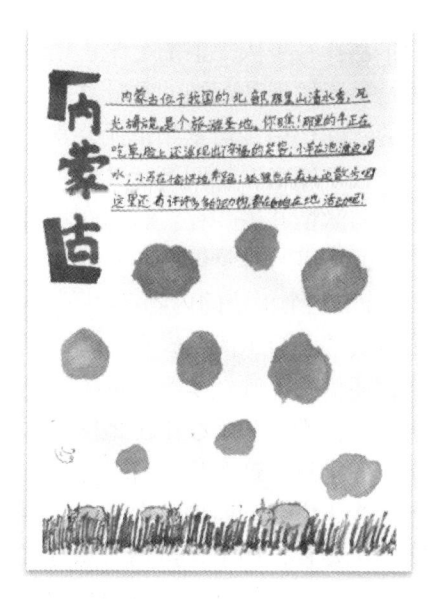

（指导教师：董文彬）

第十节　心满山河，笔录春秋
——部编版《语文》教材三年级上册第六单元项目式教学设计

一、项目简述

本单元围绕"祖国山河"这一主题编排了四篇课文：包括《望天门山》《饮湖上初晴后雨》《望洞庭》在内的《古诗三首》《富饶的西沙群岛》《海滨小城》《美丽的小兴安岭》。这个单元的语文要素包括：借助关键语句理解一段话的意思，写作时试着围绕一个意思去写。

从语言要素来看，四篇课文文体各异，形式丰富：有平仄工整的七绝、语言通俗的科学小品、结构清晰的散文，尤其三篇写景文章都是易于发现和归纳的总分式结构，而几首古诗的诗题揭示了全诗的主要内容，即有总起句的实际作用，均紧扣单元要素，在项目式教学中应当时刻牢记对于此点的训练和运用；从文化角度来看，四篇课文中古典与现代的元素互相碰撞，自然与科学的因子互为补充，意境与激情共生共存。教师在项目中应当着重引导学生仔细观察、用心品味，激发他们对于祖国山河的热爱与自豪的情感。

本项目名为"心满山河，笔录春秋"，其下编排了三个板块的内容："手绘山河""来我家乡旅游吧""地图也可以很有趣"。第一个板块"手绘山河"，在师生共同研读了文本材料以后，整理出本单元内所涉及的地理位置，还扩充了曾经学习过的《葡萄沟》《黄山奇石》《望庐山瀑布》等篇章，将这些文字印象转化为一张手绘中国地图，中心为彩绘中国版图，边缘可以选择性地手绘或者粘贴课文中的景致。这个板块旨在建立学生对于祖国疆域的图形认知，并将学习过的写景篇章由点到线、由线到面地整合起来。第二个板块"来我家乡旅游吧"，采取习作形式，紧扣单元语文要素，让学生运用"总分式结构"来介绍、宣传自己的家乡，在班级内进行展评，看看学生介绍的内容是否清晰明了，笔下的家乡是否能够吸引到别人。在综合运用记忆储备、资源搜索、整合筛选和文字梳理的过程中，学生为使家乡脱颖而出，竭力筛选家乡最为出彩的部分，为了表达更加清晰更加直观，都用心简化美化文字。第三个板块"地图也可以很有趣"则是在前两个板块的基础上，选取独特的角度看待祖国版图，制作一本名为"心满山河，笔录春秋"的手工册。在手绘地图的基础上，学生选取风光、建筑、动物、美食、植物等切入点，对地图进行了再建构。挑选出一定数量的对象，在内页中分别采用"总分式结构"进行简要的介绍，从启动到推进再到展示过程，都是学生不断加深对祖国山河、物产和文化认知的过程，也是学生收集并筛选资料、进行文字创造的能力训练的过程，是认知发展线、能力发展线、审美发展线三线合一的过程。

本项目在大概念统整下对项目式教学进行设计，对教学内容进行调整，形成单元项目式教学设计，以驱动性任务为起点，开展活动。在这个过程中，必须重视整合思维，系统化和结构化整个单元的教学内容与教学策略。通过项目式教学，引导学生对祖国山河之美有进一步了解，对关键句子统领文段的把控能力有进一步提升，对壮丽山河与富饶物产有进一步的认同感和自豪感。

二、项目时长

两周。

三、教材和相关资源

（一）教材

部编版《语文》教材三年级上册第六单元。

（二）推荐给学生的参考资料

《地图上的全景中国地理》，刘高焕著。
《地图上的全景中国史》，任灵兰著。
《山水田园诗选：注音朗读版》，中国国家地理编著。
《如诗如画的中国》系列，段张取艺工作室著绘。

四、单元项目统整目标

（一）单元核心目标

收集、筛选、整合资料，结合习得的文字运用技巧，制作一本介绍祖国山河、物产的手工册。

（二）单元基础目标

①了解学过的景致在地图中的具体位置，对祖国版图有基本的认知。
②运用习得的总分式结构和一定的修辞手法对家乡进行描述和宣传。
③在图像绘制和文字运用的基础上，制作能够表达自己对祖国山河壮美、物产丰富认知的手工册。

五、项目驱动性问题

（一）本质问题

收集、筛选、整合资料，习得总分式结构等文字结构技巧，表达对祖国风光与文化的热爱。

（二）驱动性问题

你了解中国的版图吗？在单调的测绘地图中我们看不到美丽的中国风光，看不到独特的中式建筑，看不到别具一格的各地动植物和美食……怎样选择你最感兴趣的角度，查找相关资料，合理运用本单元所学的总分结构来进行介绍，制作一本介绍祖国山河、物产的手工册？（图2-12）

```
                  怎样选择你最感兴趣的角度，查找相关资料，合理运用本单元所学的
                  总分结构来进行介绍，制作一本介绍祖国山河、物产的手工册？
```

```
子问题一：如何通过课文和          子问题二：总分式结构如何理          子问题三：如何进行图文的
辅助材料让人更加直观地感          解和运用？                          排版，让文字与图片之间的
受祖国的地大物博？                                                      关联更为紧密，更加吸引人？
```

| 任务一：手绘中国地图，分别标记出本单元涉及景点的地理位置。 | 任务二：用A4纸竖向分别制作出西沙群岛和小兴安岭的简要册页，配图可以参考课文插图。 | 任务三：简单制作宣传家乡的思维导图。 | 任务四：运用习得的总分式结构和相关修辞的技巧，根据大纲进行写作。 | 任务五：根据课文诗歌进行诗配画的练习。 |

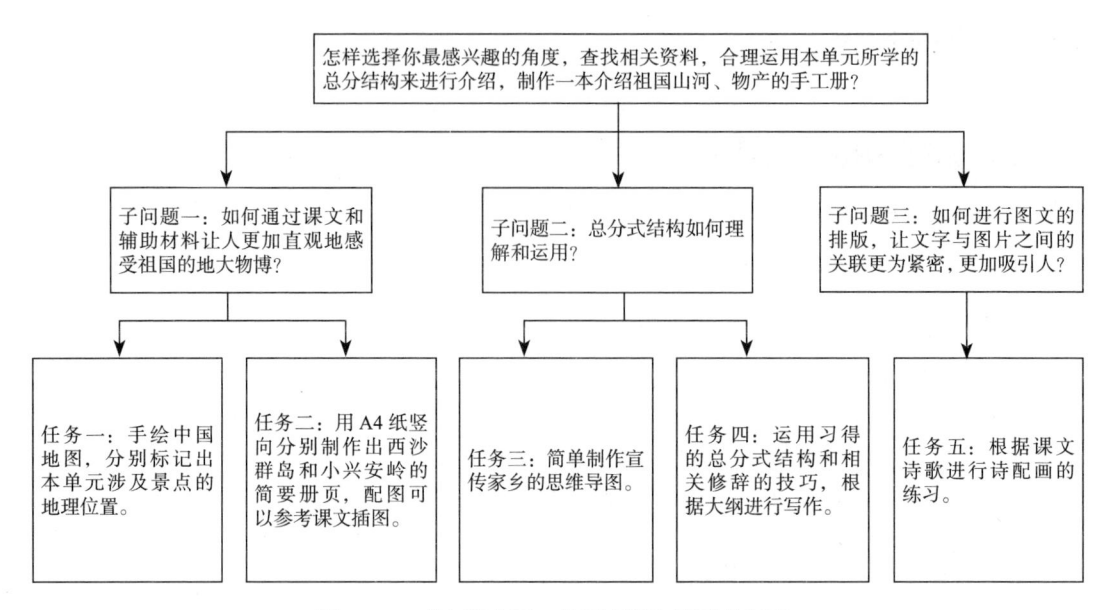

图2-12　"心满山河，笔录春秋"驱动性问题

六、评价量规

本项目评价的知识和能力，见表2-28。

表2-28　"心满山河，笔录春秋"评价量表

姓名		班级		学号			
项目学习主题							
一级评价指标	二级评价指标	评价内涵说明	权重	评价方式	状态水平描述		
					自评	同桌评	师评
学习态度	兴趣度	积极了解祖国版图的各方面	10%	表现性评价			
问题的探究和解决	发现问题	主动发现与介绍祖国山河主题相关的问题	10%	表现性评价			
	搜集资料	能围绕"地图也可以很有趣"这一活动，通过各种渠道收集到丰富的信息	10%	表现性评价或纸笔测验			
	整理资料	能通过分析整理，处理和应用查找到的资料	10%	表现性评价或纸笔测验			
	总结归纳	能通过资料的整理，选取合适的角度对祖国风光与文化进行介绍	10%	表现性评价或纸笔测验			
语文综合运用能力	书面表达能力	完成对景或物的文字介绍	20%	表现性评价			
	版面设计能力	完成手工书（封面设计、内容须图文并茂）	20%	纸笔测验			
	成果展示	手工书成果完成展示	10%	表现性评价或纸笔测验			
综合评定等级（　　）		质性评语：					

七、项目实施过程

（一）问题激趣，开启单元学习任务

"你了解中国的版图吗？中国地图上有哪些有趣的小知识？"教师通过问题、视频激发学生的学习兴趣，使学生了解祖国山河之美、物产之盛、文化之富，对项目任务有初步了解。

（二）通过驱动任务，细化分解实施项目

1. 任务分解

祖国山河涉及的内容非常广泛，为了让学生参与活动的目的更明确，教师将活动项目进行了细化，见表2-29，活动要求既具体又具有一定的灵活性，还能体现学生的自主性。

表2-29 "心满山河，笔录春秋"活动详表

时间	学习内容	活动项目	成果形式及要求
11月11日	1. 背诵《古诗三首》和《早发白帝城》 2. 找出四首诗描写的景点在中国地图上的地理位置 3. 选择一首自己觉得最有画面感的诗，在A4纸上竖向进行诗配画的创作	诗配画	本单元内古诗四选一进行诗配画创作要求：画面干净，贴合诗句，文字工整，排版和设计有美感
11月15日	1. 手绘中国地图，分别标记出本单元内涉及景点的地理位置 2. 用A4纸竖向分别制作出西沙群岛和小兴安岭的简要册页，配图可以参考课文插图，文字是自己设计的课文内容的思维导图	制作课文内容册页	制作思维导图，归纳"总分式结构"的规律
11月18日	1. 简单制作宣传家乡的思维导图 2. 根据大纲进行习作	来我家乡旅游吧	运用习得的总分式结构和相关修辞的技巧进行写作
11月22日	习作展评	来我家乡旅游吧	同桌互相评价，择优展示
11月25日	选取一个感兴趣的角度，在手绘中国地图的基础上，进行大量的资料搜集和整理	地图也可以很有趣	制作手工册 要求：有封皮，有目录，有地图，五张以上介绍内页，装订结实。 （将诗配画、手绘地图、课文册页结合起来，再进行拓展）
11月28日	手工册展评	地图也可以很有趣	择优展评手工册

（三）实践过程

1. 品诗画一体

学生通过对四首诗的背诵、画面的感知，进行了诗配画的创作。在这一过程中，学生对于诗歌诗题的总起作用有了一定的认知，对于诗歌画面感有了直观的感受，为后续的活动做好了铺垫。

2. 绘祖国疆域

学生整理出本单元课文描写的景点所涉及的地理位置，将文字印象转化为一张手绘中国地图，中心为彩绘中国版图，边缘选择性地对课文景致进行手绘或者剪贴作为装饰。学生在这一活动中对于祖国疆域有了图形认知，并将学习过的写景篇章有机整合了起来。

3. 秀家乡风物

采取思维导图和习作形式，让学生自行归纳和运用"总分式结构"来宣传自己的家乡，综合运用记忆储备、资源搜索、整合筛选和文字梳理的方式。班级内进行作品展评，评价学生介绍家乡的文字的清晰程度及其笔下家乡的吸引力。

4. 制山河图册

学生在前面活动成果的基础上，从独特的视角出发观察祖国版图，制作"心满山河，笔录春秋"手工册。他们选择了风光、建筑、动物、美食、植物等多个切入点，对地图进行了再建构。选取了一系列有代表性的对象，在内页中采用"总分式结构"进行了简要的介绍，整个过程从启动到推进，再到最终展示，使学生对祖国的山河、物产和文化的认知不断加深。

（四）评论与修订

在验收项目学习成果的同时，项目指导教师对学生的各项成果提出详细的指导建议，如诗配画的画面贴合度，习作介绍的脉络清晰度、重点突出程度，以及资料收集的深入性和全面性，同时也包括手工地图册的设计与制作等方面。学生根据教师的跟进式指导，逐渐完善自己的作品，最终形成富有个性化特征的成果。

（五）公开成果

基于项目的学习不仅要求学生习得知识，更强调学生在体验中的收获，而不仅仅是习得知识本身。这种学习方式鼓励学生主动实践，通过多样的项目活动，以解决问题的方式创造性地发掘和利用自身的潜能。每个学生以不同的方式演绎自己的项目主题，并采用多元化的呈现方式。

背诵创作类：制作诗配画，优秀作品配上音乐和诵读。

竞赛比拼类：通过习作介绍和宣传自己的家乡，优秀习作现场进行宣传拉票。

展示类：制作手工册，并在班级中举行交流展示会。对于表现出色的作品，学生会事先录制小视频，向同学们推荐自己的手工书。

八、实施项目评价

（一）目标达成

在此次项目式教学活动中，班级作品上交率达 92%，优秀率超过 46%，学生的参与度较高，学习较有兴趣和信心。

（二）成果展示

1. 诗配画

2. 一本完整的手工书

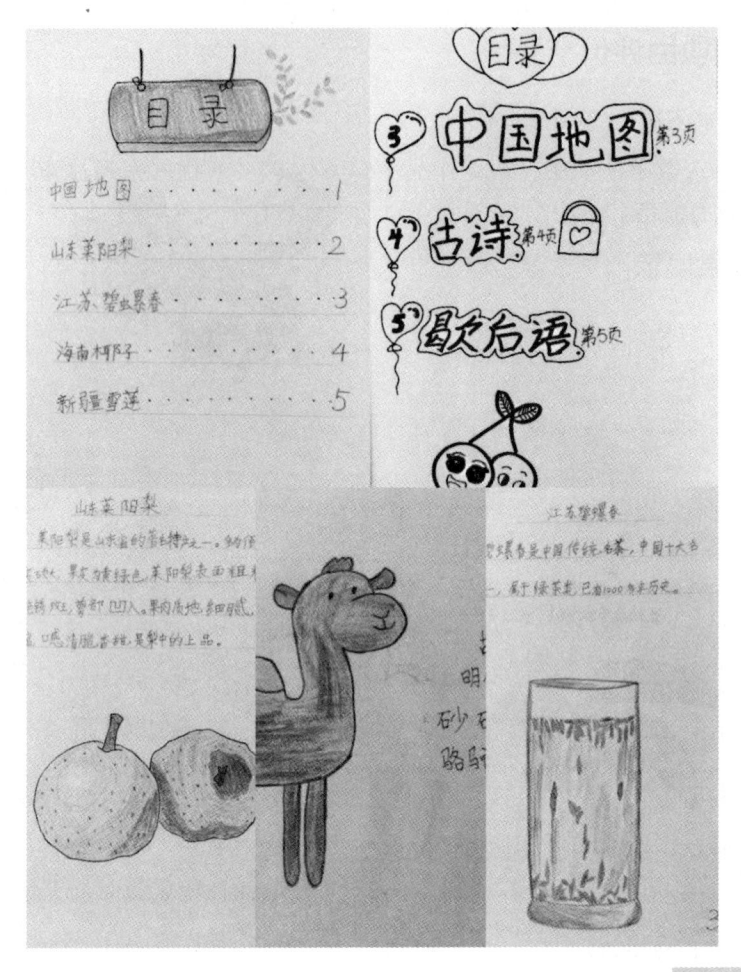

（指导教师：杨蕴燮）

第十一节　为可爱生灵编一本百科全书
——部编版《语文》教材三年级下册第一单元项目式教学设计

一、项目简述

部编版《语文》教材三年级下册第一单元以"可爱的生灵"为主题，编排了《古诗三首》《燕子》《荷花》《昆虫备忘录》四篇课文，多角度展现了大自然中生灵的可爱与美丽。该单元的语文要素：试着一边读一边想象画面，体会优美生动的语句。学生在课文中学习通过多种感官描写动植物，把动植物写详细、写生动，从而为单元习作奠定基础。该单元的习作要求：以"我的植物朋友"为题，试着把观察到的一种植物写清楚。为了降低习作难度，教材编者让学生模仿课文中桃花的例子做植物记录卡。植物记录卡的形式类似于百科全书，要求学生从不同方面介绍一种植物。学生在完成植物记录卡的同时提升了对物体的观察能力，理清了写作思路，积累了写作素材。我们可以将植物记录卡的形式延伸到动物，将学生制作的动植物记录卡汇编成一份动植物百科全书。

基于上述分析，我们开展了单元整合项目式教学——为可爱生灵编一本百科全书。我们提炼出本单元的核心概念，建立核心概念引领下的单元概念图谱，并将单元概念在多个子任务中落实，帮助学生建立本单元的知识体系。学生在驱动性问题的引导下，根据单元教学内容学习描写角度和方法，仔细观察一种植物或者动物，并试着以优美的语言进行记录，最终汇集全班成果，完成制作一本百科全书的最终任务。

三年级的学生在写作上才刚刚起步，学生更擅长写事情，对于物体的描写则难以下手。状物描写的难度主要体现在两个方面：一是学生不知道可以从哪些角度来观察，二是学生不知道如何写出自己在观察中获得的独特感受。这提示我们在开展项目式教学的过程中要注意方法指导，在课文教学中启示学生观察的角度，体味文字背后的感情，通过学生分享发现学生独特的观察角度和感受。不同的动植物有不同的特点，我们要充分肯定学生的发现，鼓励学生对动植物进行细致观察，从而丰富百科全书的内容，为单元核心目标的达成奠定基础。

二、项目时长

四周。

三、教材和相关资源

（一）教材

部编版《语文》教材三年级下册第一单元，部编版《语文》教材三年级下册第四单元。

（二）推荐给学生的参考文章/关联资料/参考材料

《给孩子的第一本植物百科全书》，〔捷克〕特蕾莎·内姆科娃著。
《中国儿童植物百科全书》，《中国儿童百科全书》编委会编著。
《中国儿童动物百科全书》，《中国儿童百科全书》编委会编著。

四、单元项目统整目标

（一）单元核心目标

感受大自然的可爱生灵，能把观察到的事物写清楚。

（二）单元基础目标

①朗读课文，了解多种动植物的信息，感受大自然的奇妙。
②体会课文中优美生动的语言，能一边读一边想象画面。
③能从多方面、多感官观察一种植物或者动物，并用优美准确的语言记录下来。
④能根据自己制作的百科全书描写自己喜欢的一种动物或者植物。

五、项目驱动性问题

（一）本质问题

能把观察到的植物或动物写清楚。

（二）驱动性问题

如何编一本属于自己的动植物百科全书？（图2-13）

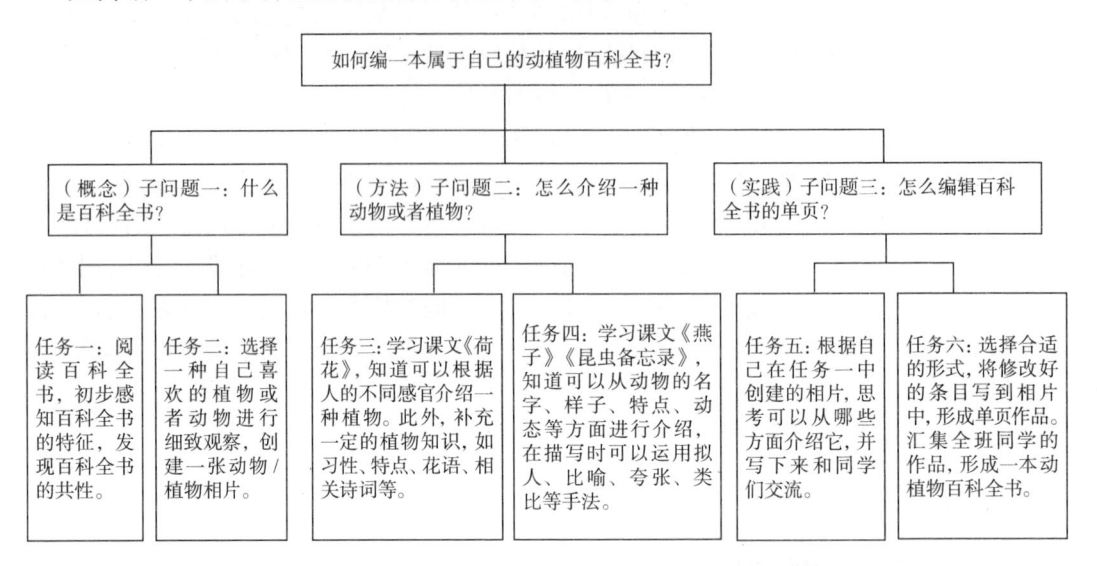

```
                    如何编一本属于自己的动植物百科全书？
                                  │
        ┌─────────────────────────┼─────────────────────────┐
   （概念）子问题一：什么      （方法）子问题二：怎么介绍一种    （实践）子问题三：怎么编辑百科
   是百科全书？                动物或者植物？                全书的单页？
        │                         │                         │
   ┌────┴────┐             ┌──────┴──────┐           ┌──────┴──────┐
任务一：阅  任务二：选择   任务三：学习   任务四：学习课文《燕  任务五：根据自  任务六：选择合适
读百科全    一种自己喜    课文《荷       子》《昆虫备忘录》，  己在任务一中   的形式，将修改好
书，初步感  欢的植物或    花》，知道可    知道可以从动物的名    创建的相片，思  的条目写到相片
知百科全    者动物进行    以根据人的     字、样子、特点、动    考可以从哪些   中，形成单页作品。
书的特征，  细致观察，创   不同感官介绍   态等方面进行介绍，    方面介绍它，并  汇集全班同学的
发现百科全  建一张动物/    一种植物。此    在描写时可以运用拟    写下来和同学   作品，形成一本动
书的共性。  植物相片。     外，补充       人、比喻、夸张、类    们交流。       植物百科全书。
                          一定的植物知    比等手法。
                          识，如习性、
                          特点、花语、相
                          关诗词等。
```

图2-13 "为可爱生灵编一本百科全书"驱动性问题

六、评价量规

本项目式教学评价量表，见表2-30。

表2-30 "为可爱生灵编一本百科全书"评价量表

项目	注意要点	评价
感知力	阅读大量关于动物、植物的知识，感受大自然的奇妙	☆☆☆☆☆
协作力	能在活动中吸取他人的经验，改进自己的作品	☆☆☆☆☆
创造力	能根据自己观察的植物或动物写一篇习作	☆☆☆☆☆
审美力	能以精美的图画和准确优美的语言制作植物或动物的百科全书	☆☆☆☆☆
表达力	能在口语交际中介绍自己喜欢的一种植物或动物	☆☆☆☆☆

七、项目实施过程

（一）入项活动

1. 问题激趣，开启单元学习任务

"你有观察过一朵花的绽放过程吗？""你有听过鸟兽虫鱼的窃窃私语吗？"教师通过问题导入，引导学生思考动物、植物的生命特征。

教师指导学生进行百科全书的自主阅读，帮助学生了解动植物在很多不为人知的方面有着可爱、可探索的有趣的生活轨迹，激发学生的学习兴趣。通过对百科全书和动植物习性的感知，让学生对于本次项目任务有初步的了解。

2. 明确任务，细化分解实施项目

动植物包含的内容非常广泛，"可爱的生灵"本身就涉及一个相当大的选择范围。为了让学生的活动目标更加明确，我们对活动项目进行了细化，见表2-31，在设置具体要求的基础上，确保了活动的灵活性和学生的自主性。

表2-31 "为可爱生灵编一本百科全书"活动详表

时间	学习内容	活动项目	成果形式及要求
5月4日	学生自主阅读百科全书，发现自己感兴趣的知识并在班级内分享	任务一：百科全书中的微观世界	发现百科全书的共性：从多个角度微观地介绍一种物体
5月4日	聊聊自己喜欢的一种植物或者动物	任务二：创建可爱生灵相片	画出或者打印出自己喜欢的一种植物或者动物，为它创建一张相片。要求相片能相对准确地体现物体的细节
5月8—12日	讲解《荷花》一课的内容和写作手法	任务三：为荷花制作资料卡	根据课文内容概括归纳荷花的特征，再进行课外知识搜索，在教师提供的模板上制作荷花资料卡
5月16日	讲解《燕子》《昆虫备忘录》两课的内容和写作手法	任务四：为课文中的一种动物制作资料卡	选择课文中的一种动物，根据课文内容概括归纳该动物的特征，再进行课外知识搜索，在教师提供的模板上制作该动物的资料卡
5月22日	制作资料卡	任务五：为一种植物/动物制作资料卡	在任务一的基础上，思考可以从哪些角度介绍该植物/动物，制作资料卡
5月22日	学生改进自己的作品	任务六：修订植物/动物资料卡	将全班的资料卡统编为动植物百科全书
5月26日	习作讲评	我的植物/动物朋友	参照自己制作的资料卡完成单元习作

（二）知识与能力建构

1. 任务一：百科全书中的微观世界

教师开启本单元的口语交际话题"春游去哪儿"，引出对动植物的讨论。

学生回顾往年春游的经历，并讨论在旅途中发现的有趣的动植物。

"你有仔细地观察过这些可爱的生灵吗？"教师出示百科全书的一页。教师以"桃花"

这一页为例，引导学生探索感兴趣的知识点。

学生自主阅读百科全书，教师归纳百科全书的共性：从微观的角度详细介绍某一事物。百科全书可以帮助我们从多角度观察一种事物，是写作素材的宝库。教师揭示项目驱动性问题：如何编一本属于自己的动植物百科全书？

2. 任务二：创建可爱生灵相片

通过"创建相片"这个活动，将真实生活引入单元学习当中，开启制作百科全书的第一步。

学生选择身边的一种动物或者植物，靠近它、了解它、跟它做朋友。用照片或者图画的形式记录这位生灵朋友。

3. 任务三：为荷花制作资料卡

在《荷花》这篇课文中，作者按照"闻香""赏荷""想象"的顺序来组织文章。教师指导学生从"气味""样子"两个角度从文中摘选出相关的优美的句子，并补充"触觉"这一角度的描写，放置到资料卡中。

教师提示学生，还可以从有关荷花的花语、诗句，以及荷花的习性、功效等方面对荷花进行介绍，这些内容学生可以在课后进行搜索，填写到资料卡中。

这里的资料卡由教师提供模板，模板为左图右文，易于学生按照文字内容分类别填写。

4. 任务四：为课文中一种动物制作资料卡

在《燕子》一文中，作者以简要的笔触勾勒出燕子的"外貌图""赶春图""飞行图"和"休憩图"；在《昆虫备忘录》中，作者从外形、动作、特点等方面描写了几个有趣的小昆虫，把昆虫写得活灵活现、情趣盎然。

教师指导学生选择课文中的一种动物，分析作者描写的几个角度，再补充一些课外知识，完成动物资料卡。对于学习能力强的学生，教师可以鼓励他们试着仿照《昆虫备忘录》这篇课文，仔细观察，用细致的语言描写某一种昆虫的特定习性和动作，完成资料卡内容的编写。

教师要提醒学生，可以模仿《中国儿童动物百科全书》中的图文布局进行此次资料卡的自由创作。

（三）探索与形成成果

1. 任务五：为一种植物/动物制作资料卡

基于任务一的初步作品，学生补充文字内容，完善资料卡。学生先列出草稿，思考可以从哪几个角度来介绍该植物或者动物。

教师回顾本单元学习的内容，提醒学生描写要注意的地方。第一，观察角度有很多，如看、摸、闻、听……第二，选择的记录要点要灵活，不用局限于样子、味道、习性，还可以根据生物的特点灵活安排。第三，查找资料很必要，可以再读一读《中国儿童植物百科全书》和《中国儿童动物百科全书》，学习一下书中的介绍方法，积累科普性的语言。第四，将客观观察和主观想象相结合，这样才能赋予文字感情。

学生交流草稿内容，教师点评。

学生修改完善内容。

2. 任务六：修订植物／动物资料卡

组织学生整理上交的作品，分类布置在教室的展板上。班级以小组为单位，参观教室展板。

在每位学生活动成果的基础上，将全班同学的生灵记录卡汇编成一本动植物百科全书。

3. 习作：我的植物／动物朋友

学生根据资料卡上的素材进行状物写作。

（四）评价修订，反思迁移

在项目结束时，教师对学生的作品提出具体的指导建议，如习作的结构清晰度、资料的深入和全面性、资料卡的图文并茂和设计精巧性等。学生根据教师的指导逐步完善作品，形成具有个性化的成果，最终整合为班级共同的作品。

这个项目不仅促进了学生知识的整合和实践，也强化了他们的科学探究和艺术表达能力。通过互动和合作，学生在这一过程中体验到了学习的乐趣，明确了学习目标，积极探索知识，最终显著提升了他们的学习成就感。

八、效果展示

（一）植物资料卡

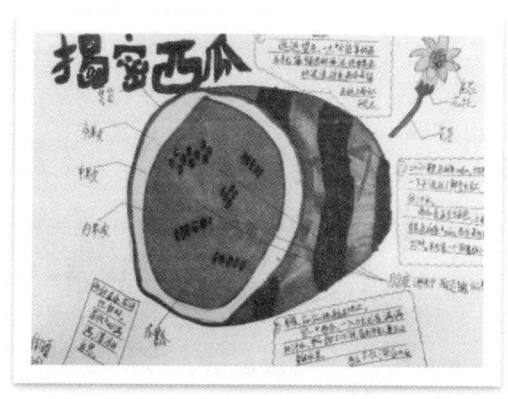

（二）习作

竹子
三6班 陈飞睿

　　有人喜欢亭亭玉立的玫瑰，有人喜欢五颜六色的郁金香，而我却喜欢朴实无华的竹子。

　　竹子看似不起眼，实际上藏着很多有趣的秘密。远看，竹子就是一根绿色的棍子，但近看你会发现，竹子是一节一节的。竹子的连接方式和一些软体虫子的连接方式有异曲同工之妙。竹子看起来不硬，其实却十分坚硬，普通人根本没法徒手掰断竹子。竹子有一股难以察觉的清香，只要你使劲闻，就可以闻到这沁人心脾的竹香。

　　竹子的种类有很多，可以分为斑竹、箭竹、棕竹、毛竹、紫竹等，它们各有各的观赏性。其中，紫竹最好看。紫竹还是幼苗的时候，它的外表是灰灰的紫色，十分好看。

　　自古以来中国人就特别喜欢竹子，把竹子誉为"四君子"之一，还给竹子写下了很多千古流传的诗句，"竹外桃花三两枝""咬定青山不放松"……相信通过我的描述，你也会喜欢上竹子。

　　竹子还有很多秘密等待着我们去发现……

蒲公英
三6班 左亦陈

　　有人喜欢粉红的桃花，有人喜欢奇形怪状的多肉……而我喜欢芬芳迷人的蒲公英。

　　来到一片草原，从远处看，蒲公英白茫茫地连成一大片，像一层层积雪反复叠在一起，根本看不出这是一朵一朵的蒲公英。

　　我们走近一点，一股香味扑鼻而来。再走近一点，就会看到一朵一朵的白色"气球"。这些"气球"被一个绿色的"小绳子"绑着，像是怕一个不留神，"气球"就飞走了。这个"气球"毛茸茸的，真忍不住想摸一下。

　　忽然，一阵微风吹来，那些"气球"马上分裂成许多更小的"气球"，在空中翩翩起舞。之后，它们会飞到世界各地，再轻轻地落下来，慢慢长成一片新的花海……这就是蒲公英传播种子的方式，蒲公英乘着风落到合适的地方，开出更美丽的花。

　　我最喜欢的植物朋友是蒲公英。你的植物朋友又是谁呢？

（指导教师：董文彬　杨蕴燮）

第十二节　赏析语言之美，新编寓言故事
——部编版《语文》教材三年级下册第二单元项目式教学设计

一、项目简述

本单元以"寓言"为主题，选编了不同国家、不同风格的七篇中外寓言：精读课文《守株待兔》《陶罐和铁罐》《鹿角和鹿腿》，略读课文《池子与河流》，阅读链接《南辕北辙》《北风和太阳》，快乐读书吧《叶公好龙》，在语文园地的"日积月累"中还拓展了九个与中国古代寓言相关的成语。语文要素有"读寓言故事，明白其中的道理"和"把图画的内容写清楚"。

本单元寓言故事之丰富，与单元的人文要素"寓言是生活的一面镜子"和语文要素之一"读寓言故事，明白其中的道理"一脉相承。在学习生字新词、了解故事内容的基础上，教师要引导学生大量阅读中外寓言故事，从中汲取智慧，学会分辨是非，学习为人处世的道理。而本单元的另一个语文要素是"把图画的内容写清楚"，在一、二年级看图写话的基础上提出了更高的要求，即根据图画展开想象，把自己看到的、想到的写清楚。观察的内容更丰富细致，要求通过思维、想象的参与，把静态的画面写出动感来。

三年级语文教师将本单元内容整合提炼，在课文学习的基础上，把重点放在引导学生大量阅读寓言故事，让学生感受到寓言故事的特点与语言魅力。基于读写结合的特点，感知寓言故事中通过对主人公语言、动作、神态和心理活动等方面的描写以及塑造人物性格的方法，并细细揣摩、体味和应用。课文的课后题和语文园地的"词句段运用"都有侧重练习。教师需为学生搭建循序渐进的探索及运用支架，不断锻炼和提升学生对语言的感悟和再创造能力，从而激发学生发掘、赏析和再创造的兴趣，最后使他们写成一份生动有趣、有自己语言风格的寓言习作。此项目旨在进一步激发学生阅读寓言的兴趣，带着语文思维走进更加广阔的寓言世界，养成课外继续阅读寓言的习惯。

二、项目时长

两到三周。

三、教材和相关资源

（一）教材

部编版《语文》教材三年级下册第二单元。

（二）拓展书籍

《中国古代寓言》，邵珠磊编选。
《伊索寓言》，〔古希腊〕伊索原著，安韶改编。
《克雷洛夫寓言》，〔俄罗斯〕伊·安·克雷洛夫著，立人编译。

四、单元项目统整目标

（一）单元核心目标

感受寓言故事中塑造人物性格的语言魅力，观察寓言故事图片并进行文本再创造。

（二）单元基础目标

1. 认识寓言故事

阅读寓言故事，了解故事内容及寓意，并能联系生活实际谈感想。

2. 对比寓言故事

通过大量阅读中外寓言，对比（选题、语言、结构等方面）异同。

3. 推荐寓言故事

用制作寓言小报的方式推荐你最喜欢的寓言故事书籍或某一篇寓言故事。

4. 赏析寓言语言

分析寓言中人物鲜明单一的性格特点，并在文中找出对应的语句。

5. 新编《狐狸与仙鹤》

习得方法，观察寓言故事图片并进行文本再创造。

五、项目驱动性问题

（一）本质问题

如何通过对人物的语言、动作、神态和心理活动等方面的描写塑造人物性格？

（二）驱动性问题

观察《狐狸与仙鹤》寓言连环画，如何将这篇寓言故事写得生动有趣？（图2-14）

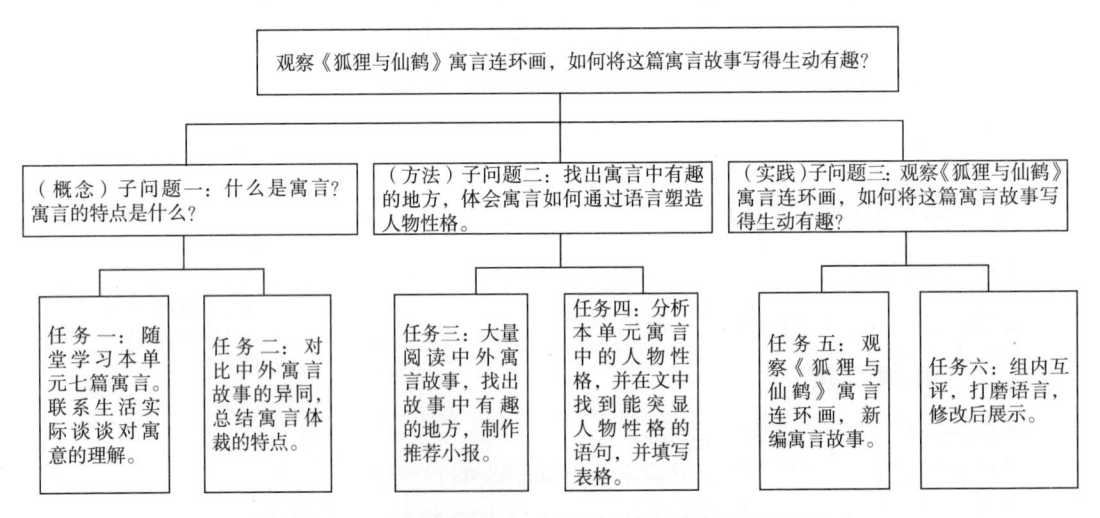

图2-14 "赏析语言之美，新编寓言故事"驱动性问题

六、评价量规

评价的知识和能力，见表 2-32。

表 2-32 "赏析语言之美，新编寓言故事"评价量表

组别或姓名		班级		学号		
项目主题						
项目组成员						
一级评价指标	二级评价指标	评价内涵说明	权重	评价方式	状态水平描述		
					自评	他评	师评
学习态度	参与度	积极参与项目相关活动	10%	表现性评价			
	兴趣度	积极阅读与本项目有关的书籍	10%	表现性评价			
问题的探究和解决	发现问题	主动发现与主题相关的问题	10%	表现性评价			
	搜集资料	能围绕"中外寓言对比"这一活动，通过各种渠道收集到丰富的信息	10%	表现性评价或纸笔测验			
	整理资料	能通过分析整理，处理和应用查找到的资料	10%	表现性评价或纸笔测验			
	总结归纳	能通过资料的整理，发现、归纳如何筛选与主题相关资料的方法	10%	表现性评价或纸笔测验			
语文综合运用能力	书面表达能力	每人至少完成一篇新编《狐狸与仙鹤》寓言	10%	表现性评价			
	版面设计能力	完成寓言学习小报（版面设计须图文并茂）	10%	表现性评价			
	成果修改及展示	寓言小报展示和习作修改展示	20%	表现性评价或纸笔测验			
综合评定等级（　）		质性评语：					

七、项目实施过程

（一）入项准备

1. 单元整合，提供思路

结合本单元的人文主题和语文要素，教师设计的项目式教学思路如下：学生可以通过"快乐读书吧"初步了解寓言的特点，并在本单元七篇寓言的学习中逐步加深理解。在读懂寓言内容、了解寓意的基础上，分析寓言中人物的鲜明单一的性格特点，并在文中找出对应的语句，感受寓言故事中用语言塑造人物性格的魅力，最终习得寓言编写方法。教师

给出《狐狸与仙鹤》的寓言连环画，学生通过自己对图片的观察新编寓言，将语文要素落实到位。

2. 通过驱动任务，细化分解实施项目

（1）入项活动："快乐读书吧"教学前置

将本单元的人文要素"寓言是生活的一面镜子"和"快乐读书吧"中的"小故事大道理"联结起来，引导学生了解寓言故事的特点，特别是蕴含深刻哲理、带有劝诫意味的特点。在此基础上，向学生介绍《中国古代寓言》《伊索寓言》《克雷洛夫寓言》，激发学生的阅读兴趣，并布置阅读寓言故事的相关任务。

（2）搭建支架，合作探究

教师统整单元教学，设计丰富且有层次的项目式作业，推进项目的实施。单元统整思路下的项目式作业类别与思维层级，见表2-33。

表2-33　单元统整思路下寓言主题项目式作业类别与思维层级

活动内容	作业设计	思维层级
活动一：随堂学习本单元七篇寓言	联系生活实际谈谈对寓意的理解	理解
活动二：对比中外寓言故事的异同	填写对比表格	分析
活动三：大量阅读中外寓言故事	制作寓言推荐小报，在班上分享展示	应用
活动四：分析本单元寓言中的人物性格，并在文中找到能突显人物性格的语句	完成表格	分析
活动五：观察《狐狸与仙鹤》寓言故事图片，新编寓言故事	每人根据图片编写一篇寓言，组内互评，修改后展示	应用、创造及评价

（二）知识与能力建构

为了让学生更顺利地完成项目活动，教师搭建学习支架，依托课内的七篇寓言故事的课例和拓展的寓言书籍，引领学生走进寓言世界，把握寓言体裁的特点，理解寓言中蕴含的深刻寓意，感悟寓言中塑造人物性格的语言魅力。

1. 了解寓言特点，对比中外寓言异同

教师向学生介绍《中国古代寓言》《伊索寓言》《克雷洛夫寓言》三本寓言书籍，用其中学生较为了解的《乌鸦喝水》《狼和小羊》《农夫与蛇》等篇目拉近学生与寓言的距离，激发学生的阅读兴趣，并布置"阅读至少10篇寓言，并填写中外寓言对比表格"的项目任务。布置此项任务的目的之一在于督促学生大量阅读；目的之二在于让学生在自主阅读的过程中归纳总结中外寓言的共同点，即寓言体裁的特点；目的之三在于引导学生探索中外寓言的不同之处，帮助他们更好地理解和把握寓言的特点。

2. 制作学习小报，互相推荐自己喜爱的寓言

学生在已阅读大量寓言故事的基础上，制作寓言学习小报，介绍自己最喜爱的寓言家、寓言故事或寓言书籍，小组内互相传阅、分享各个组员的学习成果，并将优秀作品向全班展示。

3. 探究寓言故事如何通过语言塑造人物性格，填写表格

教师以《陶罐和铁罐》一课为例，通过教师范读、分角色朗读等方法引导学生发现寓

言中能反映两个主人公性格特点的语句。例如：它们说话的语气和神态不同，铁罐是"傲慢地问""轻蔑的神气"，陶罐是"谦虚地回答""不再理会"；它们对对方的称呼不同，铁罐称呼陶罐为"陶罐子""懦弱的东西"，陶罐称呼铁罐为"铁罐兄弟"；它们说话的内容不同，从它们的对话内容来看，铁罐一味奚落和攻击陶罐，而陶罐先是据理力争，希望和睦相处，最后见和铁罐无法讲理，就不再理会；它们的对话所使用的标点也不同，铁罐的语句中使用的大多是叹号，而陶罐的语句中使用的大多是句号……从以上分析当中可以归纳出主人公的性格，即铁罐是傲慢无礼的，陶罐是谦虚宽容的。在寓言故事中，人物性格通常鲜明且单一，教师在引导学生学会找出能反映人物性格的语句后，应将此方法应用于本单元的其他课文中，让学生自行尝试识别哪些语句可以反映主人公的性格。

4. 借助习作单元，新编寓言故事

在本单元的"看图画，写一写"活动板块中，教师给出《狐狸与仙鹤》寓言连环画，这则寓言故事对学生来说并不陌生，所以习作内容、情节并无难度，重难点是要求学生仔细观察图片中人物的神态、动作，运用从上一个项目任务中习得的方法——用语言塑造人物性格，把自己看到的、想到的写清楚。

5. 组内互评习作，修改后展示

小组互相阅读本组同学编写的《狐狸与仙鹤》，互相交流并提出修改意见，看看增加哪些神态、动作、心理活动等描写可以让主人公的性格更加鲜明，情节更为合理和丰富。

（三）探索与形成成果

1. 成果修订与完善

学生在组内同学的建议下有选择地修改自己的习作，教师批改并给出指导性意见。

2. 成果展示

举行全班交流展示会。教师挑选有代表性的习作在全班展示，并对比分析用不同的语言描述同一则寓言故事会给人带来哪些不同的阅读感受。

（四）评价修订，反思迁移

1. 目标达成

在此次项目式教学过程中，每个学生都至少完成了一份寓言学习小报、一篇新编《狐狸和仙鹤》寓言习作，学生的参与度比较高，学习较有兴趣和信心。

2. 反思迁移

本项目式教学活动让学生带着"把寓言写有趣"的目的去认识寓言、品析寓言、重编寓言，激发了学生的创作兴趣，大大提高了学生参与的热情。在项目实施过程中，学生积极性高，能自主新编寓言，并能在教师的引导下互评习作，共同提高。

但在项目实施过程中也发现了一些问题。在学生自主品析寓言故事中可以突显人物性格的语言时，大部分学生更倾向于选择一些显而易见的或教师上课提到的，缺乏自己对课文语句的研读和赏析。在新编《狐狸与仙鹤》寓言故事时，由于这篇寓言对学生来说是非常熟悉的，所以部分学生对图片上人物的神态、动作等细节未进行细致的观察，只凭借自己对故事情节的了解去完成这篇寓言，导致第一次习作的内容和语言质量不高。在互评习

作的环节中,由于这是学生第一次尝试互评作文,所以教师为其制作了评价表,让学生根据评价表中的内容进行打分,但这会使学生评价习作的思维受到局限,对一些比较有创意的习作不太有利。

八、效果展示

(一)寓言连环画

（二）寓言小报

（学生手写小报，内容为"感受寓言故事中塑造人物的语言魅力"）

两份小报均包含以下表格内容：

《守株待兔》
主要人物	性格特点	你从哪里感受到
耕者	懒惰，渴望不劳而获	从"因释其耒而守株，冀复得兔。"感受到很懒惰。

《陶罐和铁罐》
主要人物	性格特点	你从哪里感受到
陶罐	谦虚	从"不敢，铁罐兄弟。"感受到谦虚的性格。
铁罐	骄傲，傲慢	从"你敢碰我吗，陶罐子！"感受到骄傲傲慢的性格。

《北风和太阳》
主要人物	性格特点	你从哪里感受到
北风	骄傲，自满	从"北风对太阳说：'咱们来比赛吧，谁先把行人的衣服脱下来，谁就赢了。'"感受到自满的性格。
太阳	温暖	从"太阳兄弟，不着急不着忙地把太阳从云里慢慢出来，笑眯眯地看着路上的行人。"感受到温暖的性格。

《鹿角和鹿腿》
鹿的哪部分	鹿对它们的态度	你从哪里感受到
鹿角	欣赏	在"啊！"感受到欣赏自己的鹿角。
鹿腿	不满，抱怨	在"唉"感受到很嫌弃自己的鹿腿。

《池子与河流》
主要人物	性格特点	你从哪里感受到
池子	懒惰	池子说她安闲地躺在泥土里让明她很懒。
河流	勤奋	河流不顾自身的安慰人们提供干净的水。

（三）寓言习作

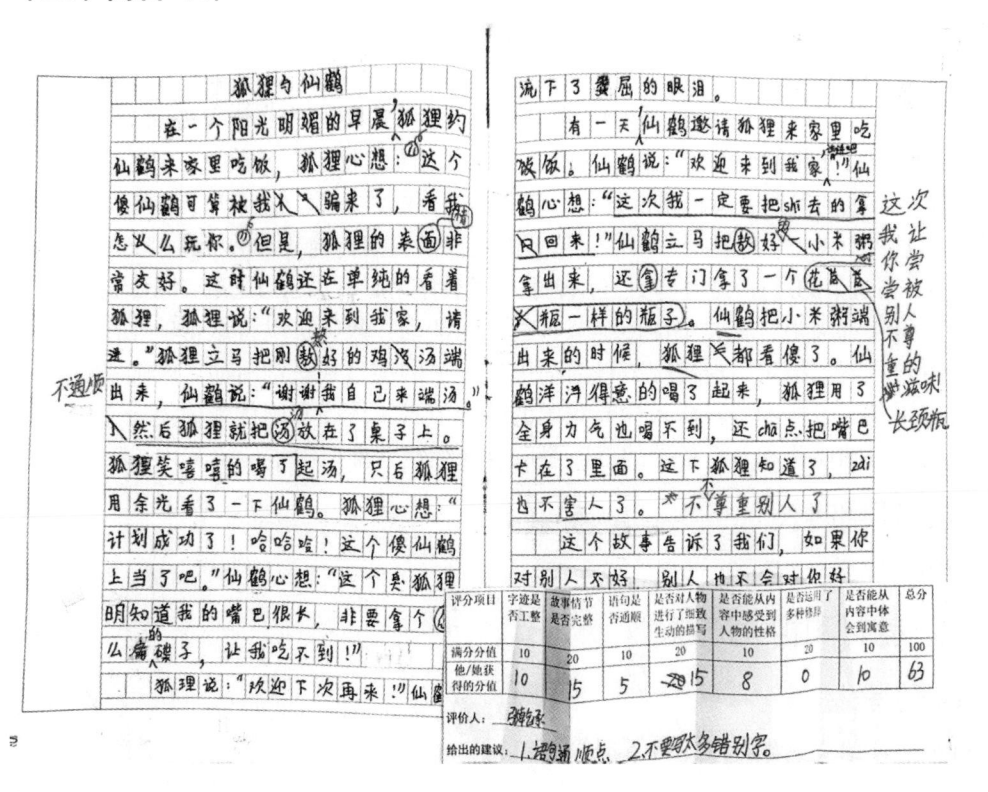

狐狸与仙鹤

在一个阳光明媚的早晨，狐狸约仙鹤来家里吃饭，狐狸心想："这个傻仙鹤早就被我欺骗来了，看我怎么玩你。"但是，狐狸的表面非常友好。这时仙鹤还在单纯的看着狐狸，狐狸说："欢迎来到我家，请进。"狐狸立马把刚做好的鸡汤汤端出来，仙鹤说："谢谢我自己来端汤。"然后狐狸就把汤放在了桌子上。狐狸笑嘻嘻的喝了起汤，只有狐狸用余光看了一下仙鹤。狐狸心想："计划成功了！哈哈哈！这个傻仙鹤上当了吧。"仙鹤心想："这是狐狸明知道我的嘴巴很长，非要拿个扁碟子，让我吃不到！"

狐狸说："欢迎下次再来！"仙鹤流下了委屈的眼泪。

有一天仙鹤邀请狐狸来家里吃饭。仙鹤说："欢迎来到我家！"仙鹤心想："这次我一定要把失去的争回来！"仙鹤立马把做好的小米粥拿出来，还专门拿了一个花瓶一样的瓶子。仙鹤把小米粥端出来的时候，狐狸眼都看傻了。仙鹤洋洋得意的喝了起来，狐狸用了全身力气也喝不到，还差点把嘴卡在里面。这下狐狸知道了，再也不害羞了。

这个故事告诉了我们，如果你对别人不好，别人也不会对你好。

（旁注：不通顺；这次我让你尝被别人不尊重的滋味咧；长颈瓶）

评价项目	字迹是否工整	故事情节是否完整	语句是否通顺	是否对人物进行了细致生动的描写	是否能从内容中感受到人物的性格	是否运用多种修辞	是否能从内容中体会出寓意	总分
满分分值	10	20	10	20	10	20	10	100
他/她获得的分值	10	15	5	15	8	0	10	63

评价人：

给出的建议：1.语句通顺点。2.不要有太多错别字。

113

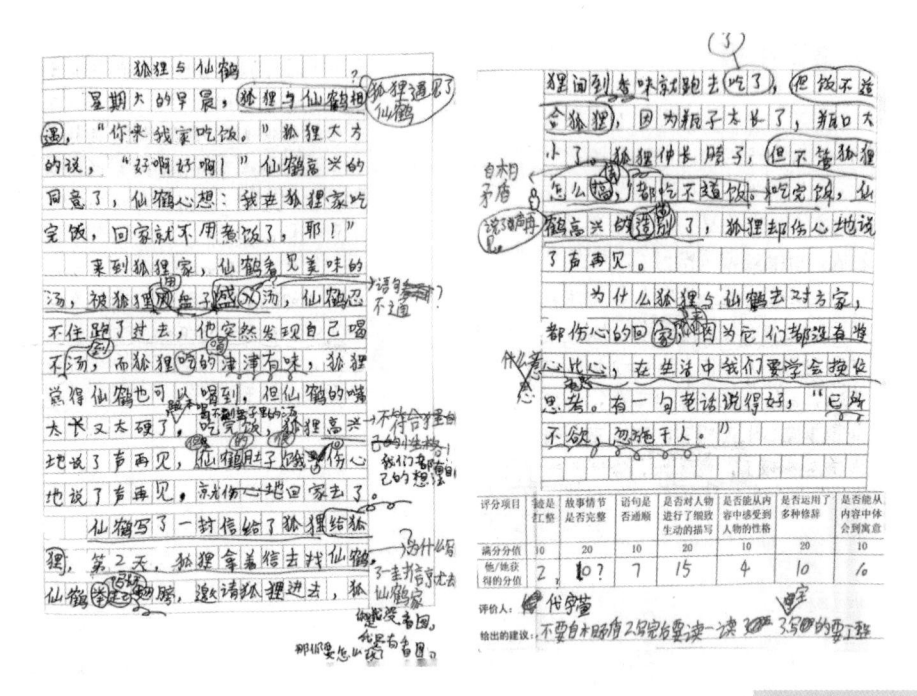

（指导教师：孔稚桐）

第十三节　拟定一份传统节日活动策划书
——部编版《语文》教材三年级下册第三单元项目式教学设计

一、项目简述

部编版小学《语文》教材三年级下册第三单元的主题是"中华优秀传统文化"，包括反映我国传统节日文化的诗作《元日》《清明》《九月九日忆山东兄弟》，以及介绍我国传统文化的文章《纸的发明》《赵州桥》《一幅名扬中外的画》等。这个单元的语文要素是"了解课文是怎么围绕一个意思把一段话写清楚的"和"收集传统节日的资料，交流节日的风俗习惯，写一写过节的过程"。本单元还结合我国的传统节日开展了有趣的"综合性学习"活动。

学校每年都会举行有关中华传统节日的校园活动，教师可以将这个单元作为项目式教学的素材，开展"拟定一份传统节日活动策划书"的项目式教学活动。教师要引导学生齐心协力运用各式各样的手段深入探究我国的传统节日，体验我国优秀的传统文化。同时，通过记述节日的体验和分享各地的节庆习俗，来继承并推广中华传统文化的精粹。

二、项目时长

两周。

三、教材和相关资源

（一）教材

部编版《语文》教材三年级下册第三单元。

（二）推荐给学生的参考文章/关联资料/参考材料

《写给孩子的中国传统节日》，佘志超著。
《古诗词中的传统节日》，崔峦、方圆著。

四、单元项目统整目标

（一）单元核心目标

①了解课文相关段落是怎样围绕一个意思写清楚的。
②以自己喜欢的传统节日写一篇习作，并将过节过程写清楚。

（二）单元基础目标

①能背诵、默写三首关于中华传统节日的古诗。
②了解课文相关段落是怎样围绕一个意思写清楚的。
③采取多种方法搜集我国传统节日的相关信息，并且详细记载这些传统节日庆典中的习俗。
④撰写一篇关于自己所热爱的传统节日的作文，并详细描述庆祝该节日的流程。
⑤展示综合性学习成果，并能对其他小组的展示活动做出评价。

五、项目驱动性问题

（一）本质问题

如何用"围绕一个意思把一段话写清楚"的方法介绍一个传统节日？

（二）驱动性问题

如何以小策划师的身份拟定一份传统节日策划书？（图2-15）

```
                    如何以小策划师的身份拟定一份传统节日策划书？
                                    │
        ┌───────────────────────────┼──────────────────────────────┐
   （概念）子问题一：          （方法）子问题二：如何            （实践）子问题三：如何拟定一份
   中国传统节日有哪些？        收集并整理有关传统节日的信息？      传统节日策划书？
```

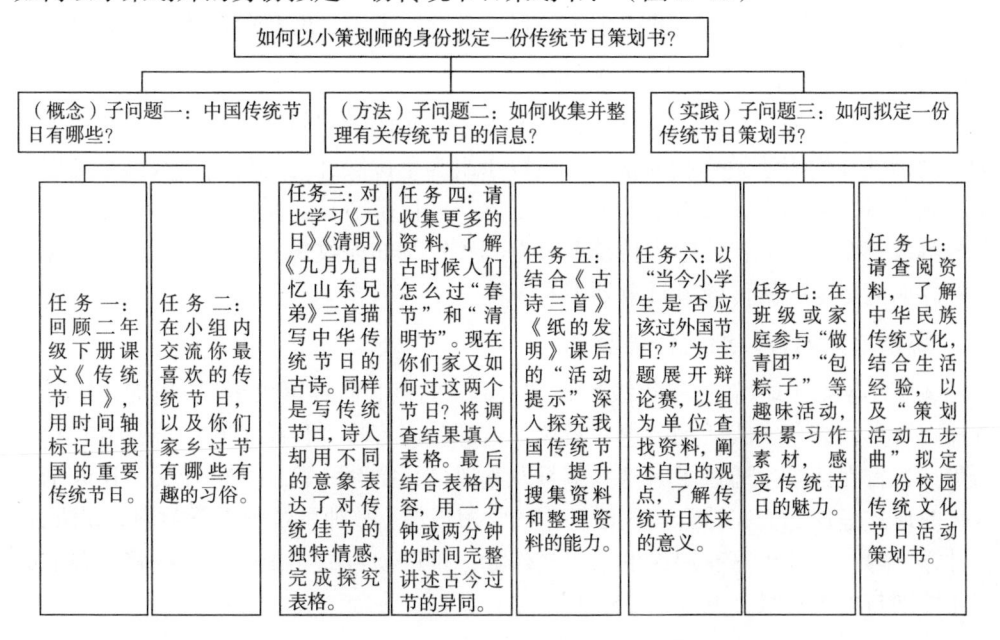

| 任务一：回顾二年级下册课文《传统节日》，用时间轴标记出我国的重要传统节日。 | 任务二：在小组内交流你最喜欢的传统节日，以及你们家乡过节有哪些有趣的习俗。 | 任务三：对比学习《元日》《清明》《九月九日忆山东兄弟》三首描写中华传统节日的古诗。同样是写传统节日，诗人却用不同的意象表达了对传统佳节的独特情感，完成探究表格。 | 任务四：请收集更多的资料，了解古时候人们怎么过"春节"和"清明节"。现在你们家又如何过这两个节日？将调查结果填入表格。最后结合表格内容，用一分钟或两分钟的时间完整讲述古今过节的异同。 | 任务五：结合《古诗三首》《纸的发明》课后的"活动提示"深入探究我国传统节日，提升搜集资料和整理资料的能力。 | 任务六：以"当今小学生是否应该过外国节日？"为主题展开辩论赛，以组为单位查找资料，阐述自己的观点，了解传统节日本来的意义。 | 任务七：在班级或家庭参与"做青团""包粽子"等趣味活动，积累习作素材，感受传统节日的魅力。 | 任务七：查阅资料，了解中华民族传统文化，结合生活经验，以"策划活动五步曲"拟定一份校园传统文化节日活动策划书。 |

图2-15 "拟定一份传统节日活动策划书"驱动性问题

六、评价量规

评价的知识和能力，见表 2-34。

表 2-34 "拟定一份传统节日活动策划书"评价量表

项目	注意要点	评价
感知力	大量阅读描写中华优秀传统文化的文章，感受语言美	☆☆☆☆☆
协作力	能与小组成员合作收集关于中华传统节日的资料	☆☆☆☆☆
创造力	能与小组成员一起策划一场校园传统节日活动	☆☆☆☆☆
审美力	能图文结合拟定一份传统节日策划书	☆☆☆☆☆
表达力	在活动中能自信地表达自己的观点	☆☆☆☆☆

七、项目实施过程

（一）入项活动

1. 巧设驱动性问题，确定项目主题

上课伊始，学生自由朗读《元日》《清明》《九月九日忆山东兄弟》三首古诗，并说一说这三首古诗有什么共同之处。不难发现，这三首古诗都是描写中国传统节日的经典古诗。教师相机让学生回顾二年级下册中学习的童谣《传统节日》并出示话题：你最喜欢中国哪个传统节日？如果让你给该节日策划一场校园活动，作为策划师的你们会怎样拟定一份传统节日活动策划书呢？由此确定本项目式教学的主题，展开项目式教学活动。

2. 开展头脑风暴，分解驱动性问题

为传统节日策划一场校园活动，大大激发了学生的学习热情。教师进一步引导学生：作为策划师的你们应该做哪些准备？学生以小组为单位展开交流讨论，教师小结拟定一份关于传统节日的策划书，最重要的是深入了解我国传统节日。紧接着，教师继续将驱动性问题分解成三个子问题：①中国传统节日有哪些？②如何收集并整理有关中华传统节日的信息？③如何拟定一份传统节日策划书？

3. 统整单元内容，细化任务驱动

部编版小学《语文》教材三年级下册第三单元的核心内容聚焦于"中华优秀传统文化"，新颖地引入了"综合实践活动"这一板块。这部分内容将"传统节日的庆祝方式和习俗"作为焦点，旨在让学生通过了解这些节日及其风俗，撰写一篇相关的作文，还鼓励学生以多样化的形式呈现他们在综合实践活动中的学习成果。教师可统整教学材料，如课后习题、综合性学习等，设计丰富有层次的项目式作业，推进项目的实施。单元统整思路下的项目式作业类别与思维层级，见表 2-35。

表2-35　单元统整思路下传统节日主题项目式作业类别与思维层级

活动内容	作业设计	相关课文	思维层级
活动一：我们会收集信息	小组内自由分享课内外关于中国传统节日的古诗词以及文学作品，说一说古人过哪些传统节日，又有哪些节日习俗	《元日》《清明》《九月九日忆山东兄弟》	理解
活动二：我们会设计活动	请查阅资料，了解中华优秀传统文化，结合生活经验以及"策划活动五步曲"（活动主题→活动目的及意义→活动时间及地点→活动参与对象→活动安排）拟定一份校园传统文化节日活动策划书	《元日》《清明》《九月九日忆山东兄弟》	应用
活动三：我们会记录活动过程	关注课文中的表达，学会使用关联词将活动过程写清楚	《纸的发明》	创造
活动四：我们会互评成果	评选出"我最喜欢的传统节日"最优策划书和策划团队	—	评价

（二）知识与能力建构

为了让学生更顺利地完成项目活动，教师要搭建学习支架，提供评价量规。依托《元日》《清明》《九月九日忆山东兄弟》《纸的发明》等课例，引领学生感受中华优秀传统文化的魅力，更好地传承和弘扬中华优秀传统文化，提升民族自豪感，增强文化认同感。

1. 掌握比较支架，了解传统节日习俗，感悟作者情感

对比学习《元日》《清明》《九月九日忆山东兄弟》三首描写中华传统节日的古诗。同样是写传统节日，不同的诗人用不同的意象表达了对传统佳节的独特情感，学生通过对比完成探究表格，教师还应鼓励学生自主探究更多课外关于传统节日的古诗，见表2-36。

表2-36　传统节日古诗比较探究表

古诗	诗人及朝代	诗中描述的节日场景	你的联想	节日习俗	诗人情感
《元日》					
《清明》					
《九月九日忆山东兄弟》					
《＿＿＿＿》					
《＿＿＿＿》					

由诗中描述的节日场景想到"我"今天怎样过节？请学生收集更多的资料，了解古时候人们怎么过"春节"和"清明节"，再让学生写写自己家如何过这两个节日，将调查结果填入表格（表2-37）。最后结合表格内容，用一分钟或两分钟的时间完整讲述古今过节的异同。

表 2-37 古今过节异同调查表

节日	古人	我
春节		
清明节		

2. 借助课后习题支架，提升收集整理资料的能力

《古诗三首》一课结束后，"活动提示"部分清楚地规划了本次综合学习的作业，并为如何执行这些活动提供了详细建议，还通过插图和气泡注释提出了多种探索传统节日的方式，如翻阅日历、向长者请教、搜集资料等方法。而在《纸的发明》这一课的结束部分，"活动提示"关注于活动实施的流程指引，鼓励学生整理搜集相关资料，并讨论确定将如何呈现他们的活动成果。还举例介绍可以收集哪些资料，展示哪些内容。因此，教师可让学生借助课后的"活动提示"深入探究我国的传统节日，提升搜集资料和整理资料的能力。

3. 搭建情境支架，提升口头表达能力，回归节日本来意义

随着时代的变迁，人们对于新鲜事物的好奇心变得比较强烈，有些人沉迷于过国外的节日，如圣诞节和万圣节。对此，是否应该庆祝这些外来的节日便引发了广泛的讨论。为了深入探讨这一议题，教师可以在班里举办一次辩论赛，题目为"小学生究竟是否应该庆祝外国节日？"学生分成正方和反方两个阵营，各自搜集相应的信息并陈述己方的理由和立场。教师小结时应该让学生明白节日是一种文化，我国许多传统节日有其历史渊源、文化积淀和教育意义，有其重要的历史价值和时代价值。我们应该过好中国的传统佳节，弘扬和传承中华民族的优秀文化。

4. 活用实践支架，切身感受传统节日的魅力

清明节、端午节来临之际，在班级或家庭开展"做青团""包粽子"等趣味活动。这样的实践活动，不仅提供了写作素材，还让学生切身感受到传统节日的魅力。

（三）探索与形成成果

通过这些丰富多彩的探究活动，学生将理论与实践相结合，了解了中华传统佳节的节日内涵，同时掌握了继承和弘扬中华优秀传统文化的方法。最后一个项目就是根据"策划活动五步曲"在小组内拟定传统节日策划书，并在班级内用不同形式宣传自己团队的策划方案，在班级内评选出"我最喜欢的传统节日"最优策划书和策划团队。在公开成果展中，学生应记录他人的建议和观点。

（四）评价修订，反思迁移

这次项目式教学活动学生参与度极高，但在成果展示环节，学生仅介绍了小组内拟定的策划书，未将策划书内容落实。我们可以在以后的传统节日节点，借助学生的策划书，在班级甚至学校开展学生最喜欢的传统节日活动。

八、效果展示

（一）传统节日绘画

（二）传统节日信息收集表

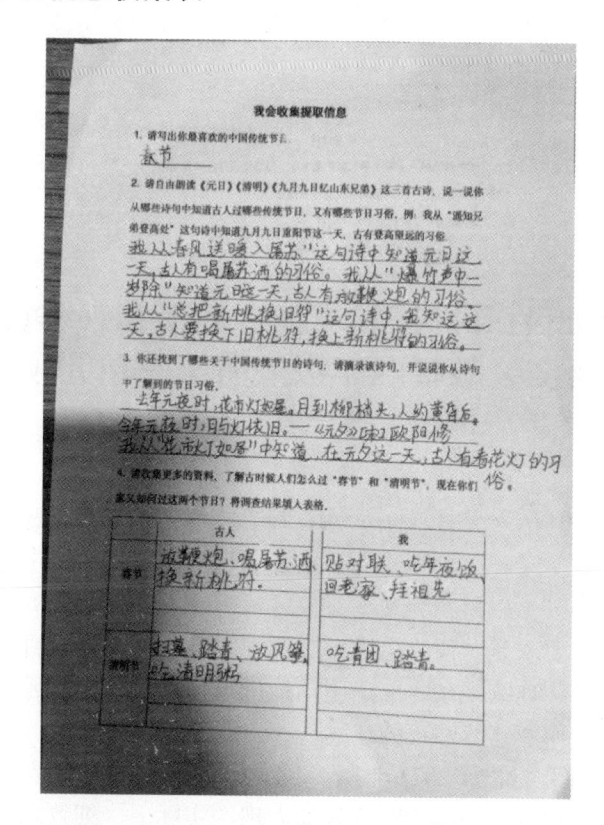

（三）传统节日习作

新年趣

三（3）班 秦俊彤

"爆竹声中一岁除，春风送暖入屠苏。"又到了新的一年，今年我们全家计划到小姨的新家一起过年。

大年三十一大早，我就迫不及待地拉着爸爸、妈妈和姐姐来到了小姨家。刚进门就看见调皮的小表妹眨着黑葡萄似的大眼睛飞奔过来，撇着小嘴说："姐姐你怎么才来呀？我等你都等老了！""哈哈！你这个调皮鬼，你还老？"我笑得前仰后合，忙跟着表妹进了屋。此时，小姨在准备各种好吃的，还准备包汤圆呢！一向有创意的姐姐提议说："包汤圆就交给我们吧，记得还要在其中的一个汤圆里放一枚硬币，看看谁的运气最好，能吃到硬币汤圆。"我和表哥一听，顿时来劲了，赶紧洗手准备包汤圆了。表妹憋红了小脸，一边哼着一边跳了起来，生怕我们忘记了她："哥哥姐姐，我也要包汤圆，包一个大大的硬币汤圆。"我们拿起面团，把它搓圆了，一边看姐姐做，一边搓汤圆。看着看着，竟然忘记了自己的汤圆，结果，汤圆搓成了一个椭圆形的小面团。回头一看，闲不住的表哥把汤圆搓成了一个大饼，满脸花白的表妹把汤圆搓成了一个小攀头。今年的汤圆真是形状各异，五花八门！突然，小表妹用沾满糯米粉的小手在我们的脸上都抹了一下，调皮地说："大汤圆包小汤圆！"全家都笑翻了。

小姨煮好了汤圆，我们迫不及待地吃了起来，个个都希望吃到硬币汤圆。我牙齿"咯吱"一下，哇，我吃到硬币汤圆了，大家都向我投来羡慕的眼光，我好开心呀！这时候，小表妹从存钱罐拿来了一堆硬币，给每人都发了一枚，乐呵呵地说："每个人都有硬币，大家都是运气最好的！"我们乐呵呵地接过了表妹的硬币，笑着摸着她的头说："谢谢你啦，你真棒！"表妹抱起存钱罐歪着头，吐着舌头，眨巴着大眼睛说："我可是小财神呢！"我们说道："对对对，你还是我们家的开心果呢！"

到了晚上，我们边吃年夜饭，边看春晚。新年的钟声敲响了，全家齐声说："新年快乐！"很多人在放烟花，我们也激动地跑到楼下空旷的地方放了烟花，美丽的烟花在夜空中绽放，大家在欢声笑语中度过了一个有趣的新年！

简评：小作者引用古诗开头，渲染了过春节的氛围。接着描写了一家人一起做汤圆、吃汤圆的过程。作者抓住了人物的语言、动作和神态来写，写出了一家人过节的幸福与甜蜜。

（指导老师 毛燕影）

（指导教师：毛燕影）

第十四节　进行连续观察，学写观察日记
——部编版《语文》教材四年级上册第三单元项目式教学设计

一、项目简述

本项目基于部编版《语文》教材四年级上册第三单元，单元主题为"连续观察"。本单元编排了《古诗三首》《爬山虎的脚》《蟋蟀的住宅》，《古诗三首》引导学生从不同角度观察，《爬山虎的脚》以植物为观察对象，《蟋蟀的住宅》及阅读链接《燕子窝》以动物为观察对象。习作要求是"留心生活，细致观察事物"。本项目旨在引导学生学写观察日记，通过细致观察、连续观察、准确生动地进行描写，落实单元语文要素"体会文章准确生动的表达，感受作者连续细致的观察"。

《义务教育语文课程标准（2022年版）》中提到：思维能力是指学生在语文学习过程中的联想想象、分析比较、归纳判断等认知表现。实际上，细致观察、连续观察，阅读

相关文章，学习其中的表达，再进行准确生动的描写，是提高学生思维能力和语言运用水平的好方法。通过前期《语文》教材三年级下册的学习，四年级的学生已经初步习得了观察的方法。本次学习是在顺承三年级学习观察事物的基础上，进一步引导学生学习如何连续观察，并以观察日记的方式对观察过程和观察结果进行记录。

细致观察、连续观察的对象丰富多样，可以是蝌蚪变成青蛙的过程，可以是植物生长、昆虫变化的过程等。本次活动为了让学生更集中细致地进行观察，要求每位学生自选一片单独的叶子（不栽培）进行观察，引导学生进行不同角度的连续观察，从多方面感受、体会观察的乐趣，学习写特点，写变化。

二、项目时长

两周。

三、教材和相关资源

（一）教材

部编版《语文》教材四年级上册第三单元。

（二）推荐给学生的参考资料

文章《水仙花》，民国老课本。
图书《植物观察笔记》，张培华主编。
图书《我与大自然的奇妙相遇：观察植物》，年高著绘。
图书《神奇植物立体书》，〔英〕保罗·维尔著，〔英〕丹·克里斯普绘。
纪录片《与大卫·爱登堡一起探索植物王国（精编版）》。
纪录片《植物的秘密生活》。

四、单元项目统整目标

（一）单元核心目标

进行连续观察，学写观察日记。

（二）单元基础目标

①连续观察。
②多角度细致观察。
③写作时突出特点，写变化。

五、项目驱动性问题

（一）本质问题

学写观察日记。

（二）驱动性问题

细致、连续地观察一片叶子，如何通过观察日记准确记录变化？（图2-16）

```
                    细致、连续地观察一片叶子,如何通过观察日记准确记录变化?
         ┌──────────────────────┬──────────────────────┬──────────────────────┐
    (概念)子问题一:如何进行      (方法)子问题二:如何用准     (实践)子问题三:如何梳理
    细致、连续的观察?            确、生动的语言表达自己细致、     形成观察日记?
                                连续观察的过程?
    ┌─────────┬─────────┐      ┌─────────┬─────────┐      ┌─────────┬─────────┐
   任务一:查找  任务二:阅读   任务三:实物   任务四:边画边    任务五:编辑    任务六:梳理
   资料——实地   积累——加强   观察——多感   写——仔细比对    制作——通读    分享——整理
   采集一片叶子, 拓展阅读,学    官观察已达到  每天的变化情    每日记录图鉴,  成观察日记,
   广泛了解观察  习名家风采,    细致,长时间  况,准确表达,   删除重复之处,  注意观察日记
   对象的特点。  制定观察方案。  观察连续记录。 记录时间。      突出变化处,    格式,注意准
                                                           修改语言。      确细致。
```

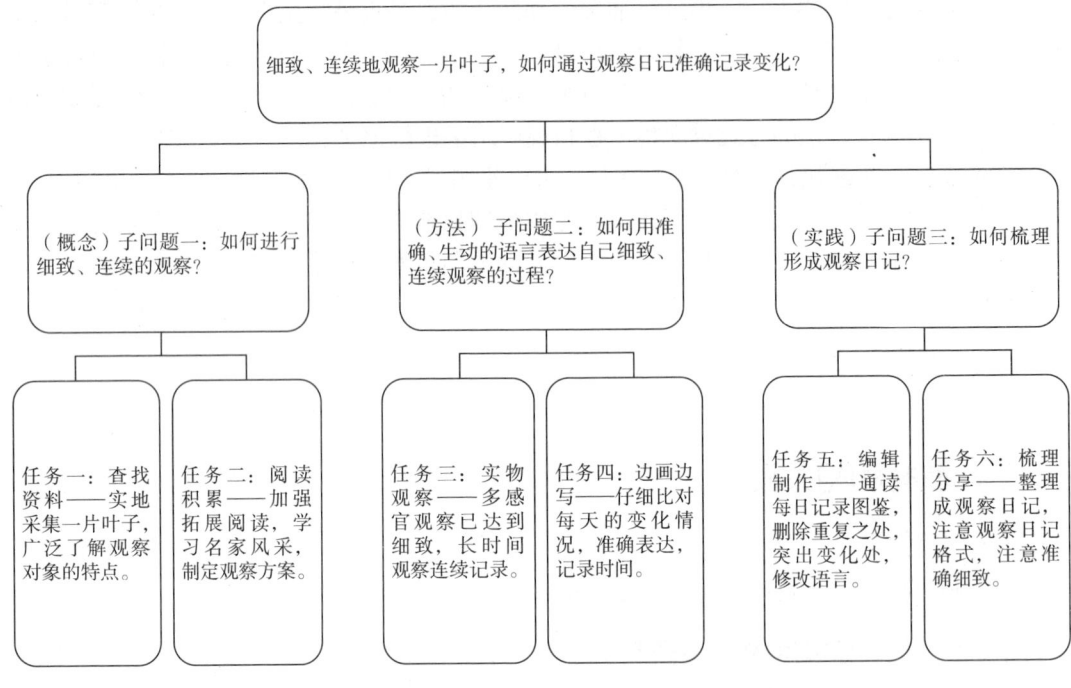

图 2-16 "进行连续观察,学写观察日记"驱动性问题

六、评价量规

项目式教学的实施离不开科学合理的评价标准。

在项目实施之初,学生可以从量表中知晓各环节的评价量规,在学习和小组合作时可依据清晰具体、有层次、指向性明确的评价指标进行调整。(表 2-38)

表 2-38 "进行连续观察,学写观察日记"评价量表

项目	注意要点	评价
知识/理解	学习观察日记的表达特点	☆☆☆☆☆
思考/探究	如何博采众长并运用到自己的作品中	☆☆☆☆☆
观察/表达	细致、连续观察,准确、生动表达	☆☆☆☆☆
合作/沟通	在小组合作和团队沟通中表现良好	☆☆☆☆☆

七、项目实施过程

(一)自选叶片,开始观察

通过校园观察及公园游园,或者留意家中植物,学生初步了解生活中常见的植物类型。学生通过识别植物的应用程序或与植物相关的工具书,广泛了解植物的学名、别名、外形特点、生长地特点及如何栽培等。同时,教师应提醒安全要求:在观察时,需要注意不能挑选有毒的植物。每位学生在游园过程中自选一片叶子,进行观察。通过"查找资料—阅读积累—实物观察—边画边写—编辑制作"的过程,每位学生进行为期一周的植物观察,以观察日记的方式进行记录。第二周进行交流回顾活动,整理观察内容,形成观察日记。

（二）设计方案，查阅积累

学生设计观察方案，查阅资料，亲身观察自己所选的一片叶子，并通过广泛涉猎相关的纪录片、文章、图书等，了解植物，了解观察日记的写法。通过查找资料、阅读积累、观看纪录片、整合信息等方式提高语文及科学素养和信息搜集与筛选能力等。同时通过对叶子的连续观察、行文记录，制作叶子图鉴，为写观察日记做准备。

结合教材中的《爬山虎的脚》《蟋蟀的住宅》《燕子窝》等例子，学习观察方案，提前拟定观察中的注意事项。结合拓展的文章、书籍及纪录片，初步了解植物，了解观察日记的写法，可以参考表 2-39 进行过程记录。

表 2-39　写观察日记参照表

观察对象	日期	状态	颜色	气味

为了使连续观察过程中能够观察到更明显的变化，本项目要求学生所选择观察的叶子是单独一片（不栽培）。教师引导学生进行连续观察，使学生在探究过程中学会选定观察对象（选择一片叶子），关注观察变化（抓特点和关键），设置疑问（思考从哪些方面观察，如何保证连续观察）。在学生提出观察的角度后，教师引导学生将观察角度进行归类、删减，理出脉络并由学生自行确定最终的观察角度和研究设计方案。最后教师提出要求：写观察日记。学生可以以小记者、小编辑、小画家、小摄影师等身份进行记录和分享。

（三）交流观察，实践其中

课余时间，学生结合课内经典例子可知观察日记的三种形式（图文式、表格式、纯文章式）。同时，为保证连续观察，学生总结出应当每一天在固定的时间为同一片叶子做记录。每日观察后，最好通过画图或摄影的方式记录，对于细微变化之处可以分整体和局部画出来，制作植物图鉴，用关键词指出变化，标好观察的日期。

课堂时间，针对"观察细致"和"内容准确"两个方面进行研读分享，例如：《爬山虎的脚》中，用表示时间的词把事物变化的过程写得很清楚；《蟋蟀的住宅》中，语言生动、准确。学生每天通过课前五分钟分享观察进展，以口语活动的方式进行，需要结合最新的记录及植物图鉴。重点说出叶子变化及关键特点，模仿优秀例子的表达方式，进行口语交际时注意提纲挈领，汇报观察中问题解决的进展。

（四）整理内容，形成日记

教师引导学生注意观察日记的格式：先写日期，再写正文。尤其是表述时间的词语要特别注意，将观察过程衔接起来。在观察活动的每个阶段，学生除了写清楚事物的变化以外，还可以写写自己的想法和心情。

学生将每日的观察进行整理，对于每日细微变化之处，可以根据植物图鉴及照片对照，进行细节描写。小组之间进行分享，展示学习成果，如举办叶子图鉴、叶脉书签、观察日记作品展览，做对比研究。教师应鼓励学生使用多种媒体展示成果，学生可以利用信息技术开展合作，作品可以通过二维码分享推荐给更多人，也可以通过平板或手机应用程序制作成有声文章，分享给更多读者。学生总结汇总，将植物图鉴按时间顺序装订好，有兴趣的学生可以将观察日记制作成立体书。按小组进行汇集，全班学生的观察日记结集成册，并通过观察日记推荐会发现亮点。有些小组的学生制作了叶脉书签，汇集每个小组的叶脉书签制作成拼画，十分有趣。

八、效果展示

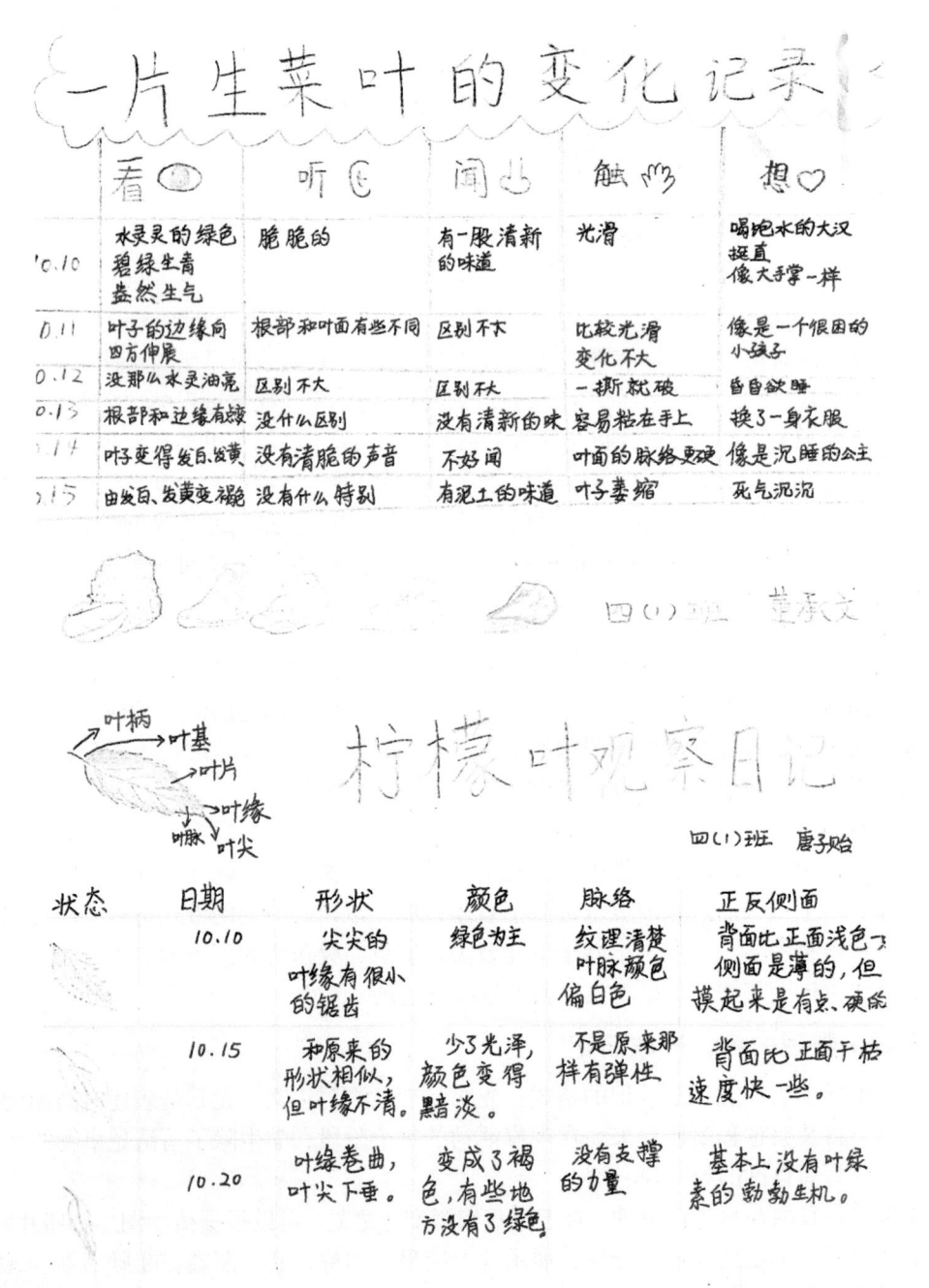

（指导教师：陈智慧）

第十五节　新闻播报
——部编版《语文》教材四年级下册第二单元项目式教学设计

一、项目简述

　　本单元选编的课文与自然、科技有关，《琥珀》《飞向蓝天的恐龙》《纳米技术就在我们身边》《千年梦圆在今朝》可以培养学生的科学兴趣，本单元的语文要素是"阅读时能提出不懂的问题，并试着解决"。这一要素是基于《语文》教材四年级上册第二单元"阅读时尝试从不同角度去思考，提出自己的问题"的阅读策略上的进一步发展。因此，本项目旨在培养学生解决问题的意识，鼓励积极思考，并关注课文的语言表达特色，即准确、严谨、简明扼要。这些能力将体现在"说新闻"的口语交际活动中，以达到以下目标：能够讲述一则新闻，准确传达信息；使新闻叙述连贯、清晰，并能发表自己的看法。

　　《义务教育语文课程标准（2022年版）》强调将基于情境识别的原有经验结构化，提升语言文字运用的综合能力。通过引导学生关注新闻，拓宽语文学习路径，培养学生关心时事的意识，提升综合素养。一是启迪学生从多种途径获取新闻，留意新闻的言简意赅、倒三角式等表达特点，接触优质新闻，学会辨别真伪，学会提炼信息，拓宽新闻视野。二是学会如实讲述、实事求是，清楚、准确、连贯地传达信息，尤其注意数字、专业术语、断句等播报中需要留意的问题。学会倾听交流，说说自己对新闻的看法，提示学生在知道新闻实践的基础上，提升认识、思辨能力。

在项目实施过程中，教师应引导学生以积极的态度参与语言实践活动，鼓励学生积累语言经验，提高语言表达水平。学生讲述新闻时应做到准确、连贯、清楚，并表达自己的看法。

二、项目时长

两周。

三、教材和相关资源

（一）教材

部编版《语文》教材四年级下册第二单元。

（二）参考材料

央视新闻联播节目。

四、单元项目统整目标

（一）单元核心目标

准确、连贯、清楚地传达信息。

（二）单元基础目标

①拓宽视野，辨别真伪，准确传达信息。
②学会提炼，提高思辨、概括、表达能力。
③在交流中学会尊重、倾听，表达自己的见解。

五、项目驱动性问题

（一）本质问题

如何辨别真伪，学会提炼，准确传达信息？

（二）驱动性问题

学校举行科创节活动，请每位同学在班级新闻播报会中播报一则科技类新闻，应当如何进行新闻播报？（图2-17）

```
                    ┌─────────────────────────────────┐
                    │ 学校举行科创节活动,请每位同学在班级新闻播报会中播报一则 │
                    │ 科技类新闻,应当如何进行新闻播报?                   │
                    └─────────────────────────────────┘
```

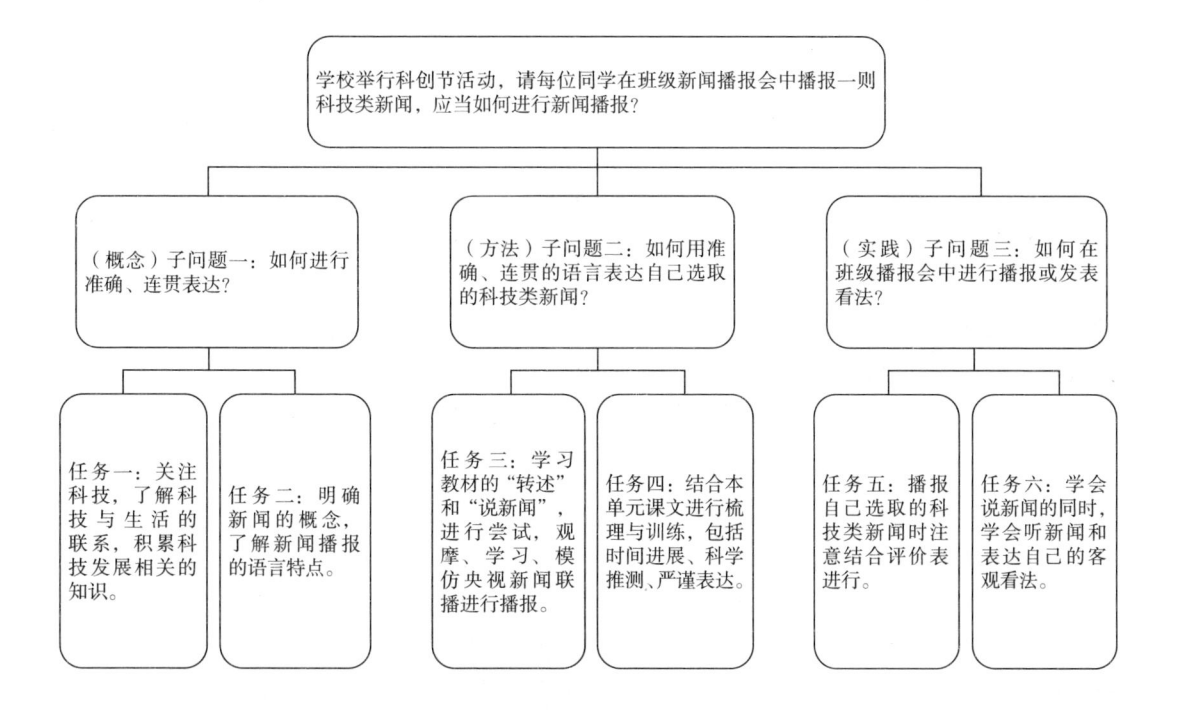

```
┌──────────────────┐      ┌──────────────────────┐      ┌──────────────────┐
│(概念)子问题一:如何进行│      │(方法)子问题二:如何用准 │      │(实践)子问题三:如何在│
│准确、连贯表达?       │      │确、连贯的语言表达自己选取 │      │班级播报会中进行播报或发表│
│                  │      │的科技类新闻?          │      │看法?              │
└──────────────────┘      └──────────────────────┘      └──────────────────┘
```

| 任务一:关注科技,了解科技与生活的联系,积累科技发展相关的知识。 | 任务二:明确新闻的概念,了解新闻播报的语言特点。 | 任务三:学习教材的"转述"和"说新闻",进行尝试,观摩、学习、模仿央视新闻联播进行播报。 | 任务四:结合本单元课文进行梳理与训练,包括时间进展、科学推测、严谨表达。 | 任务五:播报自己选取的科技类新闻时注意结合评价表进行。 | 任务六:学会说新闻的同时,学会听新闻和表达自己的客观看法。 |

图 2-17 "新闻播报"驱动性问题

六、评价量规

本次项目式教学的评价维度如图 2-18 所示。

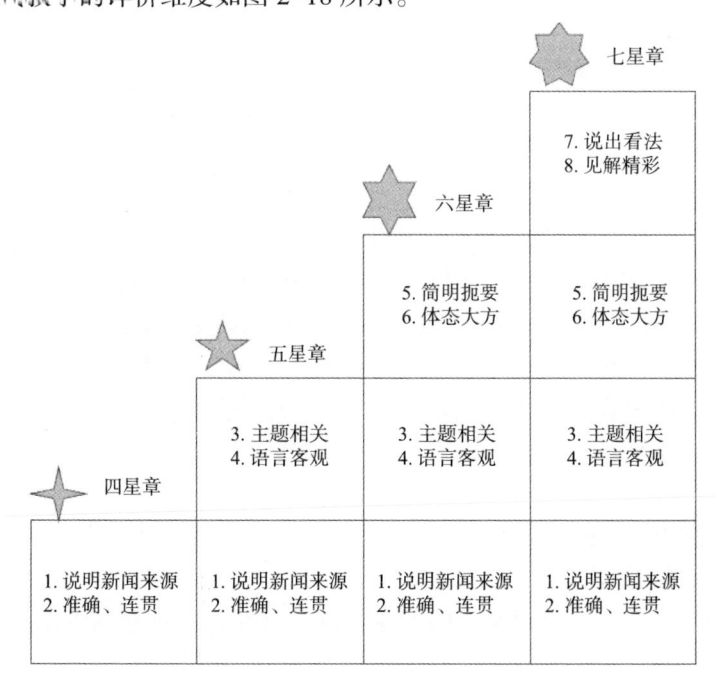

			七星章
			7. 说出看法 8. 见解精彩
		六星章	
		5. 简明扼要 6. 体态大方	5. 简明扼要 6. 体态大方
	五星章		
	3. 主题相关 4. 语言客观	3. 主题相关 4. 语言客观	3. 主题相关 4. 语言客观
四星章			
1. 说明新闻来源 2. 准确、连贯	1. 说明新闻来源 2. 准确、连贯	1. 说明新闻来源 2. 准确、连贯	1. 说明新闻来源 2. 准确、连贯

图 2-18 "新闻播报"评价维度

七、项目实施过程

（一）关注科技，链接生活

结合时事与生活，学生可以通过活动了解国家科技类成果的发展与前沿，了解社会各界的新闻、楷模榜样，了解新闻工作者实事求是的工作态度与媒体素养。无论是自然的奥秘还是科技的精彩，都需要我们不断探寻、发现并分享给更多的人。本次活动学生需要做到以下三点：一是观看、搜集并筛选新闻资料，感受合理推测的重要作用，明白新闻播报的准确性和及时性，成为一名传递正能量的新闻传播者。二是通过新闻体会一代代科技工作者的不断探索，进而感受科学工作者的精神。同时，关注各行各业以及普通百姓在科技发展进程中的感人事迹。三是增强关注生活的能力，学会分享。

（二）关注新闻，拓宽视野

新闻具有真实性、时效性、准确性三大特点，包含时间、地点、人物、事件起因、经过、结果六大要素。每则新闻一般包含标题、导语、主体、背景和结语五个部分。新闻播报则通过口语形式进行传播。

广泛阅读，搜集新闻，学会播报，注意新闻的时效性和消息来源的可靠性，可以制作新闻小卡片以便于播报。通过一些问题，提高对新闻的熟悉程度，如"这则新闻发生的时间、地点，涉及的人物有哪些？新闻中发生的是什么事？读了这则新闻，有什么想法？"在这个环节中，学生注意学习新闻播报的以下三个方面：一是内容方面：说新闻的前提是记住新闻，先记住要点，说了几层意思，然后记住重要信息（时间、地点、人物、事件等）。二是讲述方面：要说明来源，准确传达信息；清楚、连贯地讲述信息。三是仪态方面：注意声音洪亮、语速和语调，以及表情、坐姿、站姿和体态。

（三）关注例子，学会运用

在探索初期，学生观察和学习新闻播报。学生可以每天观看央视《新闻联播》，了解新闻播报方式，积累语言素材，形成整体感知。再进一步搜集科技类新闻，学习撰写新闻播报稿的方法，编写新闻集。结合第二单元科普作品简明表达、科学严谨的语言特点，关注教材中的"转述"和"说新闻"板块中的内容，连贯、清楚、准确地播报新闻。在探索学习的初期，需要注意以下几点：一是每天观看《新闻联播》节目后，选取其中一则新闻，尝试向家人转述新闻内容，并谈谈自己的想法，也可以请家人谈谈他的想法。二是关注科技类新闻和感人事迹，把突出的人物或事件详细记录下来，抒发个人感想，从典型事例中感受科学家克服困难的精神及中国人民万众一心的家国情怀。三是留意身边的新闻。留心身边生活，留心家人及邻居或所在城市在科技创新方面所做的贡献，并思考自己作为小学生应如何努力提升自我。

在探索学习的中期，教师可以结合教材中的例子，引导和帮助学生探索问题，培养科学严谨的精神，传递正能量。

首先，结合《琥珀》《飞向蓝天的恐龙》两篇文章，在理解的基础上，结合表2-40进行思考并分享。

表 2-40 《琥珀》《飞向蓝天的恐龙》问题探索表

探索过程	探索对象	
	琥珀	恐龙
形成（演变）时间		
形成（演变）过程		
推测可知	由琥珀的样子推测形成过程：当时的环境、时间、地点	由恐龙化石推测演变过程：鸟类是恐龙的后裔
启示：合理、科学的推测是发现的重要手段		

其次，结合《千年梦圆在今朝》和自己搜集的科技类新闻，选取和主题相关的新闻，筛选信息。通过时间线索整理，关注相关进度，更新表 2-41（例如，"天眼"相关主题，"天宫一号"相关主题等）。

表 2-41 科技类新闻整理参照表

时间	科技发展	取得进展	民众反应	你的想法

最后，结合《纳米技术就在我们身边》，提高提取信息的能力。文章介绍了纳米技术的含义、运用以及对未来的影响，其中有不少科学术语和抽象概念。教师借此提醒学生，在进行新闻播报前，应运用这篇文章的思路进行知识迁移，学习如何准确、连贯地播报，如何提出自己的问题、解决这些问题，以及如何回答他人提出的问题。对个人而言，持续关注新闻发展的态势，并实事求是地播报新闻，不仅是学习语文知识的过程，也是关注生活与社会的方式。对团队而言，可以通过召开新闻播报会，根据同学播报的新闻，发表自己对新闻的客观理性的观点，学会客观、真实；清楚、准确、连贯地传达信息。

八、效果展示

四年级2016级1班

班级总览　　学生成果

全部学生　优秀（8）　典型　提交时间

王诗涵
2020-02-26 18:38
00:00　　　　　　　　　04:23
打回　　已赞　　点评

1 陈智慧
陈智慧老师：你的新闻播报抑扬顿挫，老师好像就是在看电视新闻一样！你真优秀！

杨梓暄
2020-02-27 21:49
00:00　　　　　　　　　02:11
打回　　点赞　　点评

陈智慧老师：新闻的选择很棒，外国人的名字不容易播报好，但你对外国人名的播报非常流畅，处理得不错。

新闻播报 提升计划

四(1)班 廖奕淳

跟读练习

素材来源：央视新闻联播
字数：163字
时长：40秒
主播：郑丽
语速：约250字/分钟

围绕农业倡质高效，把农业科技摆在突出重要地位，深入实施藏粮于地、藏粮于技的战略，持续推进农业科技与推广应用。要完善农业科技创新体制机制，更大激发企业和人才创新活力，更大力度推广产学研用深度融合，抓实抓好农业关键核心技术攻关及人才培养和成果转化等重点任务，加快农业科技现代化，为保障粮食安全和全面推进乡村振兴作出新的更大贡献。

（指导教师：陈智慧）

第十六节　创编多彩童话
——部编版《语文》教材四年级下册第八单元项目式教学设计

一、项目简述

本单元以"中外经典童话"为主题，安排了精读课文《宝葫芦的秘密（节选）》《巨人的花园》，略读课文《海的女儿》，习作"故事新编"以及语文园地。这个单元的语文要素：感受童话的奇妙，体会人物真善美的形象；按自己的想法新编故事。这个单元的人文要素是培养学生热爱童话、热爱生活的情感。

核心素养是学生通过课程学习逐步形成正确价值观、必备品格和关键能力，这些是课程育人价值的集中体现。在注重核心素养的时代，项目式教学在育人方面的独特价值日益彰显，四年级组语文教师将"童话单元"作为项目式教学的素材，基于学生的知识基础，搭建语言运用支架，开展"创编多彩童话"的项目式教学活动。通过项目驱动的统整课程，让学生在项目实施过程中，经历一个循序渐进、不断拓展和深入的完整学习过程，提升学生的语言运用能力、思维能力、审美创造等学科核心素养。

二、项目时长

三周。

三、教材和相关资源

（一）教材

部编版《语文》教材四年级下册第八单元。

（二）推荐给学生的参考文章/关联资料/参考材料

《宝葫芦的秘密》，张天翼著。

《快乐王子》，〔英〕奥斯卡·王尔德著。
《夜莺与玫瑰》，〔英〕奥斯卡·王尔德著。

四、单元项目统整目标

（一）单元核心目标

感受童话的奇妙，体会人物真善美的形象。

（二）单元基础目标

①朗读或默读童话故事，感受奇妙的想象。
②抓住童话中主要人物的典型语言、动作、神态、心理活动，体会这些人物鲜活的个性形象。
③学习童话多用拟人、夸张、反复的手法进行创作的特点。
④按自己的想法新编童话故事。

五、项目驱动性问题

（一）本质问题

根据童话的特点进行童话故事创作，创编一个童话故事。

（二）驱动性问题

如果让你创编一个童话故事，你会怎么编？（图2-19）

```
                如果让你创编一个童话故事，你会怎么编？
                                │
        ┌───────────────────────┼───────────────────────┐
（概念）子问题一：        （方法）子问题二：童话在语言       （实践）子问题三：如何创编童话
什么是童话？              表达和人物设计方面有哪些特点？      故事？
        │                       │                       │
    ┌───┘               ┌───────┼───────┐           ┌───┴───┐
任务一：回顾     任务二：对比阅    任务三：阅读你    任务四：读懂童    任务五：根据    任务六：在班级
经典童话《卖     读《宝葫芦的秘    喜欢的童话故事，  话故事的内容，    童话的特点进    "童话点亮童年"
火柴的小女       密（节选）》《巨    摘抄你觉得奇妙    关注表达，抓关    行童话故事创    小剧场活动中与
孩》《海的女儿》  人的花园》《海    的语句，感受优    键词句，体会人    作，创编一个    小组成员一起表
等，以小组为     的女儿》，完成    美的语言，并以    物真善美的形      童话故事。      演自己创编的童
单位展开头脑     探究表格，总结    "童话"为主题     象。以"我最喜                    话故事。
风暴，说说童     童话的特点。      制作项目小报。    欢的童话人物"
话的特点。                                         为主题进行一分
                                                  钟演讲。
```

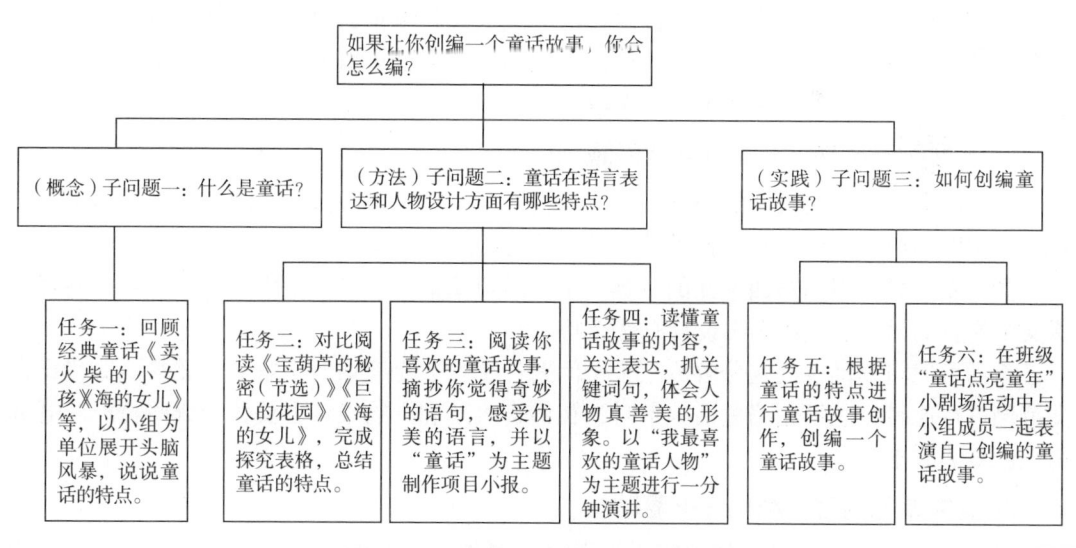

图2-19 "创编多彩童话"驱动性问题

六、评价量规

评价的知识和能力，见表2-42。

表 2-42 "创编多彩童话"评价量表

项目	注意要点	评价
感知力	大量阅读童话故事,感受童话的奇妙	☆☆☆☆☆
协作力	能与小组成员合作表演童话情景剧	☆☆☆☆☆
创造力	创编新的童话故事	☆☆☆☆☆
审美力	能制作关于童话的手抄报或给童话故事绘制插图	☆☆☆☆☆
表达力	在活动中能自信地表达自己的观点	☆☆☆☆☆

七、项目实施过程

（一）入项活动

1. 巧设驱动性问题，确定项目主题

（1）忆童话，激兴趣

教学伊始，教师出示经典童话故事图片，让学生猜故事的名字，画面定格在《龟兔赛跑》的故事，请学生回忆故事的结局。

（2）赞童话，定主题

童话故事学生都很喜欢，因为"可以乘着想象的翅膀，游历奇妙的童话王国，看花儿跳舞，听星星歌唱"，这是三年级上册第三单元的导语，这一单元也是部编版小学语文教材第一个以"童话"为主题的单元。童话故事学生都很喜欢，因为"奇妙的童话，点燃缤纷的焰火，照亮我们五彩的梦"，这是本单元的导语。四年级学生不仅仅要当好奇妙世界的体验官，还要担任童话小编导，按照自己的想法，新编童话故事。教师此时引入驱动性问题：如果让你创编一个童话故事，你会怎么编？学生分小组进行讨论，确定以"创编多彩童话"为项目主题展开第八单元的学习。

2. 开展头脑风暴，分解驱动性问题

回顾经典童话《卖火柴的小女孩》《海的女儿》等，教师出示话题：说一说童话的特点？学生以小组为单位展开头脑风暴，说童话的特点。

紧接着，教师引出第四单元的主题"中外经典童话"，借助范例进行比较：这些经典课文中作者的语言表达和人物设计有什么特点？

教师可以将驱动性问题分解成三个子问题：①什么是童话？了解童话题材。②借助课文范例进行比较，总结创编童话故事时，在语言表达和人物设计上要体现哪些特点。③如何编创童话故事？

3. 统整单元内容，细化任务驱动

四年级下册第八单元是部编版小学语文教材中第二个童话单元，这一单元要求学生不仅要感受童话的魅力，还要走进童话故事，初步感受故事中人物真善美的形象和优美的语言。

教师统整单元教学材料，如课后习题、单元习作和语文园地等，设计丰富有层次的项目式作业，推进项目的实施。单元统整思路下的项目式作业类别与思维层级，见表 2-43。

表 2-43　单元统整思路下创编童话主题项目式作业类别与思维层级

活动内容	作业设计	思维层级
活动一：认识童话的特点	借助探究表格，了解什么是童话，总结童话的特点	理解
活动二：阅读你喜欢的童话故事，摘抄你觉得奇妙的语句，感受优美语言	以"童话"为主题制作项目小报	应用
活动三：读懂童话故事的内容，关注表达，抓关键词句，体会人物真善美的形象	以"我最喜欢的童话人物"为主题进行一分钟演讲	分析
活动四：根据童话特点进行童话故事创作	创编童话故事	创造
活动五：表演自己创编的童话故事	举办"童话点亮童年"小剧场活动	评价

（二）知识与能力建构

为了让学生更顺利地完成项目活动，教师需搭建学习支架，提供评价量规。依托《宝葫芦的秘密（节选）》、《巨人的花园》、"故事新编"三堂课例，引领学生走进童话世界，感受童话的奇妙，体会人物真善美的形象。让孩子们乘着想象的翅膀，游历奇妙的童话王国，探宝葫芦的秘密，赏巨人的花园，编新奇的故事。

1. 掌握比较支架，探究童话体裁的特点

语文课程标准中指出，阅读教学是学生、教师、文本之间的对话过程。教师在阅读教学中首先要关注"读"。在第八单元的学习中，教师可引导学生进行不同形式的课文朗读。一是学生读，分角色朗读《宝葫芦的秘密（节选）》，读出宝葫芦的神奇和王葆的天真可爱；朗读《巨人的花园》，感受巨人的变化。二是教师范读《海的女儿》，教师用饱含感情、富有儿童色彩的语言为学生读童话，充分展现文学的语言美以及蕴含在语言之中的情感美。在充分读过课文后，学生交流语言的特点，并完成探究表格（表 2-44）。

表 2-44　童话作品的语言特点对比探究表

课文	相同点	不同点
《宝葫芦的秘密（节选）》		
《巨人的花园》		
《海的女儿》		

2. 巧用课外阅读支架，体会人物真善美的形象

在感受童话奇妙的过程中，可以让学生说一说人物的形象。如：在讨论王葆这个形象时，如果有学生说王葆不爱动脑筋，什么都想不劳而获，教师可以补充《宝葫芦的秘密》中的其他情节，让学生知道宝葫芦给王葆的生活带来许多尴尬和烦恼，最后王葆舍弃了宝葫芦，进而使学生认识到王葆是个善于反思、知错就改的孩子。还可以补充张天翼《为〈宝葫芦的秘密〉再版给小读者的信》，让学生全面感知王葆这个人物的形象。

3. 妙用课后习题支架，丰富言语表达

《巨人的花园》这篇文章文字优美，在文字表达方面，教师可以结合课后"小练笔"

的内容，让学生发挥想象，把孩子们在巨人的花园里尽情玩耍的情景写下来。教师可以引导学生用上文中常用的拟人、夸张等修辞手法和语言、动作、心理等描写方法。这一步练习也为后面创编童话故事奠定了基础。

4. 借助范例支架，锤炼言语表现力

教师给出两位学生新编的《龟兔赛跑》。一个是结局新编：兔子赢了。另一个是情节新编：路遇不测。让学生感知新编故事的有趣，接着根据范例给出故事新编的指导。

（三）探索与形成成果

通过以上活动的开展，学生已经初步感受到童话最大的特点是语言巧妙，人物形象鲜明，并对经典童话故事进行了创编。接下来就让学生将自己创编的童话作品以课堂小剧场的形式进行展演。最后一个项目就是小组合作，选小组内最有创意的故事进行情景剧表演。参与人员有本班任课教师、家长和其他感兴趣的学生、教师。学生要在公开成果展中记录他人的建议和观点。

（四）评价修订，反思迁移

这次项目式教学学生参与度高，但是在最后展示环节给学生准备的时间太短，导致有几个小组没有来得及分享自己组的优秀成果，有些小组在表达上也不够流畅。下一步的改进是需要在情景剧表演上给予学生更多的指导。

八、效果展示

（一）故事新编

新龟兔赛跑

刘秋语

兔子现在只有一个想法——和乌龟再赛跑一次，一雪前耻。他仍记得前几次比赛自己输掉的场景：乌龟得意扬扬地站在冠军台上，头上戴着自己梦寐以求的桂冠；所有的闪光灯都对着乌龟狂闪，而自己则在一旁伤心欲绝，母亲在一边不住地安慰。那时他在想，兔族是不是会以他为耻……

兔子去找乌龟——赛勒斯小姐宣战，他不想成为动物界的笑柄。赛勒斯尝到了甜头，答应得挺爽快。待兔子离开后，乌龟马上安排人手对赛道进行了特殊改造。

到了约定的日期，兔子下腰、深蹲之后，他走进了比赛场地。雪尾兔——茉莱尔急叫："你得给兔族扳回面子啊，千万不能再输了！"兔子心一揪，越发紧张了。乌龟则不慌不忙地走过来，人群中顿时爆发出一阵欢呼。还有一两位观众向兔子投来鄙夷的目光，他们窃窃私语、指指点点。兔子脸羞得通红，像一只快要变质的番茄。

发令枪一响，兔子没有多想，如一阵狂风似的往前奔。赛勒斯——乌龟小姐却不紧不慢地爬着，并在心中冷笑，兔子你拼命跑吧，也许不久就会掉进某个陷阱，或被水流卷走。

可怜的兔子，不顾一切地向前冲。再渴再累，他也得为自己、为家族争光！他瞧见了大片的树荫、清凉的泉水，他都强迫自己在火热的阳光下用尽全力地跑着，跳着。

而乌龟，享受着从龟壳下得到的阴凉，畅饮着粉丝赠送的饮料，好不快活。

兔子这时正路过一片鲜嫩的萝卜地，他就像小孩在酷暑中找到了自助雪糕厅，脑袋中嗡嗡作响。这是那个坏家伙乌龟小姐刻意安排的场地。不过兔子回想起雪尾兔——茉莱尔的告诫，回过神来。他绝不能为一时的享受，再次输掉比赛。不，不可能！他咽咽口水，看看那些在阳光下闪烁着诱人光芒的萝卜，继续坚定地向前跑去。

兔子越跑越快，只要冲过前面的木桥，很快就可以到达终点了，那是他渴望了很久的胜利。可是当兔子刚跑到桥中间部位时，桥面突然上升了起来（原来乌龟让人在桥上做了手脚），兔子猝不及防落入河水中，他挣扎着，渐渐感觉自己没有了力气，可能不久就要淹死了。

可耻的乌龟得意忘形地往前爬着。他在穿过草地时，一个不留神，掉入一个深深的窟窿中，无论他怎么努力，都没能爬上来。这是他为兔子设计的另一个陷阱，没想到到头来害的却是他自己。

后来，医疗队在小河里救起了兔子，又在窟窿中救出了乌龟。

这是一场没有结果的比赛，但比赛过程却耐人寻味。

龟兔赛跑新传

钟镇安

一年一度的森林运动会开始了，动物管理员在每棵树上都贴了一张海报，动物们一知道这个消息就赶快报名参加，报名处一会儿功夫就变得水泄不通、人山人海。

比赛开始了。观众席上的加油声此起彼伏，运动员们个个精神抖擞，大家都在做比赛前的准备。动物们有的报名了跳绳比赛、跳远比赛、游泳比赛……可是最激动人心的还是跑步比赛。因为这次还有我们的老选手兔子和乌龟，所以这次他们成了大家讨论的重点话题。两位胸有成竹的选手早已熟悉了这人声鼎沸的场面，他们频频点头，挥手示意。兔子雄心勃勃，因为他每天在自己家周围跑上个十几圈，直到累得不行了才停下。而乌龟也勤奋地练习，他知道上次是靠运气才胜过兔子的，因此，这次他不敢有丝毫轻敌。

森林运动会开始了，第一场就是跑步比赛。乌龟和兔子都格外紧张，只听见大象裁判员大叫一声："预备……跑！"兔子就像一只离弦的箭一样飞奔出去，乌龟也紧跟其后。这次比赛的地形有变化，要爬过高山才能到达终点。兔子以最快的速度向山坡跑去，可是没跑多久就气喘吁吁了。兔子想到一个好办法，他试着按照折尺形路线跑起来，路程虽长，却可以减少体力消耗。兔子果真是实力型选手，首先到达了山顶，再下山他可是胜券在握啊！乌龟在兔子登顶后好一会儿才爬上来，他想：兔子都跑到半山腰了，如果我把身子缩到壳里面滚下去，那就比他快多了！乌龟马上把身子都缩到壳里滚下山去。

> 　　下到半山坡的兔子本以为自己赢定了，可当他看到乌龟急速滚下来时，心中一惊！脚不小心碰到了一块石头，也开始滚起来，途中碰到许多石头，把他撞得遍体鳞伤，到山下时，兔子已经伤得不轻，只好在树下休息，在旁边看的观众也都叹了口气。这时，乌龟从山上滚了下来，看到兔子变得伤痕累累，连忙爬过去，兔子和观众都以为乌龟要嘲笑兔子，可让动物们吃惊的一幕出现了，乌龟竟然把兔子背在背上，一步一步地向终点爬去。兔子问道："我们不是对手吗？你为什么不去拿第一呢？"乌龟说："友谊永远第一！"兔子感动得低下了头……
>
> 　　最后他们一起到达了终点，引来了观众的热烈掌声，他们俩共同获得了奖杯。从此以后，乌龟和兔子成了一辈子的好朋友，一起玩耍、一起练习……

（二）情节新编

> 　　孩子们在巨人的花园里尽情地玩耍。他们在巨大的花朵上舞蹈，感受花朵的清香。他们爬上大树，感受大树爷爷的阴凉。他们骑上昆虫，去探索大自然的奥秘。他们跳上荷叶，比赛谁先够到荷花。他们与鸟儿游戏，比赛谁唱的好听。他们跳骑上大雁，在空中自由地飞翔……

（指导教师：毛燕影）

第十七节　制作一本百科全书
——部编版《语文》教材五年级上册第五单元项目式教学设计

一、项目简述

本项目基于部编版《语文》教材五年级上册第五单元进行设计，这个单元是说明文习作单元，以"阅读简单的说明性文章，了解基本的说明方法"为阅读要素，"搜集资料，用恰当的说明方法，把某一种事物介绍清楚"为习作训练要求。读写结合，学习写说明性文章。教材编排了《太阳》《松鼠》《鲸》《风向袋的制作》四篇说明文，对说明文的特点、说明方法、语言风格、类型做了引导和示范，提供了表达思路，学生能够通过学习形成对说明文的基础认知。

基于《义务教育语文课程标准（2022年版）》中提出的"立足学生核心素养发展，充分发挥语文课程育人功能"和"构建语文学习任务群，注重课程的阶段性与发展性"等理念，本单元开展了大概念统整下的单元项目式教学设计，依据单元的学习目标，以驱动性任务为起点，实现学生对说明文从读到写有层次、有重点的学习，搭建说明文知识链。

基于单元统整，结合五年级学生的认知水平和习作单元的特殊性，本项目式教学单元以"制作一本百科全书"为主题创设习作情境，紧紧围绕让学生把事物"读明白、写明白"的主线，把习作变得更富实践性、挑战性和体验性，顺利完成项目式教学活动任务。

二、项目时长

两周。

三、教材和相关资源

（一）教材

部编版《语文》教材五年级上册第五单元

（二）推荐给学生的参考文章、关联资料、参考材料

《新世纪少年百科大世界》，冯克正等主编。
《动物素描》，〔法〕布封著，刘阳译。
《一百种尾巴或一千张叶子》，王冬等著。
《自然史》，〔法〕布封著，寿韶峰译。

四、单元项目统整目标

（一）单元核心目标

用恰当的说明方法，写一篇文章，把一种事物介绍清楚。

（二）单元基础目标

①能把握单元文章主要内容，尝试分条记录获取的信息。

②能初步了解列数字、作比较、举例子等基本的说明方法，并结合具体语句体会好处。

③能初步体会说明性文章不同的语言风格。

④能尝试运用多种说明方法，分段介绍事物的不同方面，写清楚事物的主要特点。搜集资料，用恰当的说明方法写一篇文章，把某一种事物介绍清楚。

⑤能激起阅读说明文、科普文了解生活中事物的兴趣。

五、项目驱动性问题

（一）本质问题

能用说明文写清楚一件事物。

（二）驱动性问题

如何运用说明方法制作令读者感兴趣的百科全书？（图2-20）

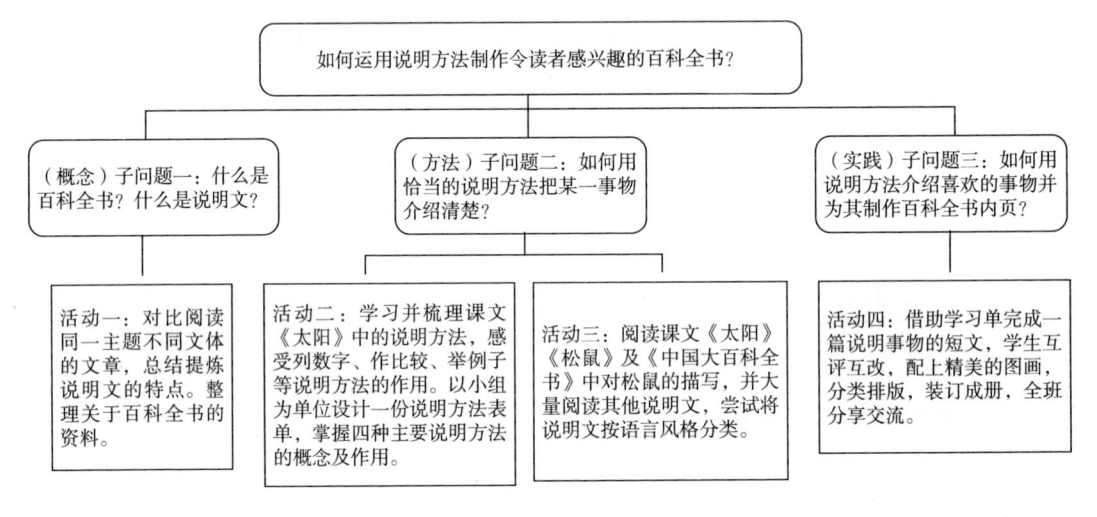

```
                    如何运用说明方法制作令读者感兴趣的百科全书？
                                     │
        ┌────────────────────────────┼────────────────────────────┐
（概念）子问题一：什么是        （方法）子问题二：如何用        （实践）子问题三：如何用
百科全书？什么是说明文？         恰当的说明方法把某一事物          说明方法介绍喜欢的事物并
                                 介绍清楚？                       为其制作百科全书内页？

活动一：对比阅读             活动二：学习并梳理课文        活动三：阅读课文《太阳》     活动四：借助学习单完成一
同一主题不同文体             《太阳》中的说明方法，感       《松鼠》及《中国大百科全     篇说明事物的短文，学生互
的文章，总结提炼             受列数字、作比较、举例子       书》中对松鼠的描写，并大     评互改，配上精美的图画，
说明文的特点。整             等说明方法的作用。以小组       量阅读其他说明文，尝试将     分类排版，装订成册，全班
理关于百科全书的             为单位设计一份说明方法表       说明文按语言风格分类。       分享交流。
资料。                       单，掌握四种主要说明方法
                             的概念及作用。
```

图2-20 "制作一本百科全书"驱动性问题

六、评价量规

项目式教学的实施离不开科学合理的评价标准。将评价前置，学生在项目之初知晓各环节的评价量规，便能在学习中根据清晰具体、有层次、指向性明确的评价指标对自己有所要求，及时调整改进。见表2-45、表2-46。

表2-45 "制作一本百科全书"评价量表

组别或姓名		班级		学号			
项目主题							
一级评价指标	二级评价指标	评价内涵说明	权重	评价方式	状态水平描述		
					自评	他评	师评
学习态度	参与度	积极参与项目相关活动	10%	表现性评价			
	兴趣度	积极了解说明文各方面的知识	10%	表现性评价			
问题的探究和解决	发现问题	主动发现与说明文相关的问题	10%	表现性评价			
	搜集资料	能围绕制作"事物百科全书"这一活动,通过各种渠道收集到自己所写事物的相关信息	10%	表现性评价或纸笔测验			
	整理资料	能通过分析整理,处理和应用查找到的资料	10%	表现性评价或纸笔测验			
	总结归纳	能将搜集整理的资料,合理地应用于写作中	10%	表现性评价或纸笔测验			
语文综合运用能力	书面表达能力	完成一篇介绍事物的说明文	10%	纸笔测验			
	版面设计能力	完成百科全书内页制作(版面图文并茂)	10%	纸笔测验			
	成果展示	完成百科全书内页展示	20%	表现性评价或纸笔测验			
综合评定等级( )		质性评语:					

表2-46 "制作一本百科全书"个人成果评价表

	审查内容		审查星级	修改意见
文稿	写清楚事物的主要特点		☆	
	说明方法运用恰当		☆	
	分段介绍事物的不同方面		☆	
	文笔流畅	语言风格适宜	每处☆	
		其他精彩之处	每处☆	
绘图	画出了事物的特点		☆	
	配有丰富生动的色彩		☆	
	画面和谐		☆	
总星级				

七、项目实施过程

（一）入项活动

1. 通过问题情境，开启单元学习任务

"你读过百科全书吗？你知道百科全书是怎么介绍一种事物的吗？你知道如何运用说明方法写出一种事物的特点吗？"教师通过问题、书籍激发学生的学习兴趣，促使学生调动已有的说明文知识，对项目任务有初步了解。

2. 通过驱动性任务，细化分解实施项目

教师注意在课内资源的学习中，借助单元统整思路进行教学，重点了解说明文的文体特点。在细化分解实施项目的过程中，教师注意引导学生体会作者是如何通过说明方法写清楚事物的特点的，体会说明文语言科学、准确的特点。

（1）项目介绍

大千世界，无奇不有，万事万物，皆有学问。在本项目中，学生不仅需要从单元教材中习得养分，还需要从课外的有字之书和无字之书中学有所获，每位学生选择一种了解并感兴趣的事物进行介绍，制作成百科全书的内页，以班级为单位制作一本"班级百科全书"。

（2）任务分解

围绕本单元的语文要素，统整教学探究中的知识、能力、素养等目标，先针对单元课内资源进行提炼和统整，后进行任务细化及分解，抓住本单元的关键学习点。同时对本单元学习增加课外阅读指导，一方面巩固课内学习，夯实从单篇到整体的思维，另一方面开拓学生的视野，提升其阅读理解能力。

单元统整思路建议，见表2-47。

表2-47 单元统整思路表

环节	统整思路	整合矩阵
1	确定概念	准确表达
2	提出问题	如何用恰当的说明方法把某一事物介绍清楚
3	提炼方法	抓住单元文本对事物的说明方法，探究其表达效果，内化对"说明文""说明方法"的理解
4	探究路径	以课文为模型，探究选择恰当说明方法介绍事物的原因，明白只有用合适的说明方法才能把事物的特点介绍清楚，然后迁移到其他阅读材料的学习中
5	形成能力	能从材料中提取信息并能整合信息，通过比较文本，学会选择与事物相匹配的说明方法，把事物说明白
6	形成素养	通过对文本的理解学习，明白选择恰当的说明方法说明不同的事物是由事物的特点决定的，进而迁移应用到其他说明事物的实践中
7	设计评价	链接生活，迁移知识，欣赏自己及他人的展示、作品

3. 项目实施进程计划

（1）活动一：识文体特点

首先，学习课文《太阳》，对比阅读和太阳有关的其他文体的文章，明确百科全书式

说明文的文体特点。

明确任务：教师发布百科全书约稿函，带领学生梳理课文材料，明确单元学习内容和任务，规划项目时间安排。

合作探究：学生以六人小组为单位，对比三篇和太阳有关的不同文体的文章，从主要内容、主旨、写法、语言、情感、读后收获等方面进行对比。小组成员分工合作，有侧重地阅读文本内容，并进行讨论，最终完成表格（表2-48）。

表2-48　三篇和太阳有关的文章对比探究表

对比项目	《太阳》	《风和太阳》	《海上的日出》
文体	说明文	童话	散文
主要内容			
主旨			
语言			
写法			
……			

小组汇报：各小组派代表交流完成情况，并将结论记录在笔记本上。项目式教学注重学生在活动过程中的主动参与、积极思考和通力合作。因此，在小组汇报后增加了评价环节，对小组的合作过程及成果进行评价，总结经验，提升学生小组合作的能力。

其次，把握项目要求，明确百科全书制作方法。

学生初步了解说明文与其他文体的不同，并根据原有阅读经验，探讨百科全书的类型和特点，从而形成基本的概念，并使学生对该项目有初步的理解和把握，探究表见表2-49。

表2-49　百科全书相关知识探究表

概念	分类	特点	常见版面格式

（2）活动二：析说明方法

首先，学习并梳理课文《太阳》中的说明方法，感受列数字、作比较、举例子等说明方法的作用。学生以小组为单位设计一份说明方法表单，掌握四种主要的说明方法的概念及作用，见表2-50。

表2-50　说明方法表单

说明方法	特点	举例	作用
列数字			
举例子			
作比较			
打比方			

141

其次，学会辨别说明方法，通过正反例子的对比，明确如何正确使用说明方法，并尝试运用学到的其中两种说明方法介绍电视塔，改写《白鹭》。

最后，小组内部交换评改，选出优秀的作品全班分享。

（3）活动三：品语言风格

首先，学习课文《松鼠》，补充阅读资料，了解说明文的语言风格。

重点关注《松鼠》的语言风格，将文章中的语段和《中国大百科全书》中对松鼠的介绍片段进行对比分析。再结合教材中的"交流平台"板块，认识其与《太阳》在语言表达上的不同。

补充阅读其他说明文，要求学生试着按照语言风格对它们进行分类，可以分为平实性说明文和文艺性说明文。

其次，在《松鼠》《鲸》《风向袋的制作》的教学中渗透体会语言风格与说明方法运用之间的关系。

（4）活动四：撰写说明文

①回顾所学知识，借助学习单建立写作思路，完成作品思维导图，任务表参见表2-51。

表2-51 作品思维导图任务表

介绍事物	
类别	□动物　　□植物　　□美食　　□物品
思维导图

②根据思维导图进行初稿撰写及绘图设计。

③学生互换作品，根据审查标准对文稿和绘图进行互评互改，撰写修改意见，任务表参见表2-52。

④学生根据作品优化建议修改自己的作品，在A4纸上完成百科全书内页的文稿誊写、版面设计、绘图等。

表 2-52　作品审查任务表

	审查内容		审查星级	修改意见
文稿	写清楚事物的主要特点		☆	
	说明方法运用恰当		☆	
	分段介绍事物的不同方面		☆	
	文笔流畅	语言风格适宜	每处☆	
		其他精彩之处	每处☆	
绘图	画出了事物的特点		☆	
	配有丰富生动的色彩		☆	
	画面和谐		☆	
总星级				

⑤教师按事物类别，将学生作品装订成册下发给学生，学生自主设计封面并留存。

4. 项目成果评价

项目成果评价，见表 2-53。

表 2-53　项目成果评价表

日程	活动	目标	内容	评估/可交付的成果
第 1—2 天	识文体特点	开始课文文本学习，了解说明文的文体特点	学习并梳理课文材料，明确学习内容和任务，开始规划项目时间安排。对比阅读其他文体的文章，体会说明文的特点	学生总结文体特点，记录下来，丰富语文知识库
第 3—5 天	析说明方法	学习课文文本，了解主要的说明方法，明确作用，并学会判断、运用简单的说明方法	学习并梳理课文材料以及补充资料，感受列数字、作比较、举例子等说明方法的作用，通过正反例辨别说明方法的正确使用	设计表格，积累多种说明方法
第 6—7 天	品语言风格	学习课内文章，拓展阅读其他说明文，了解说明文的语言风格	结合单元中的说明文《太阳》和《松鼠》对说明文按语言风格进行分类，分为平实性说明文和文艺性说明文，同时通过《松鼠》等课文体会说明方法运用与写作风格之间的关系	阅读更多说明文，根据语言风格梳理类型，形成整体印象
第 8—14 天	撰写说明文	借助资料搜索、思维导图等形式开始进行说明文写作，优化作品，形成说明短文	借助学习单完成作品。学生互评互改，根据作品优化建议修改，装订成册。查看项目完成进度	作品创作，自我和同伴评估

（二）知识与能力建构

为了让学生更顺利地完成项目活动，教师搭建学习支架，提供评价量规。学生可以从课内作品切入，初步了解说明文；学习精彩的说明文作品，学习并尝试运用说明方法介绍事物；结合生活确定选题，进行实践，形成百科全书内页文稿，并进行汇报分享。

1. 从课内作品切入，初步了解说明文

结合课内作品，对比不同文体的文章，体会课文中说明文的特点，感受说明文对于说清楚事物的好处，体会说明文语言准确、科学、有条理的特点，能辨别出说明文这种文体。通过课内学习，深化了解，借助表格等直观形式梳理知识，形成知识网络。此外，教师应加强课外阅读指导，引导学生学会阅读说明文的方法，为后面撰写说明文做好铺垫。

2. 示范学习策略，学习优秀说明文案例

教师引导学生重点学习阅读说明文的方法：重点关注行文思路、尝试品析说明方法、整体感知语言风格。通过拓展阅读，形成对说明文的整体印象，感受说明文对于传递有效信息、拓展知识面的好处。

3. 整合学习成果，撰写简短的事物说明文

上述学习任务完成后，学生积累了丰富的关于说明文的知识，形成了自己的知识网络。随后，学生根据所学，尝试自己撰写一篇简短的说明文，并且页面要做到图文并茂。最后，班级根据每位学生撰写的内容，按照主题进行分类整合，形成一本内容丰富、图画精美的百科全书。

（1）确定选题，初步创作

以个人为单位，参考教材对事物进行分类的方法，结合个人兴趣进行选题，完成学习单。对于学生而言，初次进行选题，需要教师在选题前提供学习支架方向，选题的切入口尽可能小，符合说明事物的特点。

（2）绘制导图，布局起草

根据已经确定的主题、选好的材料，进行绘制思维导图环节，教师对学生的各项成果提出指导建议。撰写初稿之前，教师通过观察学生制作的思维导图，对学生的行文思路进行指导，提前检查学生资料收集的适配性，对百科全书内页排版设计和制作进行指导，提醒学生注意说明的条理性，依据合理的顺序初步安排布局。学生根据教师跟进式的指导，进入行文起草阶段。

（3）组织行文，形成文稿

学生开始根据搜集到的资料，按照思维导图撰写文章。写作要从实际需要出发选用语言和材料，合理布局，图文结合。

（4）互改互评，删改信息

同伴互评互改，对照评价量规，找出作品的亮点和可提升的地方，加以完善。首先，从说明文的角度判断文体、行文思路、说明方法的使用、语言风格等是否需要调整，选用材料是否得当。其次，对文章的语言文字和标点符号进行检查，加以增、删、改、调，做到文字规范，通俗易懂，语言风格统一、准确、鲜明。最后，根据修改意见完善，形成较成熟的文稿。

（三）探索与形成成果

基于项目的学习强调的是学生在实践体验中的收获，而不仅仅是知识本身。这种学习方式要求学生积极参与多样化的项目活动，并创造性地开发和挖掘自身潜在的能力。成果呈现方式见表2-54。

表2-54 "制作一本百科全书"多样化项目活动表

活动内容	成果形式及要求
活动一：对比阅读同一主题不同文体的文章，总结提炼说明文的特点。搜集整理关于百科全书的资料	完成文体对比探究表、百科全书记录表
活动二：学习课文，梳理列数字、作比较、举例子等说明方法的作用，小组合作制作说明方法表单，个人撰写说明性短文	设计说明方法表单，完成《白鹭》说明小短文
活动三：阅读课文《太阳》《松鼠》及《中国大百科全书》中对松鼠的描写，并大量阅读其他说明文，尝试将说明文按语言风格分类	开展说明文拓展阅读课，完成说明文语言风格探究表
活动四：借助学习单完成一篇说明事物的短文，学生互评互改，配上精美的图画，分类排版装订成册，全班分享交流	个人完成习作学习单、班级百科全书单页；举办百科全书发布会，学生代表进行现场推介，分享展示优秀的作品

（四）评价修订，反思迁移

在此次项目式教学中，班级两次的作品上交率高达98%，优秀率均超出60%，学生的参与度较高，学习有兴趣和信心。

八、效果展示

大蝙蝠类一般以果实为食，小蝙蝠一般都是吃小飞虫、小昆虫等食物。

多数蝙蝠晚上觅食，白天栖息，许多吃昆虫的蝙蝠则栖息在山洞、矿洞、悬崖下的岩石、坟墓、废墙和建筑物内。

栖息时，蝙蝠倒挂着睡觉，它们可以用一只脚倒挂着，另一只则梳理着毛发。蝙蝠必须生活在潮湿的地方，以防干燥。

最后同学们日常生活中如果遇见蝙蝠一定不要伤害它们，因为它们是庄稼的好帮手！

盐是生活中不可缺少的调料，没有盐，就没有香喷喷的美食。大家每天都会吃盐，想必大家一定很熟悉吧？不过，你们真正了解过盐吗？

你知道吗？我们每天看着盐，总认为是雪白雪白的，其实呀！盐是一种无色无味的立方晶体，就像一块极小的玻璃碎片呢！盐很小，一粒盐的体积大约1立方毫米，和我们平常的一粒大米比起来，一粒盐就像个月球，而大米则像个太阳！

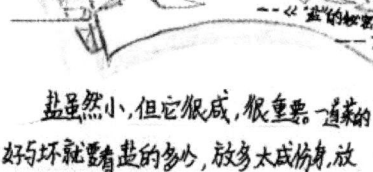

——《"盐"的秘密》
——刘怿

盐虽然小，但它很咸，很重要。一道菜的好与坏就看着盐的多少，放多太咸身，放少没味难吃！是不是很重要呢？有时候就算是多放一粒盐，也会影响一道菜的味道的呦！

你知道吗？盐的功效和作可分为三大类，一类是大家都知道的可以煮熟来调味。还有一种是粗盐可以有发汗的作用。而第二种是医用功效啦！你一定不知道，盐可有清污解毒、自然止血、清理肠水、呵护咽喉、除脏美容、消炎消肿和助消化的作用。不过注意了，别看它有医用功效而胡乱食用呀！请在有必要情况下在医生指导下食用！

你知道吗？盐有各种功效，也有一定的价值。俄察尔汗盐湖，有取不尽的氯化钾，盐湖很大，面积与56万公里为祖国建立了大大的帮助。

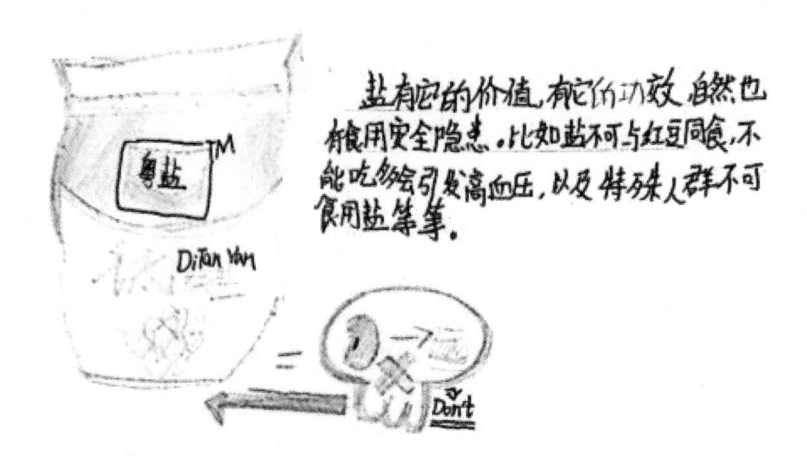

> 盐有它的价值，有它的功效，当然也有食用安全隐患。比如盐不可与红豆同食，不能吃够会引发高血压，以及特殊人群不可食用盐等等。
>
> 现在，你真正了解盐了吗？盐，给人们提供了帮助，同时也给人们建造了一定的隐患，让我们正确食盐，共建健康家园，一起品尝美食，享受乐趣吧！

（指导教师：江怡琪　陈智慧）

第十八节　遨游汉字王国，探寻汉字奥秘
——部编版《语文》教材五年级下册第三单元项目式教学设计

一、项目简述

五年级下册第三单元的综合性学习的主题是"遨游汉字王国"，前言部分通过对汉字发展历史的简单介绍，来激发学生学习汉字的兴趣。通过"汉字真有趣"和"我爱你，汉字"两个活动的开展，引导学生探索汉字的特点，了解汉字的演变过程，感受作为中华文化载体的汉字的趣味和魅力，激发学生的民族自豪感。同时，通过活动培养学生自主探究、查找筛选资料的能力，学生能够仿照模板，有条理地撰写简单的研究报告。

汉字博大精深，教师引导学生研读文本，提炼感兴趣的问题。通过查找图书、网络资料、向他人请教等方法，搜集能体现汉字趣味性的内容，感受汉字不同形式的美。学生利用课余时间整理关于汉字特点的资料，走访生活中的场景，对汉字使用不规范的现象进行调查研究，学写简单的研究报告，同时完成一本关于汉字的手工书。从启动到推进再到展示过程，都是让学生不断加深对汉字认知的过程，也是学生收集资料、筛选资料、分类整理的能力提升过程，还是学生在活动中自主建构审美能力的过程，使学生认知发展线、能力发展线、审美发展线三线合一。

基于对教材内容的分析，本单元进行了大概念统整下单元项目式教学的设计。对教学内容进行调整重组、整合融通，形成单元项目式设计，以驱动性任务为起点开展活动。在这个过程中，教师必须关注系统思维、儿童思维，将内容单元转化为学习单元，还需整合思维，将整个单元的教学内容与教学策略进行结构化与系统化调整，引导学生进一步了解汉字，拓展思路，完成相关任务。

二、项目时长

四周。

三、教材和相关资源

（一）教材

部编版语文五年级下册第三单元。

（二）推荐给学生的参考资料

《古文字趣谈》，陈炜湛著。
《趣味字词故事》，丁忱等编。
《甲骨文字趣释》，唐冶泽著。
《语林趣话》，时学祥等主编。
《细说汉字》，左民安著。
《这个字，原来是这个意思》，许晖著。
《奇诗妙词趣联》，朱宝清等主编。
《经典歇后语俏皮话》，李少林编著。

四、单元项目统整目标

（一）单元核心目标

正确运用搜集资料的方法，习得综合运用语言文字的能力，了解汉字的文化魅力。

（二）单元基础目标

①了解搜集资料的基本方法。
②感受汉字的趣味，产生对汉字的热爱之情。
③能了解一些关于汉字历史和现状的知识，增强对汉字的自豪感。
④能围绕汉字历史、汉字书法或与汉字有关的感兴趣的内容搜集资料。
⑤能调查生活场景中用字不规范的情况，写简单的研究报告。

五、项目驱动性问题

（一）本质问题

如何正确运用搜集资料的方法，习得综合运用语言文字的能力，了解汉字的文化魅力？

（二）驱动性问题

汉字为什么能够源远流长？（图2-21）

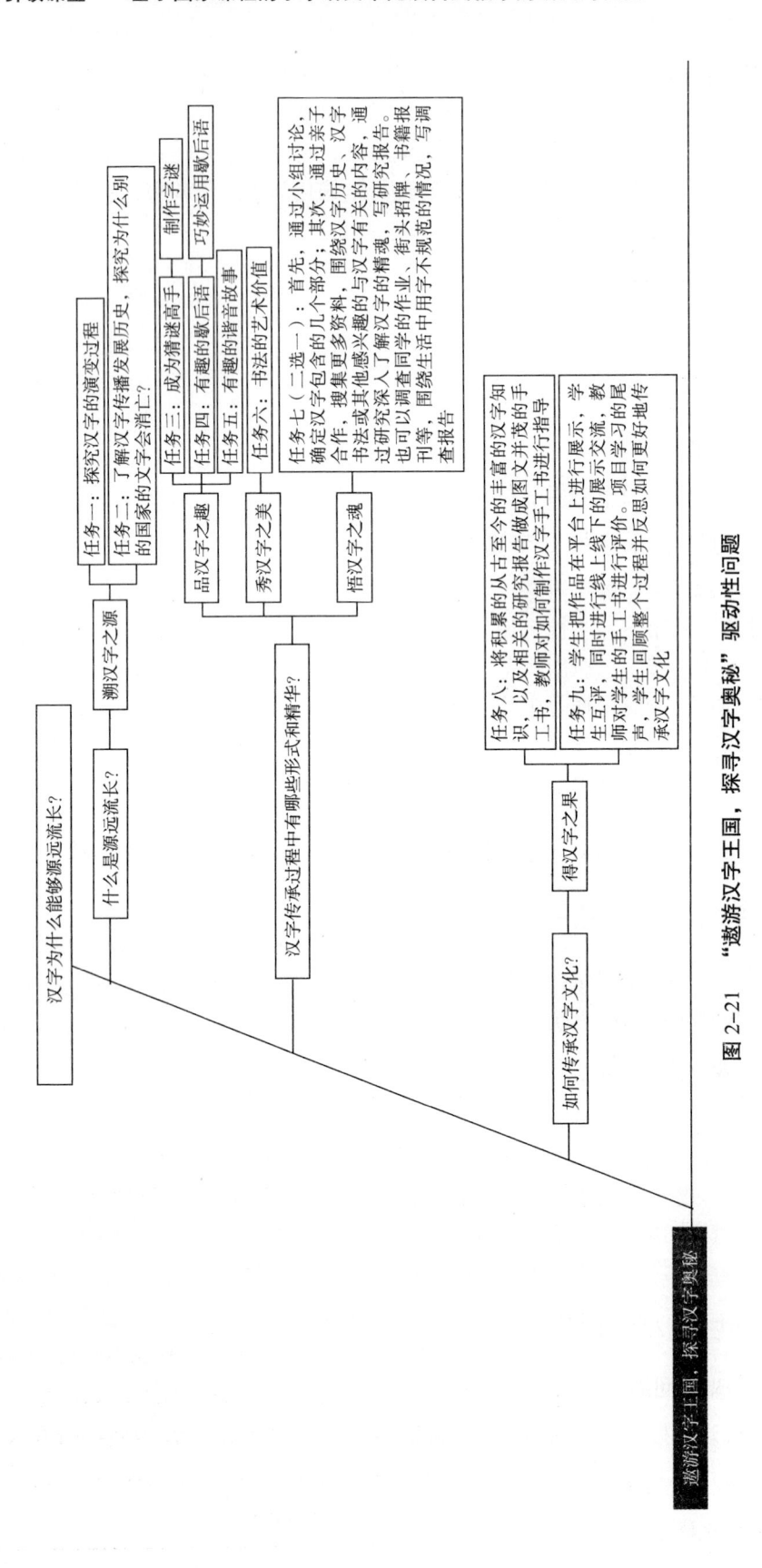

图 2-21 "遨游汉字王国,探寻汉字奥秘"驱动性问题

六、评价量规

本次项目式教学的评价量规,见表 2-55。

表 2-55 "遨游汉字王国,探寻汉字奥秘"评价量表

组别或姓名		班级		学号			
项目主题							
项目组成员							
一级评价指标	二级评价指标	评价内涵说明	权重	评价方式	状态水平描述		
					自评	他评	师评
学习态度	参与度	积极参与项目相关活动	10%	表现性评价			
	兴趣度	积极去了解汉字的各方面知识	10%	表现性评价			
问题的探究和解决	发现问题	主动发现与汉字主题相关的问题	10%	表现性评价			
	搜集资料	能围绕"遨游汉字王国"这一活动,通过各种渠道收集到丰富的信息	10%	表现性评价或纸笔测验			
	整理资料	能通过分析整理,处理和应用查找到的资料	10%	表现性评价或纸笔测验			
	总结归纳	能通过资料的整理,发现、归纳汉字不同方面的特点	10%	表现性评价或纸笔测验			
语文综合运用能力	书面表达能力	完成研究报告	10%	表现性评价			
	版面设计能力	完成手工书(封面设计、内容须图文并茂)	10%	纸笔测验			
	成果展示	成果完成展示	20%	表现性评价或纸笔测验			
综合评定等级( )		质性评语:					

七、项目实施过程

(一)问题激趣,开启单元学习任务

教师通过汉字的相关现象激发学生的学习兴趣,在讨论中探究出驱动性问题:汉字为什么能够源远流长?同时根据语文要素分解成若干个子问题。什么是源远流长?汉字传承过程中有哪些形式和精华?如何传承汉字文化?从而使学生对项目任务有了初步的了解。同时让学生明确项目成果呈现方式,制作一本精美的汉字手工书。在项目实施过程中,教师指导和帮助学生完善和改进手工书的各项内容,最后将得到的成果装订成册。

(二)任务驱动,细化分解实施项目

汉字包含的面很广,为了让学生活动起来目的性更强,我们将活动项目进行了细化,

既有具体要求，又兼顾一定的灵活性和自主性。

1. 溯汉字之源

通过多种方式，开展"探究汉字起源"的活动，深入了解汉字的演变发展史。比如，选择自己喜欢的一个汉字或者生肖汉字创作"字画"图，追溯汉字发展的变化过程，感受汉字从图画、象形演变为方块字的奇幻历程，体悟汉字的精妙；组内搜集资料，相互交流补充，了解汉字的发展传播历史，以及对日、韩等国通用语言文字的借鉴意义，从而了解汉字历经千年却未如别国文字一样消亡背后的强大文化影响力，明白"源远流长"的意义。

2. 品汉字之趣

学生通过各种途径收集字谜、歇后语、谐音故事等，选择自己喜欢的内容抄写在手工书上。在畅言平台上开展互相"猜猜猜"的活动，让猜出字谜的学生说说自己是怎么猜的，分享思考的过程，写在手工书上。同时，手工书上需要标明是通过什么途径查找到相关资料的，字谜和歇后语有哪些类别，怎么才能更快更好地猜出来字谜和歇后语，经验小窍门等一系列项目开展过程中的问题和解决措施。

3. 秀汉字之美

汉字书法内涵丰富。活动前，教师引导学生确定研究话题，可单独研究楷书、隶书、行书、草书的发展过程，从而欣赏汉字形态的美感，也可重点研究某一朝代的书法家和书法名作，领略到汉字书法的独特风骨。

4. 悟汉字之魂

学生自主学习《关于"李"姓的历史和现状的研究报告》，探究研究报告各个部分的构成以及报告陈述性语言的严谨性。通过亲子、生生合作，搜集更多资料，围绕汉字演变、汉字书法或其他与汉字有关的内容，进行深入研究，书写研究报告；也可以利用周末的时间组成小分队，走访大街小巷，寻找宣传栏、广告牌中的不规范用字现象，开展调查，整理成果，独立完成各具特色的调查报告。上述所有项目式学习任务完成后，学生积累了丰富的汉字知识，明白了汉字传承过程中的一些精华形式，如谜语、歇后语、谐音、书法作品等。

5. 得汉字之果

学生根据自己的喜好和主题设计封面、封底，有能力的学生还为自己的手工书进行了前言和结语的创作，制作成一本内容丰富、设计精美的手工册，展示汉字的前世今生。接着，进行多元成果公开展。

①创作类：编写原创字谜。

②比拼类：字谜猜猜猜、歇后语大擂台、对联我知道。

③讲述类：汉字趣事、谐音故事、汉字发展演变史等。

④研究类：展示研究成果，分享调查研究报告，讲述研究过程中的一些困惑和收获。

最后，班级开展总结、交流、展示会。首先学生分享好的手工书作品，可以事前录制小视频，向同学介绍自己在整个过程中的学习体会。汉字之所以被公认为世上最美好的文字，是因为汉字具有结构美、音调美、内涵美这三大特征，学生围绕"如何传承汉字文化"这一主题与老师、同学进行交流，明确如何更好地传承汉字文化。

八、效果展示

（一）汉字演变

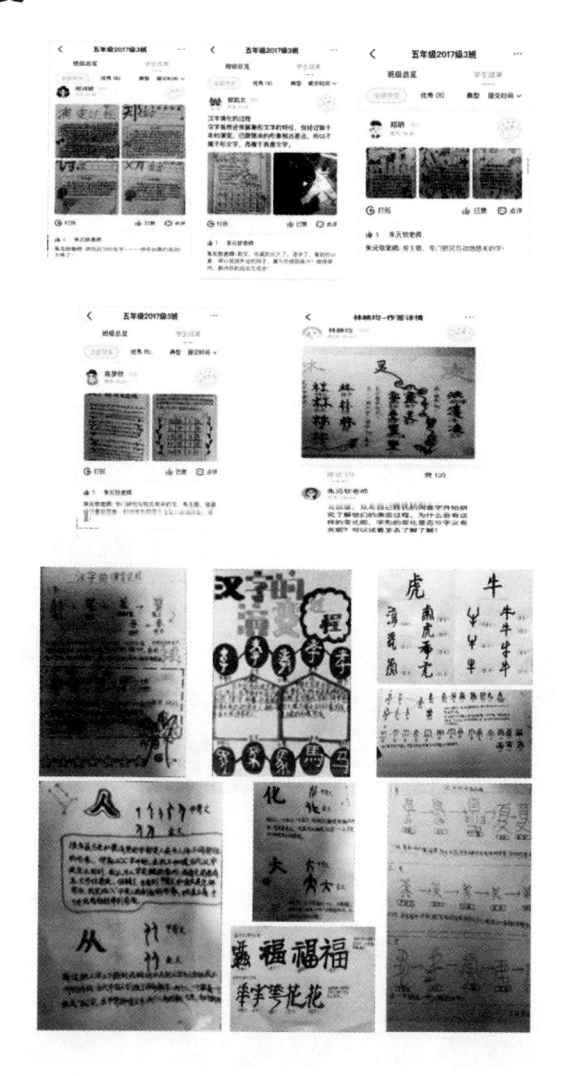

（二）字迷篇

（三）书法艺术

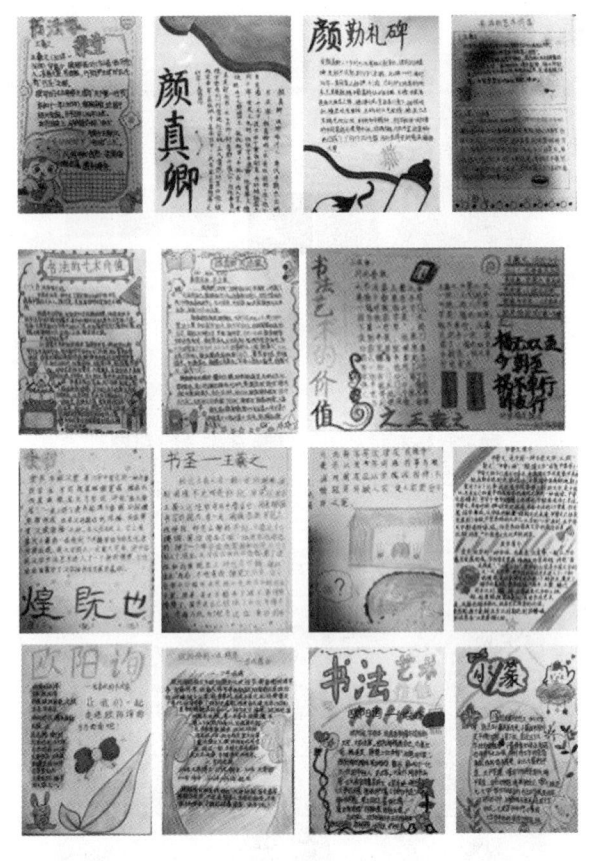

（四）歇后语篇

（五）谐音篇

（六）研究报告

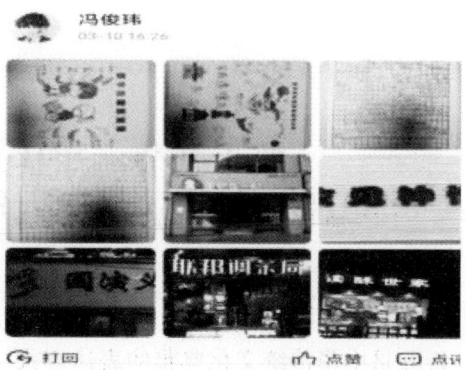

（七）一本完整的手工书

（指导教师：胡 恒 朱元钦）

第十九节 知其人，论其事，懂其诗
——部编版《语文》教材六年级上册古诗词项目式教学设计

一、项目简述

诗歌是中华传统文化典雅的表达方式，其内容在小学语文教学阶段占比较大。其凝练生动的语言，优美深远的意境，真挚动人的情感，含蓄深刻的哲理为学生提供了丰富的传统文化资源。孟子曰："颂其诗，读其书，不知其人，可乎？是以论其世也。是尚友也。"（《孟子·万章》）可见，要读懂一个人的诗，必须知人论世。所谓"知人"是指了解诗人的成长环境、生活经历、作品风格等，"论世"是指诗人所处的时代背景。诗歌的创作与诗人自身及其所处的时代密不可分，诗歌审美的过程不应将作品孤立起来，而应结合作者的思想感情和特定的时代背景，如李白诗作中的豪放不羁与他所处的盛唐时代密不可分。杜甫则目睹了唐王朝的由盛转衰，因而他的作品充满了沉郁与凝重的气息。基于此，为了让学生更有兴趣学习古诗词，变被动为主动，培养他们的内驱力，本项目将六年级上册所有的古诗词融合到一起来学习，主题设定为"知其人，论其事，懂其诗"。

一般在进行诗歌教学时，教师要对诗人所处的时代背景等进行介绍，拉近学生与诗人创作心境之间的距离，从而更好地体悟诗歌所表达的情感。因此，在本次项目式教学设计中，将六年级上册的古诗"瞻前顾后"地打通整合在一起，将诗歌篇目整合在一起，扩大探究学习的宽度。本次项目式教学中需要探索的七位诗人各具特色，在文学史上有着举足轻重的地位。教师鼓励学生通过有针对性的阅读，从了解诗人的人生开始，再到了解诗人所处时代发生的事件，进而懂得他们的诗中所蕴含的情思。学生在学习诗词、了解大意的同时，能通过查阅资料，制作图文并茂的诗人名片手册。

二、项目时长

两周。

三、教材和相关资源

（一）教材

部编版《语文》教材六年级上册第三课《宿建德江》《六月二十七日望湖楼醉书》《西江月·夜行黄沙道中》、第五课《七律·长征》、第十八课《浪淘沙（其一）》《江南春》《书湖阴先生壁》。

（二）关联资料

图书：

《刘禹锡传》，孙琴安著。

《王安石传》，梁启超著。

《杜牧诗选》，缪钺著。

《辛弃疾传》，邓广铭著。

《毛泽东传》，〔英〕迪克·威尔逊著。

《梦归田园：孟浩然传》，曹远超著。

《苏东坡传》，林语堂著。

影视资源：

《意公子大话苏东坡》系列。

《诗行天下》第八话——辛弃疾：男儿到死心如铁。

四、单元项目统整目标

（一）单元核心目标

①通过探究性活动，阅读相关书籍，了解诗人的创作背景。

②通过实践性活动，结合诗词、背景、视频等对诗人有一个整体的印象和评价。

（二）单元基础目标

①借助注释，想象古诗词中的景象。
②理解诗词中含义深刻的句子，体会诗人表达的情感，感受诗词之美。
③走进诗人的情感世界，结合对古诗文的创作背景和内容理解来丰富对古诗内涵的理解。

五、项目驱动性问题

（一）本质问题

2022版的新课标对小学古诗文教学需达到的学业成就表现中第三学段（五、六年级）的描述是能主动阅读体现中华优秀传统文化的作品，在阅读、参观、访问过程中，结合具体内容或时代背景丰富对作品内涵的理解。第三学段的"阅读与鉴赏"中明确要求：阅读诗歌，大体把握诗意，想象诗歌描述的情境，体会作品的情感。古诗文学习的重难点就落在"情感"上，与诗人进行情感连接的方式是多样的，我们如何走进诗人的情感世界，体会古诗文的文化内涵以及诗人表达的情感呢？

（二）驱动性问题

如何为七位诗人设计个性化名片？（图2-22）

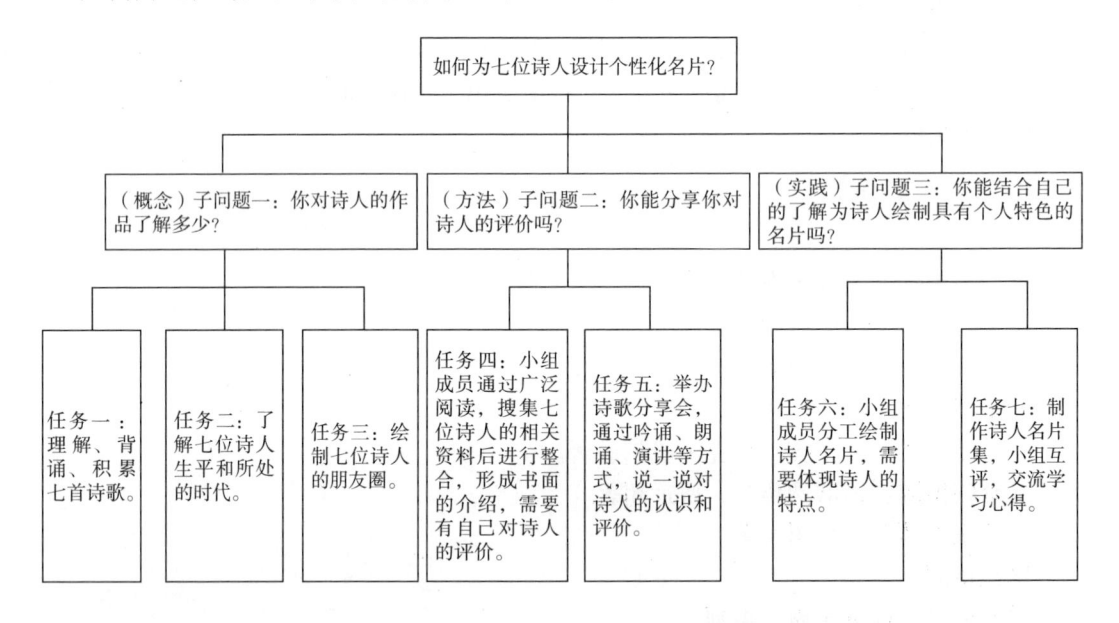

```
                    如何为七位诗人设计个性化名片？
                                │
        ┌───────────────────────┼───────────────────────┐
  （概念）子问题一：你对诗     （方法）子问题二：你能   （实践）子问题三：你能结合自己
  人的作品了解多少？            分享你对诗人的评价吗？   的了解为诗人绘制具有个人特色的名片吗？
        │                           │                           │
  ┌─────┼─────┐              ┌─────┴─────┐              ┌─────┴─────┐
 任务一  任务二  任务三        任务四       任务五        任务六       任务七
```

任务一：理解、背诵、积累七首诗歌。
任务二：了解七位诗人生平和所处的时代。
任务三：绘制七位诗人的朋友圈。
任务四：小组成员通过广泛阅读，搜集七位诗人的相关资料后进行整合，形成书面的介绍，需要有自己对诗人的评价。
任务五：举办诗歌分享会，通过吟诵、朗诵、演讲等方式，说一说对诗人的认识和评价。
任务六：小组成员分工绘制诗人名片，需要体现诗人的特点。
任务七：制作诗人名片集，小组互评，交流学习心得。

图2-22 "知其人，论其事，懂其诗"驱动性问题

六、评价量规

项目式教学的实施离不开科学合理的评价标准，在本项目的学习评价中，我们设置了学生自评、互评，还有教师评价模块，详见表2-56。

表 2-56 "知其人，论其事，懂其诗"评价量表

组别或姓名		班级		学号		
项目主题						
项目组成员						
一级评价指标	二级评价指标	评价内涵说明	权重	评价方式	状态水平描述		
					自评	他评	师评
学习态度	参与度	积极参与项目相关活动	10%	表现性评价			
	主动度	主动寻求各种方式完成活动	10%	表现性评价			
问题的探究和解决	发现问题	主动发现与主题相关的问题	10%	表现性评价			
问题的探究和解决	阅读、搜集资料	能围绕诗人的方方面面，通过各种渠道阅读、收集到丰富的信息	10%	表现性评价或纸笔测验			
	整合资料	能通过分析、整理、阅读和收集资料	10%	表现性评价或纸笔测验			
	归纳、总结	能通过归纳、总结，完成相应的任务，解决驱动性问题	10%	表现性评价或纸笔测验			
语文综合运用能力	书面表达能力	完成书面表达材料（诗人的人生、作品特色、最欣赏的部分等）	10%	纸笔测验			
	版面设计能力	单个诗人介绍的版面设计，整体的名片集的封面和名字等的设计	10%	纸笔测验			
	成果展示	设计精美的诗人名片集	20%	表现性评价或纸笔测验			
综合评定等级（ ）		质性评语：					

七、项目实施过程

（一）入项活动

1. 项目驱动

教师通过一段《经典咏流传》节目中的视频，唤起学生对古诗词学习的兴趣，接着回到课文中寻找古诗词的踪迹，探讨不同的诗人写出来的诗给我们带来的不同感受，如何能更好地了解诗词背后的意蕴。基于此，提出情境性项目驱动性问题：如何为七位诗人设计个性化名片？

2. 建立小组

教师指导学生建立学习小组。各小组成员齐心协力查找资料，整合、筛选资料。在绘

制成果集阶段，小组分工合作，当学生对于自己最后认领的任务十分明确时，可以有效提高完成任务的效率，后期制作出来的诗人名片集也会更精美。

（二）细化项目

1. 走近诗人

根据第一个子问题——你对诗人的作品了解多少？将问题分解成不同的任务支架。

首先，通过小组合作探究的方式理解七首古诗，并在课堂上熟读成诵。

其次，引导学生通过查阅七首古诗对应的七位诗人的相关书籍资料，如图书资料《刘禹锡传》《王安石传》《杜牧诗选》《辛弃疾传》《毛泽东传》《梦归田园：孟浩然传》《苏东坡传》等，还可以通过影视资源"意公子大话苏东坡、《诗行天下》第八话——辛弃疾：男儿到死心如铁"等去探索七位诗人的"周边作品"，单向的深度挖掘让学生试着能围绕一个中心点，去全方位了解一个诗人、一首作品，甚至一类诗。

最后，引导学生绘制诗人的朋友圈。学生由一首诗能够认识一个诗人，继而再积累他的其他作品，由大量的作品更加深入地了解诗人及诗人所处的圈子。以苏轼为例，我们知道苏东坡的一生以文动人、以人再次动人。入世而又出世，超然而又务实。东坡种田却悠然自得，儋州蛮荒却兴建教育，刚出狱又忍不住执笔为文，可爱可敬，堪称文、哲、政、佛一体大师。从"十年生死两茫茫，不思量，自难忘"的深情凄凉，到"人生到处知何似？应似飞鸿踏雪泥"的豁然开朗；从"拣尽寒枝不肯栖，寂寞沙洲冷"的孤独卓绝，到"夜阑风静縠纹平。小舟从此逝，江海寄余生"的超然洒脱；从"枝上柳绵吹又少，天涯何处无芳草"的细腻婉约，到"但愿人长久，千里共婵娟"的美好愿景。学生在读懂他们之后，可以试着走进他们的朋友圈，了解苏轼和辛弃疾为什么被称为"苏辛"。小学阶段，学生接触最多的是李白和杜牧，他们被合称为"李杜"，那"小李杜"又是谁呢？进而引导学生打开杜牧的朋友圈。学生发现，原来诗人之间是有"圈子"的啊！从而吸引学生去探访另外几位诗人的故事。这种方式比生硬地塞给学生的古诗拓展要更有趣，也更有实效。

2. 评价诗人

第二个子问题是，你能分享对诗人的评价吗？表达自己对诗人的认识，便是让学生经历了一个资料整合的过程，从而使诗人的形象在学生的探究中变得更加充实、立体。因此，任务之一就是各小组通过广泛阅读后搜集七位诗人的相关资料并进行整合，形成书面介绍，**需要有自己对诗人的评价**。接着任务二就是开展诗歌分享会，让学生交流，加深对诗人的认识，通过吟诵、朗诵、演讲等方式分享这七位诗人中学生个人喜欢的作品，并说一说对诗人的认识，试着用自己的语言评价诗人。在这个过程中，学生可以进行资料的交换、补充，从而对诗人、诗词理解更深，做到知其人、论其事、懂其诗。

3. 绘制名片

第三个子问题是，你能结合自己的了解为诗人绘制具有个人特色的名片吗？在这一环节，学生对七位诗人已经有了不同程度的认识，根据前面的分工，分小组进行诗人名片制作，要求体现诗人的特点和作品风格。接着制作诗人名片集，小组互评，交流学习心得。在这个过程中，学生思维的碰撞十分激烈，对不同的资料加以整合提炼后，还需要考虑以怎样的布局来呈现，从而体现出诗人的特点。教师适时进行指导，并给予鼓励。

（三）评价修订，反思迁移

整个评价体系设置的出发点与落脚点都应体现以学生为主体。从学生的角度出发，根据评价表对个人的学习表现进行自评，接着是小组互评，最后是教师评价。学生最终形成的诗人名片集中，有一个小组展示了别的小组没有探究到的知识，且进行了个性化的思考，说明这一组学生的项目探究更加精细和富有意义，因此，这样的作品可以予以加分。在强调过程性评价的今天，教师要关注学生在整个过程中的表现，如在搜集资料、诗歌分享等环节表现突出的小组可以给予加分。最后让学生去评选最美诗人名片集，这不仅能促使学生积极参与整个学习活动，还能在实际意义上凸显学生的评价主体地位。

八、效果展示

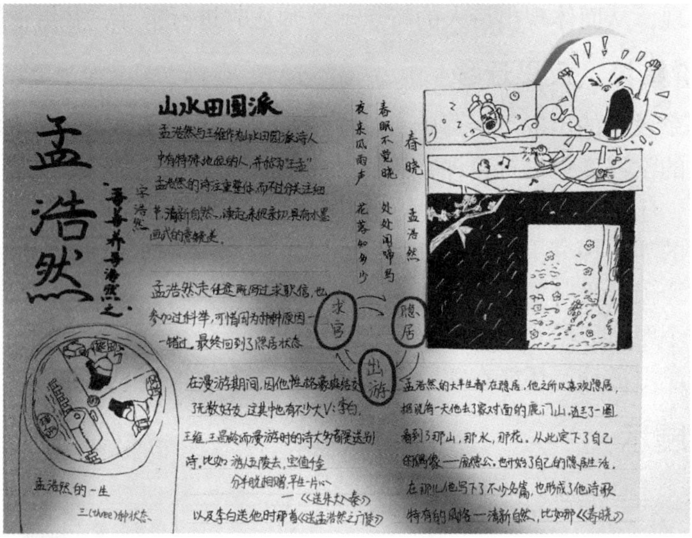
孟浩然
山水田园派
春晓
春眠不觉晓 处处闻啼鸟 夜来风雨声 花落知多少
求官
隐居
出游
孟浩然的一生

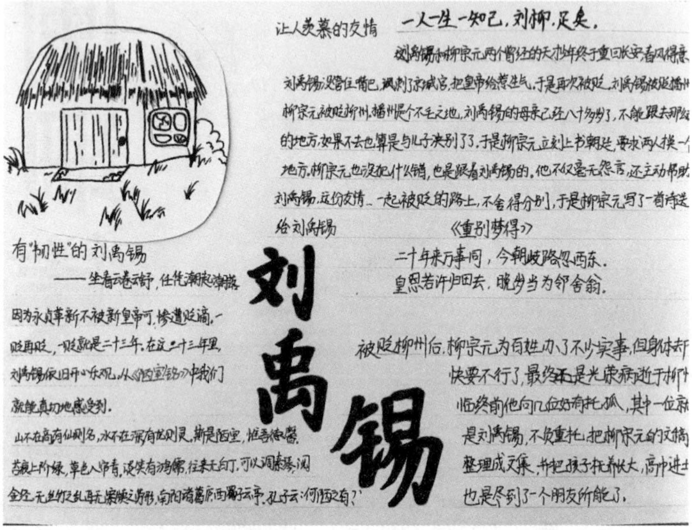
让人羡慕的友情 一人一生一知己，刘柳足矣。
《重别梦得》
二十年来万事同，今朝岐路忽西东。
皇恩若许归田去，晚岁当为邻舍翁。
有"韧性"的刘禹锡
刘禹锡

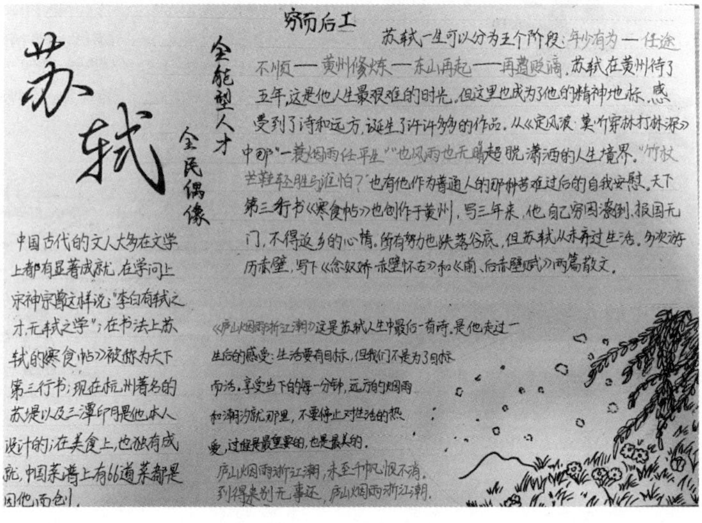
苏轼
全能型人才
全民偶像
穷而后工
庐山烟雨浙江潮，未至千般恨不消。
到得还来别无事，庐山烟雨浙江潮。

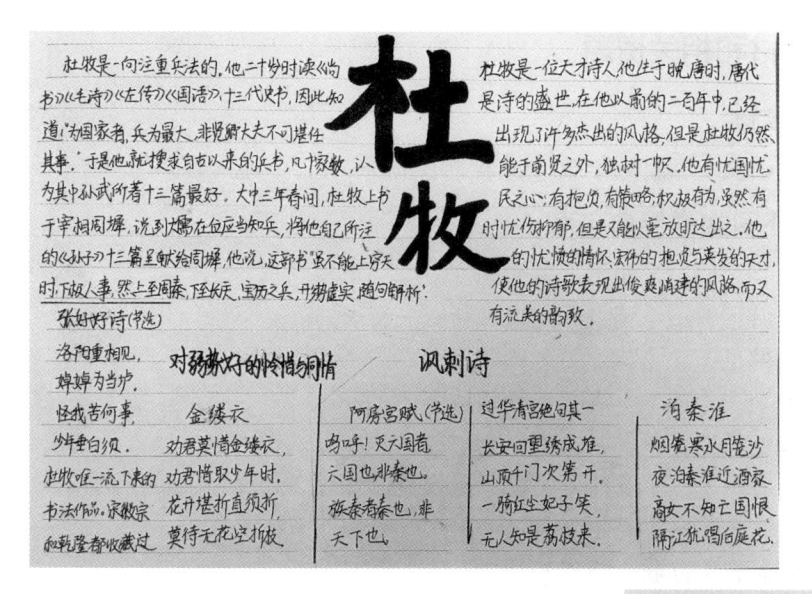

（指导教师：胡　恒　朱元钦）

第二十节　让外国文学名著带我们遨游世界
——部编版《语文》教材六年级下册第二单元项目式教学设计

一、项目简述

六年级下册第二单元围绕人文主题"跟随外国文学名著的脚步，去发现更广阔的世界"，编排了《鲁滨逊漂流记（节选）》《骑鹅旅行记（节选）》《汤姆·索亚历险记（节选）》三篇课文。本单元的口语交际、习作以及"快乐读书吧"等板块也都以外国名著阅读为主题。

六年级的学生尽管已经阅读过文学名著，并习得了相关的阅读方法，但对情节的把握和人物形象的感知还较为粗糙。在教学过程中，教师既要引导他们通过阅读梗概，从整本书的角度"观其大略"，又要带领他们深入节选文段中，感受文学语言的魅力，同时还要关注学生在阅读过程中的交流与表达。

《义务教育语文课程标准（2022年版）》中提出，义务教育语文课程培养的核心素养，是学生在积极的语文实践活动中积累、建构并在真实的语言运用情境中表现出来的，是文化自信、语言运用、思维能力和审美创造的综合体现。而项目式教学是能使其落地的一种教学方式。因此，本项目将人文主题和语文要素进行了统整，把项目名称定为"让外国文学名著带我们遨游世界"。学生在实践过程中，共读书目，梳理阅读中的困惑，探究遇到的问题，相互交流感想。在真实的情境中，在项目式问题的驱动下，他们能够感受、理解和体验所学内容，实现知识与实践能力的相互促进、共同提升。

二、项目时长

四周。

三、教材和相关资源

（一）教材

部编版《语文》教材六年级下册第二单元。

（二）外国文学经典名著

《毛毛》，〔德〕米切尔·恩德著。
《格列佛游记》，〔英〕乔纳森·斯威夫特著。
《傲慢与偏见》，〔英〕简·奥斯丁著。
《简·爱》，〔英〕夏洛蒂·勃朗特著。
《了不起的狐狸爸爸》，〔英〕罗尔德·达尔著。
《小王子》，〔法〕安托万·德·圣埃克苏佩里著。
《童年》，〔苏联〕高尔基著。
《在人间》，〔苏联〕高尔基著。
《我的大学》，〔苏联〕高尔基著。

四、单元项目统整目标

（一）单元核心目标

①通过探究性活动，阅读整本书，了解名著的主要内容，并学会撰写作品梗概。
②通过实践性活动，加深对名著中人物、情节和风土地貌的理解，培养语言实践能力和理性思维，提升资料搜集、筛选、整合和视觉艺术创作能力。
③通过团队合作，建立彼此互相理解、尊重、包容的社会性联系。

（二）单元基础目标

①能借助作品梗概了解名著的主要内容。
②能就印象深刻的人物和情节交流感受，并对人物做出评价。
③能选择自己读过的一本书写作品梗概，与同学分享自己写的梗概，并根据反馈进行修改。

五、项目驱动性问题

（一）本质问题

如何读懂一本外国文学名著，关注关键人物和主要情节并写出作品梗概？

（二）驱动性问题

一个真实的、有意义的、有挑战性的驱动性问题能为学生的学习指明方向，激发他们的合作研究和探索实践的意识。本项目从本质问题出发，提炼出驱动性问题：现在你是好书推荐官，你如何为一本外国文学名著设计阅读推荐卡，让读者快速了解主要内容？（图2–23）

```
                  现在你是好书推荐官,你如何为一本外国文学名著设计阅
                  读推荐卡,让读者快速了解主要内容?
                           │
       ┌───────────────────┼───────────────────┐
   (概念)子问题一:什么是外国   (方法)子问题二:如何读懂一本外国文学   (实践)子问题三:如何向读者推
   文学名著?什么是梗概?        名著?                          荐一本你喜欢的外国文学名著?
       │                           │                           │
   ┌───┴───┐           ┌───────────┼───────────┐           ┌───┴───┐
```

任务一:分小组编辑班级文集《外国经典名著推荐书目》。

任务二:借助《鲁滨逊漂流记(节选)》的作品梗概,了解名著的主要内容,对比梗概和节选,发现联系。

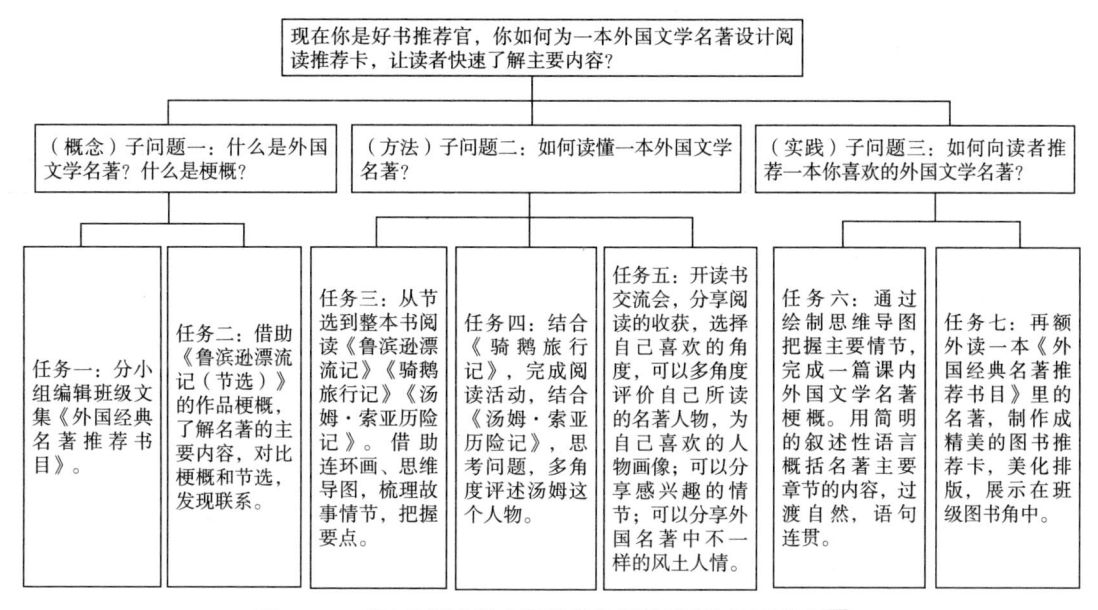

任务三:从节选到整本书阅读《鲁滨逊漂流记》《骑鹅旅行记》《汤姆·索亚历险记》。借助连环画、思维导图,梳理故事情节,把握要点。

任务四:结合《骑鹅旅行记》,完成阅读活动,结合《汤姆·索亚历险记》,思考问题,多角度评述汤姆这个人物。

任务五:开读书交流会,分享阅读的收获,选择自己喜欢的角度,可以多角度评价自己所读的名著人物,为自己喜欢的人物画像;可以分享感兴趣的情节;可以分享外国名著中不一样的风土人情。

任务六:通过绘制思维导图把握主要情节,完成一篇课内外国文学名著梗概。用简明的叙述性语言概括著名章节的内容,过渡自然,语句连贯。

任务七:再额外读一本《外国经典名著推荐书目》里的名著,制作成精美的图书推荐卡,美化排版,展示在班级图书角中。

图 2-23 "让外国文学名著带我们遨游世界"驱动性问题

六、评价量规

新课标在课程实施的"评价建议"中指出,"着重考察学生在真实情境中表现出的情感态度和语言能力","教师应提前设计评价量表、告知评价标准……关注学生在发言和倾听发言时的规则意识和交际修养……引导学生内化评价标准、把握评价尺度,在评价中学会评价"。这一系列的评价建议与项目式教学的评价不谋而合,都强调关注学生的态度、思维、参与程度等,强调评价主体的多元化。在"外国文学名著"项目式教学实践过程中,需要注重"评价量规"的使用,使学生能借助"评价量规",知道"该怎样做","做到什么程度","需要在哪些方面改进",从而促使学生自身在不断反思的过程中完成知识的建构和能力的提升。而且各团队成员在自评、他评、师评等多元评价下,会逐渐形成自我监控、团队带动的学习态势,最终实现共同进步。"让外国文学名著带我们遨游世界"项目式教学设计的评价量表,见表 2-57。

表 2-57 "让外国文学名著带我们遨游世界"评价量表

组别或姓名		班级		学号			
项目主题							
项目组成员							
一级评价指标	二级评价指标	评价内涵说明	权重	评价方式	状态水平描述		
					自评	他评	师评
学习态度	参与度	积极参与项目相关活动,有一定的合作意识	10%	表现性评价			
	兴趣度	积极了解外国文学名著的各方面,善于与小组同学交流同一本书的阅读发现和感受	10%	表现性评价			

续表

组别或姓名		班级		学号			
项目主题							
项目组成员							
一级评价指标	二级评价指标	评价内涵说明	权重	评价方式	状态水平描述		
					自评	他评	师评
阅读理解	课前阅读	完成整本书阅读（"快乐读书吧"推荐的外国文学名著），制作《外国文学名著推荐书目》	10%	表现性评价			
	搜集资料	了解作品梗概，能通过各种渠道收集到丰富的信息	10%	表现性评价或纸笔测验			
	整理资料	通过思维导图等方式整理名著人物关系和情节等资料	15%	表现性评价或纸笔测验			
	总结归纳	能就影响深刻的人物和情节交流感受，有理有据地表达观点	15%	表现性评价或纸笔测验			
综合运用	书面表达能力	完成作品梗概	15%	表现性评价			
	版面设计能力	设计精美的图书推荐卡	15%	纸笔测验			
综合评定等级（　）		质性评语：					
学中不足							
今后的目标							

七、项目实施过程

（一）入项活动，设置问题情境

在项目实施之前，教师已经利用寒假的时间让项目相关班级的学生共读了"快乐读书吧"中的推荐书目。在入项活动中，学生先交流在假期中阅读有关外国文学名著的读书笔记，畅所欲言，之后提出了本项目的驱动性问题：现在你是好书推荐官，你如何为一本外国文学名著设计阅读推荐卡，让读者快速了解主要内容？

（二）分解项目，提供任务支架

1. 厘清概念

在驱动性问题的统领下，设置了三个子问题，每个问题下面提供给学生相应的任务指导，设计逻辑是从概念到方法再到实践层面。第一个子问题：什么是外国文学名著？什么是梗概？让学生厘清概念，是此次项目式教学的起点。外国文学名著通常指的是来自世界各地的优秀文学作品，它们深受各国读者的喜爱，也被广泛传播。针对学生的学习情况，可以让学生通过书店或者网络查阅相关的资料，分组编写《外国经典名著推荐书目》。各小组可以将搜集到的经典书目汇编成册，作为班级共读书目的参考。

接着，借助课文《鲁滨逊漂流记（节选）》中的作品梗概，了解名著主要内容。通过对比梗概和节选，学生可以发现二者之间的联系。学生会明白，作品梗概是在理清书籍内容的基本框架后，用简明的叙述性语言连贯地概括每个章节的内容，让读者能快速把握名著的内容。而节选中的描写较为细致，通过丰富的描写和刻画，塑造人物形象，展现故事情节。同时，学生也发现，不同的译者对同一名著的翻译风格有所差异，有的比较简练却不失生动，有的比较丰富却不失韵味。

2. 提炼方法

围绕第二个子问题，如何读懂一本外国文学名著，设置了三个任务。

首先，本单元的语文要素是"借助作品梗概，了解名著的主要内容""就印象深刻的人物和情节交流感受""学习写作品梗概"。第一项任务是让学生从节选到整本书阅读《鲁滨逊漂流记》《骑鹅旅行记》《汤姆·索亚历险记》。学生任选一本，借助连环画、思维导图等方式，梳理故事情节，把握要点。这是学生在概括地读，为后面快速梳理整本名著的内容和图书推荐卡中梗概的书写提供了可循的办法。

接着，开展第二项任务，例如，教师提供阅读作业单，小组合作完成《骑鹅旅行记》相关的阅读活动，如绘制"尼尔斯旅行路线图"，交流在旅途中他三次遇到变回原形的机会时的选择等，从而不仅了解了瑞士的自然风貌，还能多角度地评价尼尔斯的人物形象，有人觉得尼尔斯淘气、顽皮，有人觉得尼尔斯是一个讲义气、懂得体贴父母的孩子。

例如，结合《汤姆·索亚历险记》开展相关的阅读活动，教师提供思考角度，如：

问题一：汤姆做过哪些你觉得不可思议的事情？

问题二：汤姆，你为什么不做乖孩子呢？

问题三：为什么把一个不乖的孩子作为这本书的主角？

问题四：汤姆做过哪些"好事"和"坏事"？你有什么看法？

问题五：汤姆变了！人们对汤姆的态度发生了什么变化？汤姆前后有了什么改变，影响了人们的判断？

问题六：汤姆成长了！顽童何以成为英雄？

问题七：汤姆变的是什么？不变的是什么？

学生分小组进行讨论，并试着多角度评价汤姆这个人物，把自己的思考写下来，作为交流分享的一项资料。这是学生在探究地读，可以全面立体地去感受人物形象和故事情节。学生的探究成果，如图 2-24 及图 2-25 所示。

第三项任务，教师给予平台让学生开读书交流会，分享阅读的收获。可以多角度评价自己所读名著中的人物，也可以创作并分享自己喜欢的人物画像。此外，还可以分享自己感兴趣的情节以及外国名著中描述的独特地理地貌、风土人情等。这是学生在分享地读，内容互为补充，思想相互碰撞，口语交际能力也得到了提升。

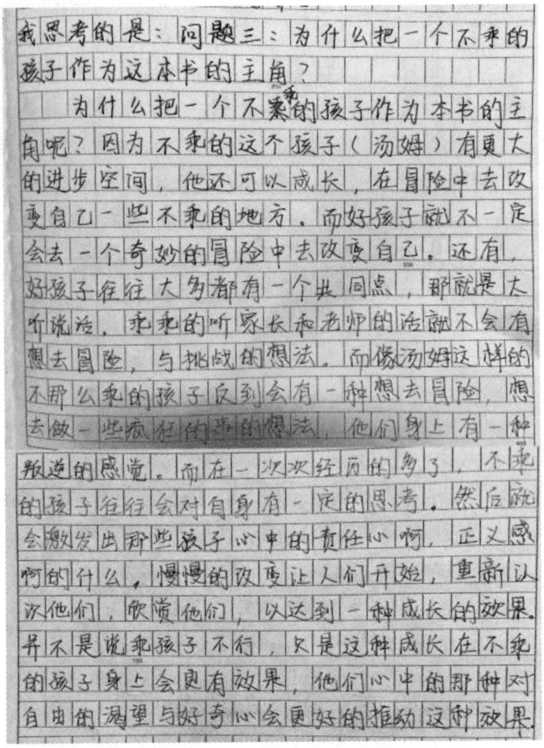

我思考的是：问题三：为什么把一个不乖的孩子作为这本书的主角？

为什么把一个不乖的孩子作为本书的主角呢？因为不乖的这个孩子（汤姆）有更大的进步空间，他还可以成长，在冒险中去改变自己一些不乖的地方。而好孩子就不一定会去一个奇妙的冒险中去改变自己。还有，好孩子往往大多都有一个共同点，那就是太听说话，乖乖的听家长和老师的话就不会有想去冒险，与挑战的想法。而像汤姆这样的不那么乖的孩子反到会有一种想去冒险，想去做一些疯狂的事的想法，他们身上有一种叛逆的感觉。而在一次次经历的多了，不乖的孩子往往会对自身有一定的思考，然后就会激发出那些孩子心中的责任心啊，正义感啊的什么，慢慢的改变让人们开始，重新认识他们，欣赏他们，以达到一种成长的效果。并不是说乖孩子不行，只是这种成长在不乖的孩子身上会更有效果，他们心中的那种对自由的渴望与好奇心会更好的推动这种效果。

图 2-24　学生的探究成果之一

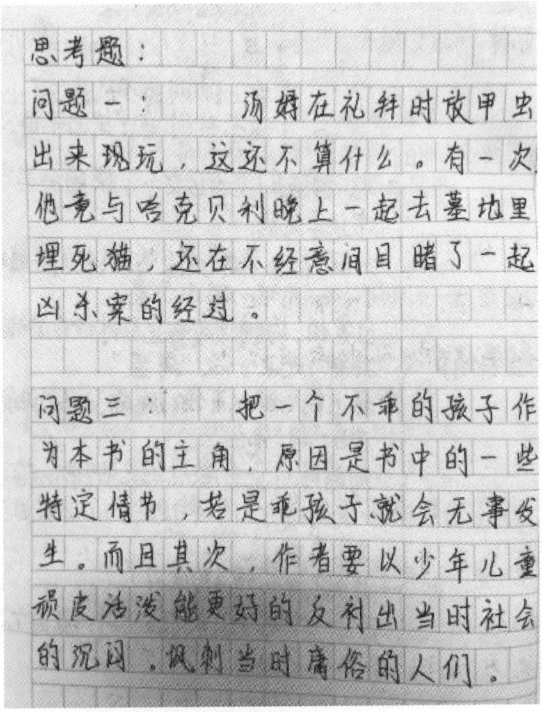

思考题：

问题一：汤姆在礼拜时放甲虫出来玩玩，这还不算什么。有一次他竟与哈克贝利晚上一起去墓地里埋死猫，还在不经意间目睹了一起凶杀案的经过。

问题三：把一个不乖的孩子作为本书的主角，原因是书中的一些特定情节，若是乖孩子就会无事发生。而且其次，作者要以少年儿童顽皮活泼能更好的反衬出当时社会的沉闷，讽刺当时庸俗的人们。

图 2-25　学生的探究成果之二

3. 实践创作

围绕第三个子问题,如何向读者推荐一本你喜欢的外国文学名著,学生借助已掌握的方法迅速把握名著的主要情节,在充分理解名著人物形象和重点场面的基础上,总结书写梗概的步骤,即读懂内容,把握脉络—筛选概括,合并成段—锤炼语言,连贯表达。据此完成一篇课内外国文学名著的梗概的文稿,通过自评、生生互评的方法进行修改、提炼。

接着,学生化身好书推荐官,额外读一本班级《外国经典名著推荐书目》里的名著,通过思维导图等方式写出梗概,明确书卡规格,美化排版,制作成既能吸引读者注意,又能迅速让读者了解作品梗概的精美图书推荐卡。

最后,根据评价表进行自评、他评、师评,教师对在项目式教学中表现较好的小组和个人进行表彰奖励,并把优秀的作品展示在班级图书角中。在本次"让外国文学名著带我们遨游世界"项目式教学实践中,各小组成员在任务驱动下积极阅读、思考、交流、探索、发现。学生在各项任务中不断进行思维碰撞,将新知与既有知识结合,并与日常生活融合。这个过程不仅提升了学生的语文素养,还使学生的理解能力和批判性思维得以进一步发展。

八、效果展示

(一)读懂一本外国文学名著

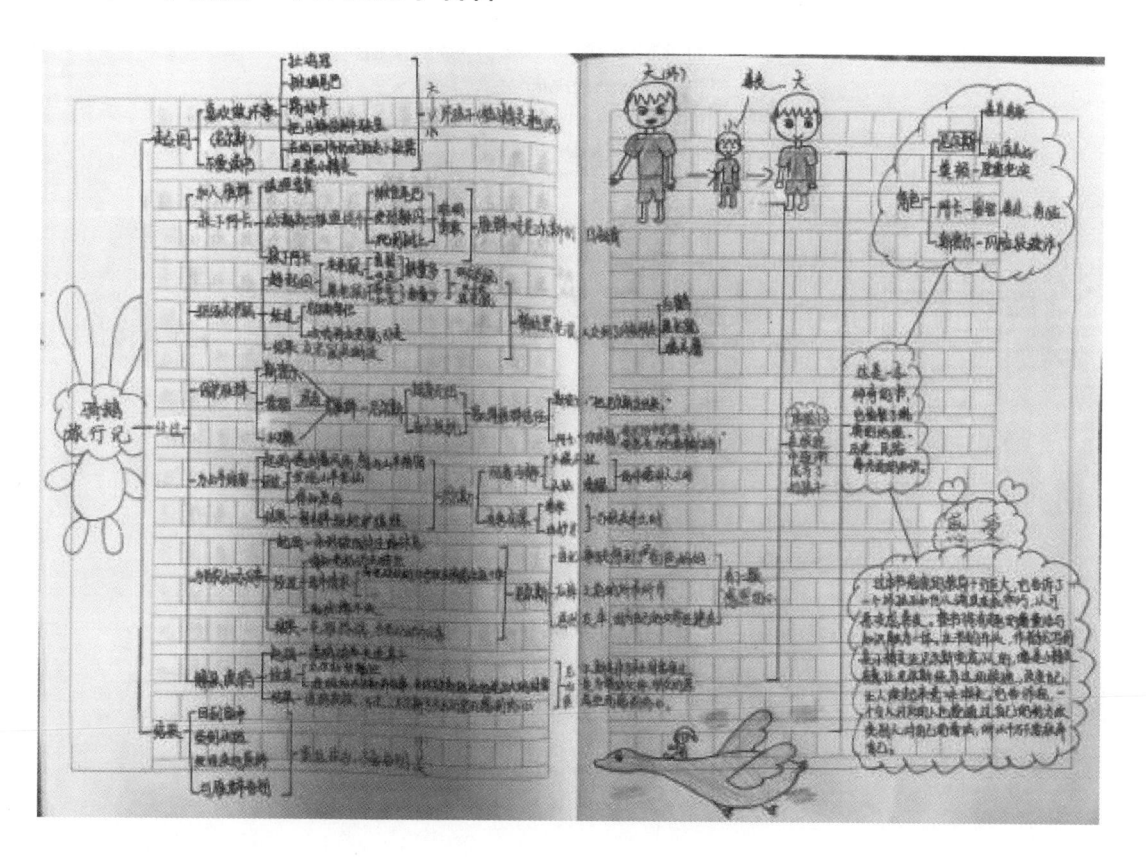

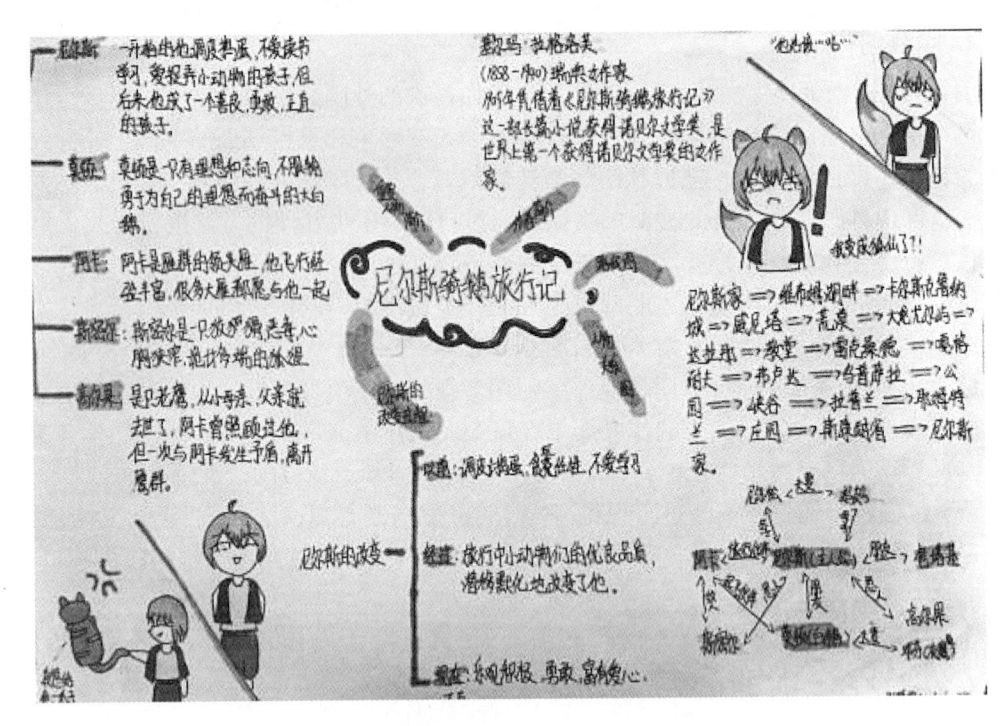

用项目引领课堂——基于国家课程的小学语文单元项目式教学的研究与实施

共读经典《骑鹅旅行记》(阅读纸)

活动一： 在这次阅读之旅中，我们跟随尼尔斯一起飞越了瑞典的山山水水，共同经历了一段神奇有趣的冒险，那么尼尔斯在旅行中去过哪些地方？请你选取印象深刻的地点绘制"尼尔斯旅行路线图"，旅行途中，对印象深刻的地方进行具体介绍。

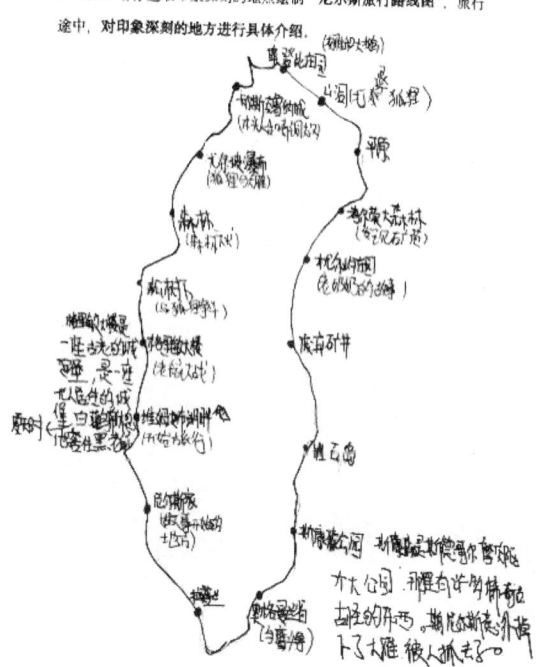

[手绘的尼尔斯旅行路线图，标注瑞典各地点及简要介绍]

活动二：
尼尔斯为什么会有这么大的变化呢？记得在他刚刚变成小人儿的时候，曾经非常急切地想要变回原来的样子。可是在旅途中每当他三次遇到变回原形的机会时，他又是怎么选择的？原因是什么呢？（第3、35和47章）

三次机会	变回原形的条件	尼尔斯的选择	原因
第一次	只要回到家中宣布就行	放弃	好奇心强，想和大雁冒险 继续旅行
第二次	让一个同样很矮小的衣服换大雁换鸳鸯	放弃	不愿丢下朋友，让他独自面对旅行的风险，想继续和大雁旅行
第三次	回到时让母亲杀掉雄雁时	放弃，拒绝	不忍心伤害朋友，陪伴了自己很久，和自己度过了一段有意义的时光 他是大学生，找回手稿

活动三：
在这场游历中，尼尔斯不仅增长了见识，还发生了许多变化。十四岁钱的尼尔斯粗野顽皮，自私懒惰，不爱学习，还喜欢欺负动物，一点儿不讨人喜欢！经过这场旅行，他变成怎样的一个孩子啦？

人物：尼尔斯

变化1：爱护动物 和动物们相处融洽
我这样认为是因为：在俄兰岛这行的一章中，尼尔斯治好了羽毛脱落的伤雁，不再像从前那样欺负小动物，而是去帮助它。

变化2：有同情心
我这样认为是因为《园丁的雇习》一节中，周丁的新生涯遇到波折，尼尔斯的新生涯被抢掉，现在却会来让他人心，倍视园丁。

变化3：善良、讲义气
我这样认为是因为：虽然大学生同意尼尔斯宽换姐姐，但尼尔斯没选择让人茱蒂担这份痛苦，包不愿抛下真相，不愿背叛朋友。

变化4：会挺身而出帮助他人
我这样认为是因为：在最后一章中，他回家后安然不改，是因为让父母像小心的样子，但在大雁受难时他仍然勇敢站了起来。

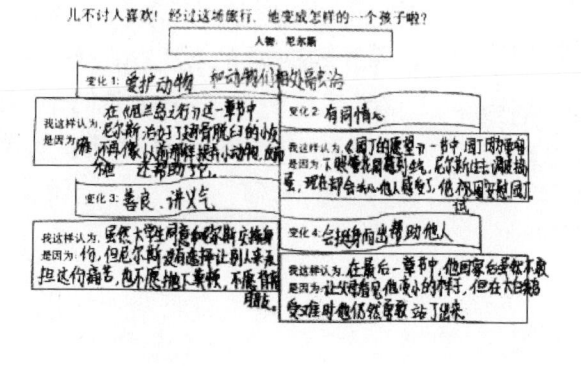

171

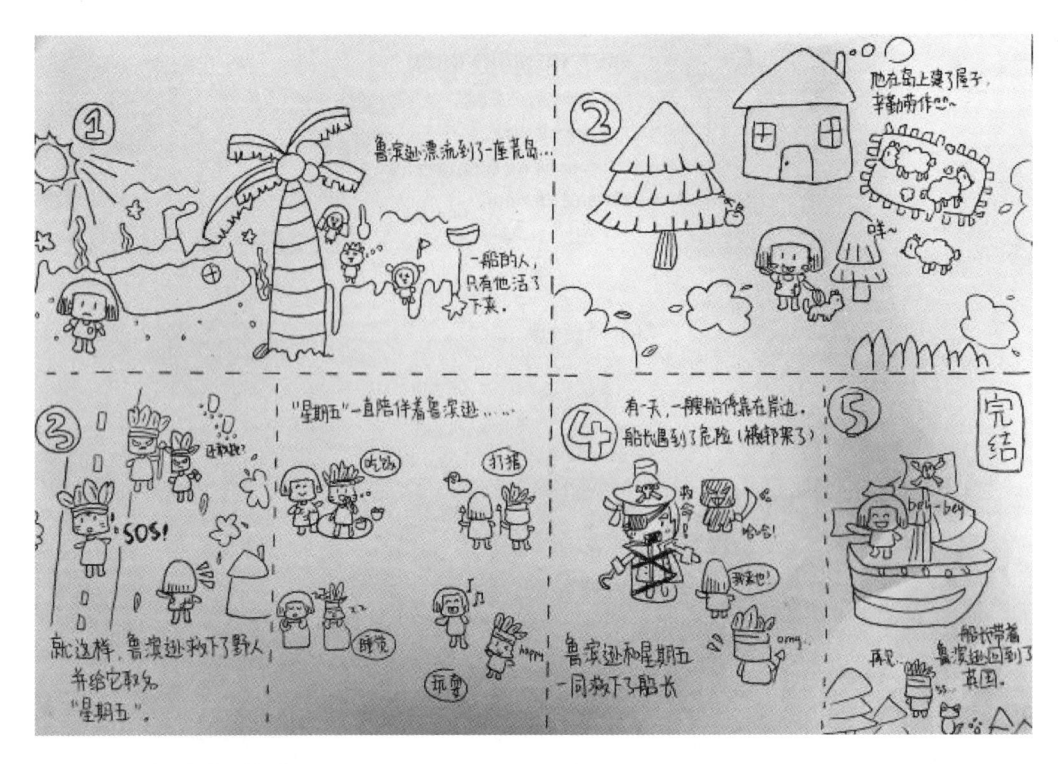

（二）好书推荐卡

《我的大学》

[苏联]马克西姆·高尔基
Мои университеты
《人生三部曲》第③部

内容简介：

《我的大学》描写阿廖沙在喀山时期的活动与成长经历。阿廖沙16岁抱着上大学的愿望来到喀山，但理想无法实现，喀山的贫民窟与码头成为了他的社会大学。阿廖沙无处栖身，与他人共用一张床铺，在码头、面包房、杂货店到处打工。后来，因接触大中学生秘密团体的成员及西伯利亚流放回来的革命者，思想发生变化。阿廖沙阅读革命主义和马克思主义著作，直至参加革命活动。

最终在革命者的引导下，摆脱了自杀的精神危机。

马克西姆·高尔基：最伟大的苦难作者

马克西姆·高尔基原名阿列克赛·马克西姆维奇·彼什科夫，是苏联无产阶级作家、诗人、评论家、政论家、学者。高尔基的创作中处处洋溢着对积极人生态度的赞美，向往唤醒人民群众创造新生活的激情，唤起人对自己的自尊感，鄙视怜悯与恩赐。

代表作品：

《在人间》、《童年》、《母亲》、《海燕》……

在高尔基逝世近半个世纪后，人们对他的兴趣才开始出现持续性地高涨。在欧美各国，掀起了"高尔基热"，尤其是高尔基的剧本，不断被搬上各国舞台，或拍成电影。他充满革命乐观主义的作品也为中国广大读者喜爱，教育和鼓舞着我国人民为消灭剥削制度和建设社会主义新社会而斗争。

人物介绍：

阿廖沙：书中的主人公，是个勇敢、正直、有爱心的人，也是善于观察和敏感的青年。

外祖母：一个果敢、刚强的妇女。她喜欢唱歌、跳舞、讲各种的事。她很善良宽厚，胸怀广大。

外祖父：年轻时有钱，对人作威作福，对一切独断专行。随着家业的衰落，他变得孤高、吝啬、残暴无情。

毛毛 —— 时间窃贼和一个小女孩的不可思议的故事

作者简介：米切尔·恩德，原名安德烈亚斯·赫尔穆特（Andreas Hellmuth），1929年11月12日生于德国巴伐利亚风景如画的小镇加米施·帕滕基兴。1995年在久病之后在斯图加特逝世，享年65岁。米切尔·恩德是一名幻想文学作家，代表作品有《毛毛》、《永远讲不完的故事》等。

《毛毛》梗概：毛毛是一个不知年龄，来自何方的小女孩。她拥有常人所没有的灵敏听力。她很擅长去倾听他人讲话，所以她去为自己结识朋友，们乐排忧解惑，帮助他们消除烦恼，发现自己的真心。由于人们受城市里无处不在的灰先生的蒙骗，醉心追求于所谓合理化、机械化的生活，争分夺秒地去做事，置亲情与良心不顾，放弃了"活着的一切乐趣，只知一味地节约"时间。于是毛毛冒着生命的危险，在马龟色卡西欧佩亚的带领下，见到了时光老人侯拉师傅。在时间的王国里她发现了世界和人类的大秘密，那即"时间就是生命"。生命的诞生就相当于生命的花朵盛开，当时间结束时，才会有同样的生命之花再度绽放。明白了真理的毛毛回到了观实世界，凭着自己的初心与信念，一次次又一次勇敢的打败了灰先生们的进攻，并成功的战胜了灰先生们，将所有的时间都还给了人们。

感受：的确，在当今的社会，越来越多的人们都沉湎没于工作之中，忘记了生活的本质与乐趣。日复一日，年复一年的机械般的活着，在我眼中，这些人与死人都没有什么区别。如果你这样毫无意义的生存在这世上，那你还不如一个吃瓜呢。活着的意义不就是享受生活，做个快乐的、自在的人呢？人只有找到自己的真心，找到活着的意义，做一个最真实的自己，才会获得真正的快乐。不要因为工作而失去了快乐。人只有有快乐，做事情才会有质量，才不会让生活失去失去意义。

来吧，如果你想寻找生活的本质，明白时间的意义，就与我一同进入米切尔·恩德的《毛毛》吧，一起来探索时间的王国。

❖ 用项目引领课堂——基于国家课程的小学语文单元项目式教学的研究与实施

《毛毛》梗概

以前，有一个叫毛毛的小女孩，她没有父母，独自生活在露天剧的废墟里。她很善于倾听，总能让身边受伤的人得到安慰。

有一天，神秘的时间窃贼"灰先生"悄无声息地入侵了这座城市。他们是靠从人类心中窃取时间来生存，到处行骗，打着"节约时间"的名号，让大家只顾赚钱，忘记享受生活，忘记追求梦想。

当一名灰先生来到毛毛这里，她的认真倾听迫使灰先生泄露了他们的秘密。毛毛召集了伙伴们，举行了"心童大示威"，让大家一同抵抗灰先生。可几乎没有一个大人注意到了他们。而毛毛也因此成了灰先生们最大的敌人。

一天夜里，毛毛跟随着可以预知未来、在龟壳上显示文字的乌龟卡西欧佩亚，来到了人类时间掌管者、霍拉大师的乌奇陆中，在那里，她进入了自己的内心，了解了时间的秘密。没想到，楼里一天的时间，楼外已经过了一年，外面的世界已经发生了翻天覆地的变化。毛毛的朋友早已被灰先生控制。当毛毛再次去乌奇陆时，却无意间成了灰先生们的向导。

为了挽救整座城市的人们，霍拉大师停止了时间。毛毛和卡西欧佩亚带着时间花，在最后关头，他们锁上了灰先生们储存时间之花的仓库，世界又回到了原来的模样。

（指导教师：胡　恒　朱元钦）

第三章 我们的思考

第一节 基于大概念的语文学科单元项目式教学实践与探索[①]

摘要： 在语文学科教学中，通过大概念的统整，连接单元教学内容，提炼核心知识点，以单元为组块开展项目式学习。基于国家课程、学生立场，构建了一套实际应用于课堂教学的学习系统，旨在促进学生语文学科核心素养的提升。

关键词： 大概念；语文单元；项目式教学

新课程改革呼唤着教学模式的转变，在当前的语文教学中，传统的以单篇课文为中心的孤岛式教学方法显示出其局限性，而基于碎片化知识和零散时间的快餐式学习则存在明显不足，囿于碎片知识、零散时间的"快餐式"学习存在薄弱点。我们尝试从语文学科的大概念出发，结合项目式教学的方法，探索在单元学习中能有效实施的教学策略，以提高课堂教学效果。基于大概念的单元项目式教学实施路径，如图3-1所示。

现状：解决疑难
师：知识碎片化
生：学习非主动

统整：大概念
解决知识碎片化问题
建构立体知识网

抓手：项目式教学
解决学生缺乏主动性问题
建构解决问题情境

实施：课堂有效教学策略
进阶整合教学内容
提升学生能力素养

图3-1 基于大概念的单元项目式教学实施路径

[①] 本文系2021年"广东教育学会十四五教育科研课题"重点课题（立项编号：GDESH14016）"基于学科核心素养的小学语文项目化实施的研究"的研究成果。

单元，是语文教材组成的基本单位，是教学实施的基本单位。我们在深入研读课标和教材、了解学情的基础上，通过大概念的统整，厘清单元教学的序列，提炼出核心知识点；随后确定驱动问题，围绕单元的驱动性问题进行教学设计；再结合教师和学生的实践，将学习目标转化为学生感兴趣的单元项目任务群，以此改革学习方式，推动持续的教学探索和学习评价，促进学生能力的提升。这一方法不仅响应了国家课程标准，也真正从学生的需求出发，增强了学生的语文学科核心素养。单元项目任务的设计实施流程，如图 3-2 所示。

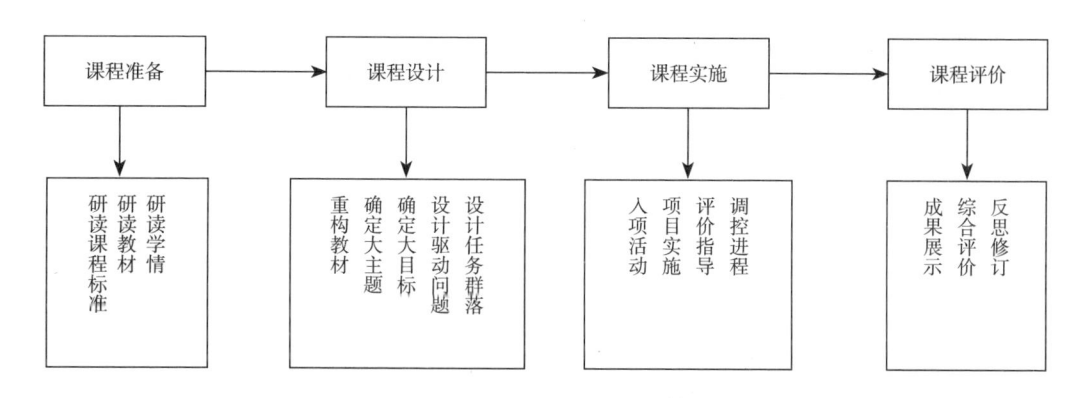

图 3-2　单元项目任务的设计实施流程

一、聚焦语文要素，提炼核心知识

项目式学习需要学生调动已有的知识、能力和经验，在真实任务的驱动下解决实际问题。在单元整合项目式教学实施过程中，我们需要在大概念的统整下，依据语文要素，确立核心知识和项目目标。

大概念具有整合性和统领性作用，能有效地将碎片化的知识整合起来。威金斯与麦克泰格共同开发了"反向设计"模型，该模型通过确定学科核心概念的重要性，帮助教师在教学中确定教学内容的优先次序。这种方法明确了学科大概念的核心地位，能帮助我们理清不同层级内容之间的逻辑关系，确定教学重点，并构建基于单元的学习目标，从而对教学设计产生积极影响。单元教学内容的优先次序模型，如图 3-3 所示。

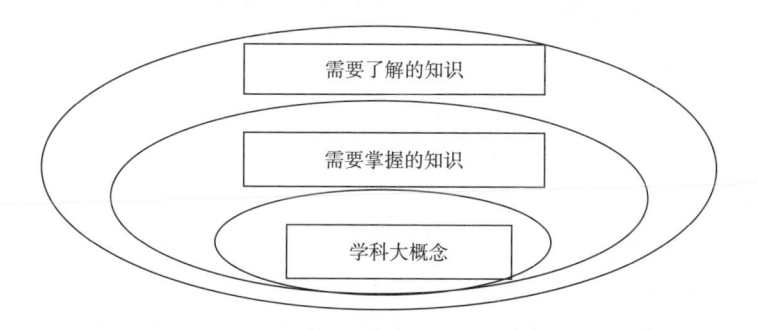

图 3-3　单元教学内容的优先次序模型

大概念统整下的语文学科项目式教学设计与实施研究，是撬动课堂转型的一个支点。

首先，我们应将大概念统整作为课程整合的主导方向，审视各个单元的知识内容，把握教学的核心要点，摆脱知识碎片化的误区。

（一）关联与统整，做好单元内学习目标整合

单元项目式教学可以在整组单元内实施。比如，部编版《语文》教材四年级下册第八单元以"中外经典童话"为主题。该单元的语文要素是，感受童话的奇妙，体会人物真善美的形象，并按自己的想法新编故事；人文要素是，培养学生热爱童话、热爱生活的情感。据此，教师通过研读课标要求和教材，进行知识关联与统整，确定了单元学习的核心目标和基础目标。

1. 单元核心目标

感受童话的奇妙，体会人物真善美的形象。

2. 单元基础目标

①朗读或默读童话故事，感受奇妙的想象。
②抓住童话中人物的语言、动作、神态、心理活动，体会这些人物鲜活的个性形象。
③学习童话多用拟人、夸张、反复的手法进行创作的特点。
④按自己的想法新编童话故事。

（二）链接与统整，做好跨单元学习目标整合

单元项目式教学也可以跨单元实施。比如，部编版小学《语文》教材增加了大量关于传统文化的篇目，其中二年级下册中有两个单元涉及古诗的教学。第一单元中的《村居》《咏柳》表达了诗人对祖国春天美好景色的赞美，第六单元中的《晓出净慈寺送林子方》《绝句》描绘了祖国的大好河山，抒发了诗人对大自然的深切热爱和赞美之情。这些古诗中有着丰富的人文内涵，让学生在学习中洗涤心灵，提高审美情趣，感受中华优秀传统文化，提升民族自豪感与使命感。

基于《义务教育语文课程标准（2022年版）》的要求，在低学段的阅读教学中，学生能诵读儿歌、儿童诗和浅近的古诗，展开想象，获得初步的情感体验，感受语言的优美。我们将这两个单元的古诗进行重整，提炼出本册古诗教学的人文主题"热爱大自然，弘扬中华情"，并进一步提炼出这两个单元的学科大概念"诵诗句，想意境，悟诗情，获得古诗词的学习经验"。我们还据此确立了单元的核心目标和基础目标。

1. 单元核心目标

①初步了解诗句的意思，想象画面，用文字或图画表达诗句描绘的美景。
②热爱大自然，感受大自然的美，弘扬中华情。

2. 单元基础目标

①正确书写古诗，积累优美的中华传统诗词。
②有感情地朗读古诗，背诵诗歌。

这样，在学科大概念的统整下，语文学科知识之间的联系得以加强，破解了知识碎片化的困境，形成立体互动和广泛连接的知识网络。

二、确定驱动问题，设计任务群落

新课标倡导设计语文学习任务，要围绕特定学习主题，确定具有内在逻辑关联的语文实践活动。项目式教学主题确定的依据，一是单元教材的解读，二是学生的真实需求。如何将项目式教学转化为学生自我的问题需求，使之成为强烈而持久的内驱力？那就需要设计驱动性问题。依据单元核心知识设计驱动性问题，是开展项目式教学的关键之一。我们以单元的驱动性问题为核心，结合教师和学生的实践，将学习目标转化为学生感兴趣的单元项目任务群，从而改革学习方式，推动学生的持续探索。

比如，部编版《语文》三年级上册第二单元以"金秋时节"为主题，编排了三首描写秋天的古诗和《铺满金色巴掌的水泥道》《秋天的雨》《听听，秋的声音》三篇课文，这个单元的语文要素是"运用多种方法理解难懂的词语"。第五单元则以"留心观察"为主题，编排了《搭船的鸟》《金色的草地》两篇美文和《我家的小狗》《我爱故乡的杨梅》两篇习作例文。这个单元的语文要素是"留心观察周围事物，把观察所得写下来"。这两个单元的人文要素是让学生感受大自然的美，培养学生热爱生活、热爱大自然的情感。教师将其作为素材，开展"如何调动多种感官观察秋天，制作'我的秋天笔记'"的项目式教学，基于学生的知识基础，搭建语言运用支架，并设置了六个具体任务，引导学生积极参与。

（一）任务一：搭建情境支架，激发寻秋热情

教师鼓励学生去课文中和生活中寻找秋的痕迹，推出"我的秋天笔记"探究任务单，激发学生寻秋的热情。

（二）任务二：妙用思维导图支架，抓住秋天的特点

课文语言优美生动，富有童趣，作者调动多种感官观察身边的事物，并运用多种描写方法展现事物的美。教师可以引导学生找出文章中描写秋天的优美词句，并分类呈现在思维导图中。如在《铺满金色巴掌的水泥道》这篇美文中，可以归纳出比喻之美、叠词之美、色彩之美；在《秋天的雨》《听听，秋的声音》《我爱故乡的杨梅》中，可以调动视觉、嗅觉、味觉、听觉、触觉观察秋天，记录秋天的美。

（三）任务三：掌握比较支架，学习作者观察的细致

首先，对比学习《山行》《赠刘景文》《夜书所见》三首描写秋天景色的诗，可以发现同样是写景，不同的诗人却各有妙招。

其次，对比阅读《搭船的鸟》和作家菁莽的《翠鸟》并发现异同。总结出两位作者抓住了翠鸟美丽的羽毛有重点地描写外形，抓住了动作描写突出翠鸟捕鱼动作的迅捷等共同点。菁莽在描写中多采用比喻、拟人等修辞手法；而课文的语言朴实，接近口语化的表达充满童真童趣，让人觉得亲切。

（四）任务四：巧用课外阅读支架，体会秋天的韵味

在学习三首古诗时，拓展关于秋天的古诗词，在课堂上玩"秋"字飞花令、用"秋叶"制作贴画，摘抄关于秋天的古诗。推荐《小熊布鲁诺的秋天》等课外阅读书目，激发学生积极主动探索秋天的热情。

（五）任务五：借助课后习题支架，学习言语表达

教材是个例子，教师可以借助教材让学生习得语言、运用语言，激发学生对生活的热爱之情。教师利用课后习题引导学生使用比喻、拟人等修辞手法提升其描述自然景观的能力。

（六）任务六：活用实践支架，丰富语言表达

教师鼓励学生联系生活实际，完成"我的秋天笔记"。如收集落叶，观察落叶的形状、颜色等；和家人一起制作一道秋天的美食，品尝秋天的食物的味道。这样的实践活动能让学生亲近大自然，感受最真实的秋天。

在真实问题的驱动下，通过项目任务群落的推动，学生主动参与项目式深度学习，综合运用语文知识与学习策略，完成学习任务，形成学习成果。项目式教学为提升学生言语智能和解决问题的能力开辟了新路径，有利于人才培养模式的转变和学生核心素养的提升。

三、变革学习方式，推动项目实施

（一）以组块学习为路径，推动探究实施

基于大概念的语文单元项目式教学，是根据学情和单元语文要素而设计的长程学习项目。在此过程中，教师改变了传统的单篇教学习惯，以单元组块的学习为路径来推动学生的探究和实践。

破除孤立篇目的"孤岛型"教学，以单元组块学习为路径，连接文本，学习表达方法，"得法于课内，得益于课外"。这样，不断推动学生探究实施过程中提高阅读、比较、抽象、分析、创造的能力，形成项目成果。

（二）以任务驱动为推手，促进成果孵化

基于语文学科的单元项目式教学，就是从单元任务出发，鼓励学生在任务实施过程中形成学习成果（即作品、报告等），通过成果展示学生对单元语文要素的理解和掌握程度。

比如，部编版《语文》二年级下册第六单元的语文要素是"提取主要信息，了解课文内容"。教师围绕着语文要素的落实，设计了驱动性问题——如果你是小小科学家，会如何运用提取主要信息的方法制作一本丰富有趣的大自然的"秘密花园"手工册，帮助大家解锁大自然的奥秘？教学中围绕着任务的落实，教师细化活动，鼓励学生从读到说到写，从提取主要信息到用信息解决实际问题，并合作完成手工册。

由于单元项目式教学具有阶段性、连续性的特征，教师在教学中将阶段性的成果融入一个个的活动任务（具体活动内容见第二章第四节）中，让大自然的"秘密花园"手工册这一项目作品的生成一直贯穿在整个学习过程中，在真正意义上体现了以任务驱动为推手，促进成果孵化。

四、增值学习评价，关注实施过程

项目式教学强调以终为始的教学与评价，以评价为先的学习更有助于激发学生自主合作探究的学习兴趣，走出被动学习的束缚。

例如，部编版语文五年级上册第五单元是说明文习作单元，教材编排了《太阳》《松鼠》《鲸》《风向袋的制作》四篇说明文，以"阅读简单的说明性文章，了解基本的说明方法"为阅读要素，"搜集资料，用恰当的说明方法，把某一种事物介绍清楚"为习作训练要求，

读写结合，学习写说明性文章。教师基于单元统整，结合学生认知水平和习作单元的特殊性，以"制作一本百科全书"为主项目创设习作情境，围绕让学生把事物"读明白、写明白"的主线，把习作变得更富实践性、挑战性和体验性，顺利完成项目式教学活动任务。

在单元学习中，教师将评价前置（制作一本百科全书评价表及个人成果评价表，见第二章第十七节），学生在项目学习之初知晓各环节的评价量规，在学习中根据清晰具体、有层次、指向性明确的评价指标对自己有所要求，并能根据教师的指导及时调整改进。

教师将学习评价贯穿于项目式教学过程中，在百科全书的制作过程中，学生可以运用评价表来做自测；作品展示时，学生之间也可以用评价表来给予宝贵的意见反馈；项目活动结束时，教师也可根据学生项目实施过程中的表现和成果给予鼓励及建设性的描述评价，并有针对性地提出具有建设性的意见，切实提升学生的语文素养。

五、反思与展望

基于大概念的语文单元项目式教学实践，改变了传统的教学方法，通过设计统整化、方法项目化建构了立体的知识网络，以项目为载体，对教材进行单元重组，克服单篇教学的不足，以"任务驱动"的言语实践活动解决知识碎片化、学生协作学习能力较弱的问题，形成开放性和自主性的语文教学方式。

在未来，学生的自主学习、研究性学习和合作学习能力将更加突出，他们思维的独立性、深度和创造性将进一步得到激发。随着新课程标准的颁布，我们可以期待学习内容、情境、方法和资源的整合将得到更好的实现，语文学习任务群的设计也将更加精细周到。这将促使教师不断提升自身的教学整体设计能力，更好地满足学生的学习需求。同时，我们可以预见，实践评价也将变得更加多样化和全面化，包括对项目成果、项目效果和学习全过程的评价。因此，教师需要拥有更强的评价设计能力，以引导学生自主学习，促进学生全面发展，真正实现教学评一体化。

参考文献：

[1]巴克教育研究所. 项目学习教师指南：21世纪的中学教学法[M]. 任伟，译. 北京：教育科学出版社，2008.

[2]夏雪梅. 项目化学习设计：学习素养视角下的国际与本土实践[M]. 北京：教育科学出版社，2018.

[3]王荣生. 事实性知识、概括性知识与"大概念"：以语文学科为背景[J]. 课程·教材·教法，2020，40（4）：75-82.

[4]杨葛莉. 项目化学习：统编初中语文教材实施困境的突破[J]. 中国教育学刊，2019（12）：79-80.

[5]杨柳. 项目化学习在单元整组教学中的应用：以统编教材五年级下册第七单元为例[J]. 语文教学通讯，2022（9）：61-63.

[6]汪燕宏. 促进学生在语文学习中融会贯通：基于教材单元的项目化学习实践探索[J]. 教学月刊小学版（语文），2022（增刊2）：4-7.

（深圳小学　尹　丹）

第二节 寻味中国年，花式集五福
——小学六年级《语文》教材下册第一单元项目式设计与实施

摘要： 本文探讨大概念统整下单元项目式教学的设计，让学生在合作学习中形成"知识的内化"，通过探索课堂有效策略，达到提高课堂质与效的目的。教师对教学内容进行整合融通，以驱动性任务为起点开展活动，引导学生进一步了解民风民俗，完成项目式教学活动任务。

关键词： 小学语文；大概念统整；项目式教学

在大概念统整下进行语文学科项目式教学设计与实施研究，是撬动课堂转型的一个支点。本文旨在以"课堂有效化，以迁移应用丰富知识的生长点"为探索之路，解决"知识碎片化，学习缺乏内驱力急需出路"的难为之困，以两个方面为抓手：一是设计统整化，以大概念建构立体的知识网络；二是方法项目化，以任务驱动作为知识的助推器。

一、路径初探：单元特色分析

小学六年级《语文》下册第一单元以"民风民俗"为主题，以"分清内容的主次，体会作者是如何详写主要部分的"为阅读要素。教材所编排的课文民俗风情浓郁、文化内涵深厚，可引导学生找到学习路径：文本体裁不同，纵向历经古今，横向跨越多地；表达、视角、方法相近，描写节日民俗文化，通过生活场景表达内心情感，都是主次有序、详略得当的范例。同时，推荐给学生一些阅读参考资料，如汪曾祺的《故乡的元宵》、冰心的《腊八粥》等。

二、方向点拨：单元学习目标

基于《义务教育语文课程标准（2022年版）》的要求，结合单元特色分析，形成项目统整目标。首先，单元核心目标为"分清内容的主次，体会作者是如何详写主要部分的"。其次，单元基础目标则设为四项：第一，体会语言表达的丰富性和多样性；第二，能介绍一种风俗或写出自己参加一次风俗活动的经历。第三，分清主次内容，根据表达的需要安排详略。第四，对中华文化有认同感、对中国文化的生命力有信心。由此，学生可以探寻学习目标，以解决问题为方向：习得分清内容主次的方法，提高详写主要部分的能力。具体而言，创设问题情境：文化之年，添彩新春，学校即将举行家乡风俗文化交流活动，怎样用调查报告反映家乡的风俗？

三、落实之法：单元设计实施

在大概念统整下，语文学科知识之间的路径被打通，形成立体交互、四通八达的知识网络。本次项目创新"任务驱动"的言语实践活动，从"学生立场、单元视角、任务驱动、适度拓展"的课程角度出发，开展任务驱动的实践活动。

（一）入项活动

1. 通过问题情境，开启单元学习任务

教师通过问题情境引领学习之旅，学生抓住阅读的最初感受，对项目任务有初步了解，并注意进行理解、交流，汇总问题，从而形成核心问题，并将其作为小组核心任务。

2. 通过驱动任务，细化分解实施项目

激发学生的兴趣，使他们了解中国民俗。在课内资源中，完成认读生字词、整体感知、理清脉络，重点了解详略主次安排。在细化分解实施项目的过程中，教师注意引导学生体会作者是如何抓住重点写出民俗特点的，同时，学生也能体会到详略安排得当的好处。

单元统整思路，见表3-1。

表3-1　单元统整思路表

环节步骤	统整思路	整合矩阵
1	确定概念	明确主次
2	提出问题	如何分清主次内容？
3	提炼方法	从单元文本中了解赏析古今不同体裁文章的详略表达
4	探究路径	从课内外本文中了解类文，尝试分清主次，品析详略；从实践调查中学习处理整合信息，注意主次详略
5	形成能力	交流探究，综合运用，学习制作民宿文化调查报告
6	达成素养	展示民宿文化调查报告，总结主次详略学习方法
7	设计评价	链接生活，迁移知识，欣赏自己及他人的成果展示、作品

（二）知识与能力建构

搭建学习支架，学生从课内作品切入，初步了解民俗；学习优秀调查报告案例，学习制作调查报告的时间规划及调查方法；确定选题，进行实践，形成报告，汇报分享。

1. 从课内外作品切入，初步了解民俗

学生结合课内作品，感受不同文章的语言风格，体验丰富的民俗文化，了解课文的详略安排及其效果，领悟详写主要内容的好处，并能够分清课文内容的主次。教师应加强课外阅读指导，引导学生学会由整体入手的方法，为后面进行调查研究做好铺垫。

2. 示范学习策略，学习优秀调查报告案例

教师引导学生重点学习优秀调查报告案例，整体感知行文语言风格，感受作者构思的巧妙。教师分析并介绍调查方法，提醒学生注意调查过程的时间分配及人员分工，以及形成报告的注意事项。

3. 确定选题，组队合作

学生分组选题，填写小组选题表。对于学生而言，初次进行选题，需要教师在选题前提供学习支架方向，注意鼓励学生的积极性和创意，同时确保选题的角度切入口要小而实，学生感兴趣且操作性强。

4. 调查访问，取舍素材

开始调查访问，收集素材，处理信息。教师为学生提供学习支架，鼓励学生进行如下活动：设计访谈提纲、了解进行访谈的注意事项、访谈后的材料整理等，特别注意详略安排。学生在搜集和处理信息时要特别注意分清主次。

5. 拟定提纲，布局起草

根据已经确定好的主题和选好的材料，拟定提纲。在拟定过程中，注意有主次，先设计结构图，确定中心主旨，依据合理的板块顺序初步安排提纲布局。随后进入行文起草阶段。要从实际需要出发选用语言和材料，灵活地划分板块，合理布局。各组在合作中要高效讨论，学生在讨论过程中可以按需选用可视化辅助工具，如信息组织图等。学生要对照评价量规，找出自己作品的亮点和可提升之处，并加以完善。

6. 组织行文，形成报告

报告起草好后，应进行认真修改。首先，检查主要架构和主要关键内容是否突出，详略安排是否得当。其次，对报告的主题、材料、结构、语言文字和标点符号进行检查。力求中心突出，详略适宜，文字规范，通俗易懂，深入浅出，语言生动、准确。

（三）探索与形成成果

通过一系列活动引导学生展示风采，亦可邀请家长、教师、网络读者为作品评星级。活动内容及成果形式参考，见表3-2。

表3-2 活动内容及成果形式参考表

活动内容	成果形式
活动一：民俗调查资料搜索及方案设计	采访提纲
活动二：民俗调查采访实践	采访稿
活动三：民俗调查报告作品展览	实体报告（也可以配合可视化图表、有声书或立体书形式展示要点）
活动四：民宿调查报告推介会	通过口头报告体现书面报告的要点

四、关键之举：单元项目评价

项目式教学离不开科学合理的评价标准。在项目实施之初，学生可从评价量表中知晓各环节的评价量规，在学习活动和小组合作时可依据清晰具体、有层次、指向性明确的评价指标进行学习调整。将教学任务进行分解，一方面可以巩固课内学习，夯实从单篇到整体的思维；另一方面可以开拓视野，提升学生的阅读理解能力，培养长周期、大概念、整本书的语文学习习惯。

明晰的单元项目评价标准有利于学生建立不同知识间的纵横联系，有助于学生建构立体知识网络，寻求学科核心素养提升的有效载体和路径，解决学科核心素养落地不均衡的现状，以达到最终目的。在这个最终目的中，语言建构与运用是根本基础，思维发展与提升是内核，审美鉴赏与创造是桥梁，文化传承与理解是价值追求。

参考文献：

[1] 博斯，拉尔默. 项目式教学：为学生创造沉浸式学习体验[M]. 周华杰，陆颖，唐玥，译. 北京：中国人民大学出版社，2020.

[2] 徐洁. 基于大概念的教学设计优化[M]. 上海：华东师范大学出版社，2021.

（深圳小学　尹 丹　陈智慧）

第三节　项目式设计：以趣助读、以篇带本
——以部编版《语文》教材五年级下册第二单元为例

摘要： 五年级下册第二单元以"走进中国古典名著"为主题，带领学生一起开启中国古典名著阅读之旅。统整教学内容，从小视角切入，逐步推进，将单元内容贯穿成线；抓住文本体裁特征，通过项目式教学的方式，优化和整合课内外的丰富资源，以驱动性问题为着力点，使学生学会在真实的情境中学习。通过聚焦关键词句，鉴赏人物形象，切入矛盾观点，注重拓展延伸，让学生从不同的角度和丰富的形式中感受名著的经典光环。

关键词： 项目式设计；名著阅读

一、引言

古典名著是中华优秀传统文化中熠熠闪光的珍宝，也是部编版教材中较为重要的一个主题单元，笔者试图通过单元整组教学，落实《义务教育语文课程标准（2022年版）》中"继承和弘扬中华优秀传统文化"的要求。本单元的语文要素是"初步学习阅读古典名著的方法"。依此编排了《草船借箭》《景阳冈》《猴王出世》《红楼春趣》四篇课文，还安排了"快乐读书吧"，推荐阅读整本中国古典名著，使学生能通过本单元所学的阅读方法进行延伸阅读，从而认识经典人物，品读精彩故事。

在相关的实践案例中，许多教师对教材的编写意图落实不到位，存在拔高的现象，这导致学生很难达到专心阅读名著的要求。布卢姆的认知发展理论为设计项目式教学带来一定的启示，教学活动需要帮助学生建立已知世界和未知世界的联系，并能通过问题来提升学生的创造力。本次单元教学开展了大概念统整下单元项目式教学的设计，尝试运用驱动性问题开展项目式教学，来整合和优化本单元的丰富资源，从而让学生在达成单元学习目标的基础上拓展思维，从不同的角度和丰富的形式中感受古典名著的魅力。

二、研制项目，确定核心目标

本单元的核心知识点落脚于"初步了解阅读古典名著的方法"，感受主要人物的特点；产生阅读中国古典名著的兴趣，乐于分享读后感等阅读成果。

基于语文学科核心素养体系，从单元目标出发，确立了我们的项目式教学的核心知识

目标：一是聚焦关键词句，构建语言维度；二是鉴赏人物形象，构建审美维度；三是切入矛盾观点，构建思维维度；四是注重拓展延伸，构建文化维度。

三、创设情境，创设驱动性问题

真实的情境能够激发学生持续地投入学习，并且能让他们将自身的知识与能力在实际情境中进行迁移和运用。基于此，确定本次项目式教学的本质问题是如何在学习过程中激发学生的阅读兴趣，引导他们感受古典名著的魅力，并习得阅读名著的方法。项目式教学十分重要的一环是如何把单元本质问题转化为具有情境性的驱动性问题，这个问题能够统领学生的合作、探究活动。

项目一开始，进行两节入项活动课，阅读本单元的四篇课文，聚焦核心问题启动，创设真实情境激趣。因学生对四大名著都有所了解，视觉型素材容易激发其学习兴趣，所以教师选用四大名著经典的影视片段，让学生各自分享对名著的了解，针对学生不同的喜好，提出项目驱动性问题：如何向同学推荐一本古典名著？

四、开展项目，组织有效实践

具体的实践包含"做"和"学"，学生在项目式教学的过程中，不是按部就班地完成教师布置的任务，而是在教师的引导下不断优化自身的行动、知识和态度，从而在探究合作中达成学习目标。

基于上述驱动性问题给出相应的子问题，子问题之间要有密切的逻辑关系：什么是古典名著？→我要推荐一本古典名著，怎么介绍核心内容？→我要采取什么方式介绍这本名著？基于上述三个子问题，给出相应的具体任务指导，为学生搭建好完整的项目学习支架。

（一）聚焦关键词句，构建语言维度

教学之初，带领学生解决"什么是古典名著？"这一问题，通过学生的课后自主初读和资料查找，进行讨论、补充，总结古典名著的特点。在厘清相关概念后，学生回到节选的章回中，开启阅读。

古典名著创作背景较为复杂，学生的理解能力有限，对文中的生僻词句有畏难情绪。教师指导学生通过《语文园地》的交流平台，关注一个重要的方法——"猜读"。猜读，是有根据地猜。比如，联系下文的"便真个有虎，老爷也不怕"可以猜测出《景阳冈》一课中"大虫"的含义。再比如，遇到一些较难理解的词句，如《红楼春趣》中出现的"篾子"等词，只要知道其与风筝相关即可。运用猜读策略可以帮助学生跨过阅读的迷障，顺利完成一个章回以至于整本书的阅读。在聚焦相应的关键词句，克服阅读障碍，学生有愉快的阅读体验后，再小组合作总结阅读名著的相关方法。此时教师再提出问题：要想把名著读好，还有没有其他个性化的方法？让学生思考如何以方法为基础，用自己喜欢的方式聚焦关键词句，把握故事情节，理清人物关系。

在把握故事情节方面，可以通过篇与篇的统整助推，由难到易，逐步强化。比如，《草船借箭》可按起因、经过、结果的顺序梳理故事情节；《景阳冈》可通过列小标题梳理情节，把长文章读短；《猴王出世》则可通过"石猴是怎么出世的""它又是怎么成为猴王的"这两个阅读指导问题进行情节梳理。当然，有些观察能力强的学生发现古典名著的章回体特点，通过细读原著的回目，可以帮我们快速勾连整本书的故事脉络。理清人物关系

方面，在人物关系庞杂的古典名著里，可以通过思维导图的形式快速梳理人物关系，把读到的相关内容连接、重组，形成自己独特的思维图谱。

（二）鉴赏人物形象，构建审美维度

围绕"我要推荐一本古典名著，怎么介绍核心内容？"这一子问题开展项目学习。人物是古典名著的灵魂，古典名著之所以经典，原因之一是塑造了大量个性鲜明的人物形象。大多数古典名著在人物语言、动作描写上运用的笔墨较多，而在人物内心世界的表达上不够直接，这就需要小组合作在猜读、粗读的基础上细品人物言行。如通过进行关于武松的勇敢无畏和好面子、莽撞的辩论，让武松的人物形象更加饱满，学生也意识到要多角度看待作品中的人物。

接着学生通过对比阅读加深对人物的印象。四大名著题材各异，通过文白对比、多篇连读，去感受不同版本的语言特点。还可以通过跨媒介阅读，如观看影视剧和单口说书，加深对人物形象的理解。在这个过程中，课文是引子，推动学生进行整本书阅读，学生在探索中意识到，很多自己感兴趣的点需要去原著中寻找答案，于是开始去阅读整本的《西游记》《三国演义》等，以选文为点，由点到面，由课内到课外，不断拓展，实现单篇课文阅读与整本书阅读的融合。

品读他们的精彩故事后，学生对名著中人物的形象已经有了立体的认识，接下来可以分小组合作，结合小组成员的想法，进行改编课本剧表演；或者用说书的方式复述名著故事，发挥口语交际"表演课本剧"的拓展作用，学生以教材为依托，围绕"写剧本""分角色""怎么演"三个方面进行讨论。在课本剧排练中，学生之间、师生之间合作互动，学生成为独立的活动策划者和参与者。既能表达自己的看法，又能接受教师适时的点拨，关注情节是否合宜，"演员"如何演出角色特点，如何将叙述性文本转化为对话。通过排练课本剧，学生对古典名著中的人物形象有了更充分的认识，能够入情入境地把握文本背后的知识内核。

（三）切入矛盾观点，构建思维维度

这个环节同样围绕"我要推荐一本古典名著，怎么介绍核心内容？"这一子问题开展项目学习。介绍核心内容要新颖，那思考角度就要与众不同，有独特的切入点，这样能帮助自己和同学不断打开思维。用一些新颖的点与同学进行分享，深入阅读的收益会更大。以《西游记》为例，教师可以给出一些思辨性任务，如让学生写一封信——《给师父菩提祖师的一封信》，写小论文——《孙悟空可不可以做玉皇大帝》《孙悟空该不该大闹天宫》《唐僧的弱点》等，让学生再一次回到名著中，去建构自己的观点，与同学碰撞、分享，迸发出思想的火花。

基于此，教师再引导学生从四大名著中挑选一本完成整本书阅读，并从思辨的角度引入新颖的观点，形成读后感。这样写出来的读后感思维会有一定的深度，也会使得读后感的可读性更强。

（四）注重拓展延伸，构建文化维度

学生思考"我要采取什么方式介绍这本名著？"从而对前面阅读和积累的名著知识和自己的思考进行整合。此时，教师可以引导学生开展读书交流会，采用学生喜欢的方式，

如演讲、演示、设计读后感小报等，来展示和分享各自的观点以及在阅读古典名著过程中习得的方法，把自己喜欢的古典名著推荐给同学，吸引同学们一起共读、分享彼此的观点。

最后，教师对学生展示的各项成果提出修改建议，通过生生互评和教师总评来肯定不同的小组和不同的学生在学习过程中做出的各方面努力。班级各小组书写好本次项目式学习活动心得后，整合好各自的项目学习成果，将相关成果在班级里进行展示（思维导图、剧本、读书小报等）。

反思当下，项目式教学中的不足需要不断地优化和改进；展望未来，教师可以用本次项目式教学中学生习得的方法带着学生迁移阅读更多相关的书籍，让他们在如星河般璀璨的文化宝库里遨游。项目式教学视域下的古典名著教学，不再是割裂开的不同的经典选段，而是基于创设真实情境，设计驱动性问题，丰富的作品成果及教师的全程性评价去开辟学生的名著阅读之路。

参考文献：

[1]林琳，沈书生. 项目化学习中的思维能力及其形成轨迹：基于布卢姆认知领域目标视角[J]. 电化教育研究，2016，37（9）：22-27.

[2]任中芹. 开启古典名著阅读之旅：以统编版语文五年级下册名著导读单元教学为例[J]. 湖北教育（教育教学），2022（4）：51.

[3]陆智强. 项目化学习视域下的古典名著教学：以统编教材五年级下册第二单元为例[J]. 小学语文教师，2022（3）：47-50.

[4]陈金水. 基于单元整组的学习一体化探索：以五下第二单元古典名著教学为例[J]. 小学教学设计，2022（增刊1）：114-116.

[5]张晨晨. 以五年级下册第二单元为例谈古典名著教学[J]. 小学语文教学，2021（20）：24-25.

[6]陈粮宜. 基于单元教学的古典名著阅读指导：以统编小学语文五下阅读单元为例[J]. 江苏教育研究，2020（29）：57-59.

（深圳小学　胡恒　朱元钦）

第四节　"双减"背景下小学"项目式作业"的设计与实施

摘要： "双减"背景下，项目式作业设计成为学者研究的热点。在对作业的概念进行了深入探究和辨析后，为优化作业设计，实现减负增效，深圳小学各学科进行了"项目式作业"设计与实施的积极探索。项目式作业的设计指向解决现实中的"实际"问题而非习题。设计策略有基于产品导向的作业、基于角色导向的作业、基于思辨导向的作业以及基于体验导向的作业，为发展学生的高阶认知、提升学科素养提供了可能。最后从学生的具体操作路径和教师的操作要领出发对项目式作业实施进行了归纳概述。

关键词：双减；项目式作业；设计；实施

一、问题提出

2021年7月，中共中央办公厅、国务院办公厅印发了《关于进一步减轻义务教育阶段学生作业负担和校外培训负担的意见》（简称"双减"政策），对义务教育阶段的作业总量和时长提出了压减要求，并对校外培训机构的乱象进行整顿、规范。在当前的教育形势下，"双减"是国家出台的一项重大举措，是国家之根本，是教育之大计。那么，如何落实"双减"政策呢？推动作业优化设计，开展多方面的实践探究，是行之有效的好办法。一方面，能架起学生"学"与教师"教"的桥梁之一的便是作业，它是提高学生持续性学习效能的一种学习方式，也是学生"学"的一种落地形式；另一方面，作业也是教师在学科活动全过程中用于指导学生学习的重要依托和参考，是对学生学习的思维进行塑造和发展的"有力武器"。我们认为：落实"双减"政策的关键在于提高包括作业在内的课程的质量，既要减轻学生的作业负担，还要保证学生的综合素养得到有效提高。在这样的背景下，众多学者和一线教育工作者进行了大量有益的探究，他们较为集中地锁定作业设计、核心素养、"双减"、作业管理、作业负担、作业布置、分层设计、优化设计等关键词，使这些领域成为当下研究的热点。

长期以来，一线教师关于作业的认知受到了凯洛夫的相关论断"作业是巩固知识、技能及其技巧"的影响[1]，形式上又长期采用单一的"写作业"的方式。于是"写作业"便成了学生课内外学习的代名词。这种习惯性称谓扭曲了教育本身的意义和价值，导致有些教师只研究书面作业，逐渐走向了题海战术，这在很大程度上局限了作业的内容和形式。一部分作业没有经过系统化设计，主要是杂糅在一起的碎片化练习，这种做法无法完全符合教学目标，同时也使教学内容的拓展存在一定的局限。此外，这种方式也难以激发学生在真实情境中进行知识与能力的整合应用。一些学生只会纸上谈兵，逐渐对单调、重复性的作业产生了畏惧甚至厌倦的心理，极大地削弱了作业的功效和目的；一些家长只"认"书面作业，认为这是判断一个孩子有没有在学习的唯一标准，管理作业变成了管理孩子的方式，这在本质上误导了人们的认识和行为。

基于上述现状，如何优化作业设计，从而真正实现"双减"背景下的提质增效呢？深圳小学在对作业的相关概念进行了辨析之后，对各学科进行了"项目式作业"设计与实施的积极探索。

二、项目式作业的设计

关于项目式作业的设计，我们从设计思路和设计策略两个方面进行了相关的实践操作。

（一）设计思路

项目式学习（Problem-Based Learning，PBL）是一种全新的教学方法和学习模式，旨在让学生通过合作、实践、探究、内化、吸收来获得全面而具体的知识框架和学习能力。项目式作业设计是其重要的载体，能激发学生的学习兴趣，为后续的独立学习提供可行的学习方式[2]。项目式作业以适宜的方式帮助学生在真实的世界中创造性地解决多种问题。

---

[1] 凯洛夫.教育学[M].陈侠，朱智贤，邵鹤亭，等译.北京：人民教育出版社，1957.
[2] 王迪.项目式作业设计中存在的问题与改进对策：基于具体课例的研究[J].安徽教育科研，2021（12）：60-61.

因此，项目式作业的基本思想应该是，解决现实中的"实际"问题，而非去解决习题。

这里的"实际"问题，是指学生的实际问题，而非成人眼中的实际问题，是学生在生活中会遇到和面对的实际问题。它与传统的习题有着本质的不同。传统的习题在形式上是"题干+问题"的模式，在逻辑上是"根据已知求未知"的架构，以笔写所思即可完成。而项目式作业无论是在形式上还是在逻辑上都远远突破了这样的模式和架构，更强调学生大脑和肢体的参与，即行为参与、情感参与和认知参与。

同时，项目式作业设计同样要在与学科内容相契合的基础上进行合理设计，将教学内容与项目式作业有机结合，需要在打破作业设计惯性思维、进行创新设计的基础上，帮助学生实现课上课下互通互融，解决重难点问题，提高学习实效[1]。同时，作业设计目标与课程目标具有一致性，因此，无论何种形式和类别的作业，都应该围绕着具体的目标进行设计和落实[2]。

诚如汤姆·马卡姆《PBL项目学习：项目设计及辅导指南》一书的前言中所写的：项目式教学是教育思想体系的革新，而非一种新的教学策略的应用，它指向的是未来教育的美好架构图景，"以学生为中心"是其关键落脚点，让学生为自己的成果质量负责，其指向的应该是学生的学科核心素养，指向的是学生面对真实情境解决问题的能力。

（二）设计策略

在上海美国学校的教学指导教练安德鲁·米勒项目学习设计的启示下，作业的设计策略可以有以下四个导向。一是基于产品导向的作业。下面以制作一个有形的产品或做一个产品、活动的设计方案为例进行说明。例如，在北师大版五年级数学《长方体（一）》这一章节的学习中，教师可以让学生为自己心爱的学（玩）具做一个漂亮、适用的长方体包装盒。又如，在学习完《黄金分割》这一教学内容后，教师可以让学生运用黄金分割的知识为妈妈设计一双合适的高跟鞋。这个设计、制作过程是学生将内在知识转变成产品的有效途径，不仅是知识的再一次建构，还是学习成果的有效转化。上述两个设计案例是基于学生的应用思维，在真实的生活场景中进行产品类的作业设计，从而培养了学生的高阶思维。这样的设计符合"减量提质"的根本目标，也实现了作业效益的最大化[3]。

二是基于角色导向的作业，包括角色扮演、角色置换或建构新角色。虽然有时在结果上也表现为一个产品，但角色的因素占主导成分。例如在学习部编版《语文》教材四年级上册设置的神话单元时，可以让学生装扮成自己最喜欢的一个神话人物，录制视频并进行分享。比如在学习说明文《赵州桥》这一课时，可以置换电视片《赵州桥》的配音让学生进行自由配音，或由学生自任导游制作一个介绍《赵州桥》的视频。在这两个作业设计案例中，给予了学生充分展示和交流的机会。有研究表明，学习是在交流展示活动中，通过人与物、人与人的互动，不断发展认知，也不断在同化和顺应的过程中强化知识[4]，学生角色扮演的过程就是在不断建构和精细化自身的知识结构，提高认知水平的过程。

---

[1] 张军瑾.深度统整与持续优化：项目化学习的系统设计与实施[J].中小学管理，2020（8）：20-22.
[2] 杨清."双减"背景下中小学作业改进研究[J].中国教育学刊，2021（12）：6-10.
[3] 方晓波."双减"政策背景下广州市优化作业设计基本思路与实施路径[J].教育导刊，2022（1）：12-22.
[4] 刘辉，李德显.中小学作业设计变革：目标确认、理念建构及实践路径[J].当代教育论坛，2022（1）：97-108.

三是基于思辨导向的作业。这种类型的作业用于解决一些两难的问题、需要求证的问题和一些反思性的问题。例如，学习了《钓鱼的启示》后，教师可以布置思考辨析类作业："我"究竟该不该放掉那条鲈鱼？人行道上是红灯，但路上没有车通过，"我"可不可以通过？请说出你的理由。在进行期末数学总复习的时候，可以布置这样的作业：在加、减、乘、除法中，只有除法是从高位算起的，读、写数也是从高位算起的。如果加、减、乘法也从高位算起，怎样计算？举例说明你的算法。思辨导向的作业跟练习本或者试卷中拥有标准答案的作业题不同，需要不断论证，甚至结果会呈现多种可能，而这恰好是真实世界的真实样态。思辨导向的作业则需要学生在作业推进的过程中进行严密的思考，从而最大限度地磨炼个人的高阶思维品质。

四是基于体验导向的作业。基于体验导向的作业是为获得一些思想、观念或建立某个概念的直观感受而专门设计的一种过程体验性作业，其结果往往是隐性的，但对学科学习的作用是巨大的。例如在"速度与时间的关系"的学习中，可以让学生分别以快、中、慢三种速度在同一段小路上行走并记录下各自所用的时间，总结出自己的发现。在"口语交际的作用和意义"的认知过程中，可以让学生试着与一位聋哑人或只会讲某地方言的人或外国人进行一次沟通，并与同学或家长交流沟通的过程和结果。学习应该是源于生活，又应用于生活的，以体验为主的作业往往要比教师直接讲授更有趣味性和参与感，因而也会更有效，能够让学生在真实的情境中运用知识，实践知识的迁移，实现思维发展的可视化[①]。

三、项目式作业的实施

厘清项目式作业的设计思路与策略后，我们从学生与教师的层面对具体的实施步骤进行归纳概述。

（一）学生的操作路径

1. 基于产品导向的作业

学生的操作路径是"操作—反思—操作—展示"。在这个过程中，学生的自主性得到激发，这四个步骤其实是在运用产品导向的思路，把学习成果转换为项目学习的产品。同时，学生还要明确"产品"设计的目的——在实操过程中把抽象的知识转变成"看得见摸得着"的物品。这是能力的综合，是素养的提升，其为学生带来的成就感也是常规的笔触和口头作业无法实现的。

2. 基于角色导向的作业

学生的操作路径是"熟练—体验—融会—展示"。孩子天生想象力非凡，他们在自己的思维世界里可以成为自己想成为的任何人。角色扮演这一类型的任务一经抛出，学生脑海中就会闪现出无限的可能，他们愿意去尝试，甚至为此而激动不已。当学生从角色的立场出发时，他们会自发动用自身所具备的知识体系去支撑自己扮演的角色，以便更好地与同伴或者教师进行交流，相较于书面和口头作业的生硬表达，一次成功的扮演和展示能在很大程度上激发学生学习的动力。

---

① 倪敏，黄玉芳. 项目式周末作业：实现作业的整合、精简与高效 [J]. 人民教育，2021（增刊1）：56-58.

3. 基于思辨导向的作业

学生的操作路径是"主张—支持—提问—结论"。思维的摩擦碰撞，是对脑子的"磨砺"，真实情境中的思辨性问题并非是简单的是非黑白，因为社会的复杂性、每个人立场的差异性，产生的是具有冲突性的问题，抑或需要解开一个矛盾的结。在完成这一类作业时，学生需要深入思考并得出自己的结论和理由，这是一件非常了不起的事。

4. 基于体验导向的作业

学生的操作路径是"操作—感受—操作—感受"。操作与感受的多次循环，让学生能充分进入情境，体验知识的"发生"。这种类型的作业不是简单的任务，而是成为学习实践重要的一环，从而使学科知识的逻辑跃升为真实生活的逻辑[1]，让学生在体验中构建知识的体系，同时能在体验欣赏中有效地完成作业[2]。更重要的是，感受深刻的体验往往是价值观和行为准则形成的基础，这对于学生的学习乃至成长来说都具有深远的意义和作用。

（二）教师的操作要领

作为教师，首先应该明确作业设计的根本目的在于促进学生发展[3]。教师应该成为学生学习过程中给予足够支持的引导者。项目式作业如果实施得当，还能在一定程度上优化师生关系，促进双向互动，助力师生共同成长。

教师具体的操作要领有以下五点。

第一，紧扣教学内容。结合当前教学内容设计布置项目式作业，学以致用，切忌额外增加学生的学习负担，设计一些与当前学习内容无关的项目式作业。

第二，明确具体要求，一个项目式作业一个方案，既提出明确的要求，又要提供必要的指导，尤其是解决问题的方法指导。

第三，加强过程互动。选用合适的平台，在学生完成项目式作业的过程中及时进行指导、答疑。

第四，将评价贯穿始终。项目式作业是一项需要学生不断完善的作业，因此教师自始至终的评价指导是至关重要的。在作业活动中，虽然学生是具有主动性的个体，但受其认知限制和学习习惯的影响，其能够调整自身学习方式的能力有限，这就要求教师在作业活动中能够对学生进行适当的评价，通过评价来引领学生的学习。

第五，要发挥在线教学呈现方便持久、沟通快捷多样、互动广泛高效、展示灵活多变等优势，以实现项目式作业过程中的高效互动、多维展示、多向评价。

四、讨论

变革与实践会碰到一系列的问题，改革的"阵痛"在一线教育教学中时有发生，对于项目式作业的设计与实施，需要澄清以下两点。

一是项目式作业与教学内容如何契合？在实践过程中，影响教师推进作业改革、进行作业优化背后的核心症结是教师的教育教学自主权问题[4]，同时这是一个很难把握的问题。

---

[1] 谢好望.项目化学习：小学语文单元整组作业设计[J].基础教育课程，2022（8）：27-32.
[2] 杨伊，夏惠莹，王晶莹.我国学生作业设计研究70年：回顾与展望[J].教育科学研究，2020（1）：25-30.
[3] 罗生全，孟宪云.新时代中小学作业问题的再认识[J].人民教育，2021（增刊1）：15-18.
[4] 杨晓梦.为"减负"破局：探寻作业管理与改进的实践智慧[J].中小学管理，2021（10）：13-17.

如果只是在形式上进行创新,无疑是给教师、学生、家长"加量",到最后,作业革新的推进反而会违背"双减"的要求,甚至引起学生、家长的反对。简而言之,项目式作业设计一定要基于学情,结合教材特点进行精细化的设计:有清晰的目标导向,有基于真实情境的驱动性问题,有具体的方法指导,让学生能在已有知识和生活经验的基础上去理解知识,通过知识与能力的迁移去解决问题。只有充分调动学生的兴趣,激发学生的内驱力,才能使学生真正把学习和作业当作快乐的事情,才能从"做作业"的角度去培养学生"做事情"的能力。

二是项目式作业成为常态后与常态作业的关系如何?让项目式作业成为常态作业是一件很有价值的事情,一份高质量的作业能帮助学生内化知识,巩固技能,提升学习能力与思维[1]。常态作业是学生学会知识、打好基础的主要方式,而项目式作业是其延伸与发展,起着补充、激发的双重作用。对于完成常态作业有困难的学生,教师要合理进行时间分配,预设学生完成不同作业所需的时间,还需要将学生的认知水平、学业压力和家庭支持等方面的因素考虑进去,处理好项目式作业与常态作业的关系,各自的量和度都要把握得恰到好处。

综上所述,新政策的推进使与课程教学紧密相连的作业设计发生了变革。从借鉴不同的模式到融合适应本校情境,形成了适应性更强的项目式作业设计。我们有理由相信,作业设计将朝着更为科学、合理、开放的方向发展。项目式作业设计创新了以往机械化的作业形式,使其不再只是单调的"写作业",而呈现出丰富多彩、引人入胜的形态。从这个角度出发,可以真正实现减轻学生负担,提高教学效果。

参考文献:

[1]凯洛夫. 教育学[M]. 陈侠,朱智贤,邵鹤亭,等译. 北京:人民教育出版社,1957.

[2]王迪. 项目式作业设计中存在的问题与改进对策:基于具体课例的研究[J]. 安徽教育科研,2021(12):60-61.

[3]张军瑾. 深度统整与持续优化:项目化学习的系统设计与实施[J]. 中小学管理,2020(8):20-22.

[4]杨清. "双减"背景下中小学作业改进研究[J]. 中国教育学刊,2021(12):6-10.

[5]方晓波. "双减"政策背景下广州市优化作业设计基本思路与实施路径[J]. 教育导刊,2022(1):12-22.

[6]刘辉,李德显. 中小学作业设计变革:目标确认、理念建构及实践路径[J]. 当代教育论坛,2022(1):97-108.

[7]倪敏,黄玉芳. 项目式周末作业:实现作业的整合、精简与高效[J]. 人民教育,2021(增刊1):56-58.

[8]谢好望. 项目化学习:小学语文单元整组作业设计[J]. 基础教育课程,2022(8):27-32.

---

[1] 张卫星. "双减"背景下小学数学作业设计新思路[J]. 教育科学论坛,2022(10):20-23.

[9] 杨伊，夏惠贤，王晶莹. 我国学生作业设计研究70年：回顾与展望[J]. 教育科学研究，2020（1）：25-30.

[10] 罗生全，孟宪云. 新时代中小学作业问题的再认识[J]. 人民教育，2021（增刊1）：15-18.

[11] 杨晓梦. 为"减负"破局：探寻作业管理与改进的实践智慧[J]. 中小学管理，2021（10）：13-17.

[12] 张卫星. "双减"背景下小学数学作业设计新思路[J]. 教育科学论坛，2022（10）：20-23.

（深圳小学　王纯旗　胡恒）

第五节　学生立场、单元视角、任务驱动
——部编版《语文》教材四年级上册第四单元项目式教学设计与实施

大概念是学科的本质和核心，将大概念作为课程整合的基点，教学紧扣学科重点内容，能为学生构建具有梯度性与层级性的知识结构。基于大概念的语文单元项目式教学设计与实施，从"学生立场、单元视角、任务驱动"出发，科学合理地进行单元解读，统整课内外资源，通过项目驱动的统整课程，让学生在项目实施过程中经历一个循序渐进、不断拓展和深入的完整学习过程，提升学生的学科核心素养。下面以部编版四年级上册第四单元为案例，尝试基于大概念的单元项目式教学设计与实施。

一、单元编写意图及特色

本单元以神话组织单元，神话的学习价值在于可以引导学生认识许多个性鲜明的神话人物，感受到神奇的想象，了解世界的多元文化。本单元编排了《盘古开天地》《精卫填海》《普罗米修斯》三篇精读课文和《女娲补天》一篇略读课文，这些都是中国古代神话和古希腊神话中的经典，学生可以从中体会古代劳动人民对自然、对世界的独特解释和神奇想象。这些有分量的文化故事，有力地增强了学生对传统文化的理解与传承。

本单元的语文要素是"了解故事的起因、经过、结果，学习把握文章的主要内容"，以及"感受神话中神奇的想象和鲜明的人物形象"。这是在三年级"了解文章的主要内容"基础上的提升，也为本册第七单元"关注主要人物和事件，学习把握文章的主要内容"做准备。

二、单元统整目标及建议

（一）单元的核心目标

①阅读神话，感受神话中神奇的想象和鲜明的人物形象，总结交流对神话的认识。
②掌握读神话故事的方法，阅读中外神话，感受课外阅读的快乐。
③合作学习，展开想象。通过讲述、仿写、续编等方式把握单元整体的知识结构，通

过创编、表演等形式分享学习成果，提升学生的想象力和对传统文化的传承和创新能力。

（二）语文的基础目标

语文是一门学习运用语言文字的课程，基础目标的达成至关重要。本单元要认识 41 个生字，读准 3 个多音字，会写 34 个字，会写 29 个词语。积累"腾云驾雾、上天入地"等 8 个四字词语，能正确、流利地朗读课文，了解故事的起因、经过、结果，初步把握文章的主要内容，能背诵《精卫填海》和《嫦娥》。

三、单元项目式教学实施流程及解读

单元项目式教学实施流程，如图 3-4 所示。

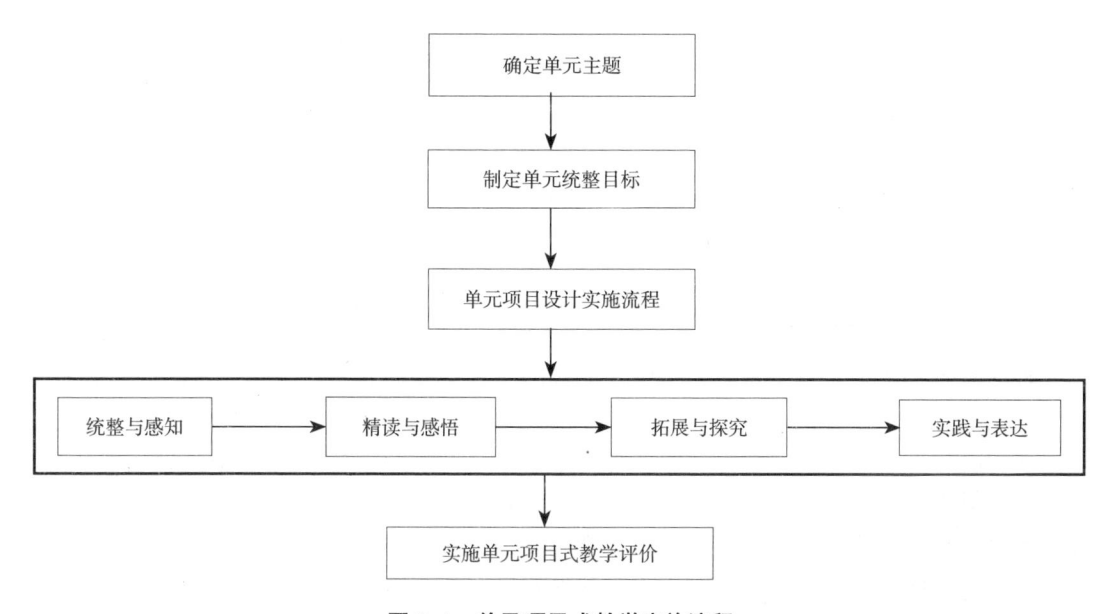

```
确定单元主题
    ↓
制定单元统整目标
    ↓
单元项目设计实施流程
    ↓
统整与感知 → 精读与感悟 → 拓展与探究 → 实践与表达
    ↓
实施单元项目式教学评价
```

图 3-4 单元项目式教学实施流程

统整与感知，是指将单元作为一个整体，从感性认识开始，整体把握单元内容，明确单元的人文要素和语文要素。这看似一个"不求甚解"的阶段，实则是在教师的隐性手段下，引导学生在项目的驱动下，依据本单元的单元学习目标及重点，以课文内容为载体，整合相关的学习情境、学习策略和学习资源，尝试提出项目驱动性问题。

精读与感悟，是指师生根据单元教学目标，结合课文的特点，为完成驱动性任务而搭建学习支架。教师采用模块化教学的方式，将教学内容重新进行排列组合，学生则自主探究，进行个性化的阅读和感悟。这种学习形式能营造轻松的学习氛围，极大地调动学生的学习兴趣。

拓展与探究，是指以单元学习为载体，学生根据项目任务，进行合作探究，通过丰富的拓展形式，如相似激活、相似重组、相似建构、相似比较，从而实现课内外资源的共享，以及知识技能的内化和迁移。这样的方法能让学生产生精彩的理解和言语，形成丰富的项目驱动任务成果。

实践与表达，是指学生将任务成果进行交流展示的阶段。通过生生互动和师生互动分享，学生能够达到对本单元学习内容的进一步整合与深入理解。

四、单元具体设计及实施

（一）统整与感知：项目驱动引领学习

依托单元"了解故事的起因、经过、结果，学习把握文章的主要内容"和"感受神话中神奇的想象和鲜明的人物形象"的学习要求进行恰当的整合，师生共同设计项目任务。

关于驱动性任务的设计。教师鼓励学生走进图书馆或上网查找神话相关的图书、视频；进行问卷调查，了解学生最喜爱的神话故事；播放《西游记》中"大战红孩儿"的视频，引导学生自主分享最喜欢的神话人物，激发想象：如果能与神话人物一起，会碰撞出怎样的火花？进而设计本单元项目驱动性问题：假如神话人物来到你身边，你想跟他怎样度过一天？

（二）精读与感悟：搭建支架整合要素

精读与感悟是让学生基于课本的学习，为驱动性任务完成做知识的储备。如果只依靠"单篇教学"，实施起来的时间、内容、活动空间都将受限。整体设计单元课文，能使教材内容、课堂时间、空间得到大大扩展。教师需要关注教学资源间的联系，不仅关注单元内部资源的联系，还包括已学过的文本与现教学文本的联系。基于此，本单元的教学实施如下：

1. 读故事，感受想象"神奇"

神话故事的语言充满想象力，学生在朗读的过程中能够充分感受到神话语言的魅力，品味鲜明的人物形象。初读课文时，让学生读通句子，读顺文章。再次阅读时，引导学生找出文中能体现"神奇"的句子，通过抓住关键词句来理解课文内容。如在《盘古开天地》中"很久很久以前，天和地还没有分开，宇宙混沌一片，像个大鸡蛋。有个叫盘古的巨人，在混沌之中睡了一万八千年"，教师指导学生通过关键词"混沌一片""一万八千年"，感受环境与时间的神奇以及神话中言语表达的奇特。在《精卫填海》中，通过"常衔西山之木石，以堙于东海"中的"常""堙"等字，学生可以想象精卫锲而不舍地衔来木石填海的场景。

2. 讲故事，梳理内容"神奇"

讲故事不仅能锻炼学生的表达能力，还能帮助他们理清故事的起因、经过和结果，从而更好地理解文章内容，特别是神话故事，因其情节丰富多彩，能够激发学生的想象力和语言智慧。因此，教师可以通过多种方法，如运用插图、绘制人物图谱和提出重点问题，引导学生梳理故事情节，提升他们的思维和表达能力。

（1）运用插图

教材中的插图是传递文本信息的重要载体，为学生讲述故事搭建了合理的支架，降低了讲述故事的难度，同时有利于学生加深对文本内容的理解。如《盘古开天地》一文配有四幅插图，分别对应文本的不同段落，清晰地展示了故事的发展过程——"混沌一片、开天辟地、顶天立地、化生万物"。

（2）绘制人物图谱

古希腊神话中人物众多，情节复杂。讲述这类故事时，可采用绘制人物关系图谱的方法。如《普罗米修斯》一文可以通过绘制人物关系图谱厘清人物关系，了解故事的起因、经过和结果，让原本复杂的故事变得简单清晰。

（3）提出重点问题

针对文中关键情节展开提问，借助重点问题，学生能够较好地从文本中提取关键信息，开展有目的的阅读，进而更好地讲述故事。如阅读《女娲补天》一文后可以提出如下问题：女娲为什么补天？女娲是如何补天的？女娲补天成功了吗？三个问题涵盖了故事的起因、经过和结果。通过具体问题，学生能够结合文本内容讲述故事。

3. 写故事，练习表达"神奇"

第四单元的导语中提到"展开想象，写一个故事"，这是对写作提出的要求。神话故事因其奇特的言语表达形式及巧妙的文章构思，对提高学生的写作能力具有借鉴意义。引导学生写神话故事，这一环节可以从仿写、续编两个方面入手。

仿写是根据文本的言语表达形式，借鉴运用，仿照练习。如在《盘古开天地》中盘古化身万物的文段中，写盘古身体各个部位幻化成自然界的万物，采用了排比的句式，用修饰词的合理运用，恰当地写出了事物的特点。同时，引导学生将《梵天的一日》《海南黎族大力神》《盘古开天地》三篇文章中描写不同神化身万物的段落进行比较阅读，探寻到言语表达的秘密后，学生可以大胆发挥想象，在自己的头脑中"创造"世界。

续编是对文章故事情节的进一步想象，有利于促进学生思维的发展与提升，提高语言建构与运用能力。教学《普罗米修斯》时，教师可以提出如下问题：当普罗米修斯获得自由之后，宙斯会采取什么行动？普罗米修斯又该如何应对呢？学生可以围绕这些问题展开想象，续编故事。学生在续编故事时，教师要合理引导，结合课文中宙斯和普罗米修斯的不同性格特点，透过一言一行展现人物形象。

这样，单元整合教学实现了阅读与写作的有效整合，让学生在充分感受古人恢宏想象力的同时，训练学生从自己阅读感受最深的地方创造更多的"神奇"。

（三）拓展与探究：形式多样，丰富成果

精读与感悟后，学生有了项目学习的基础和铺垫，再适当进行拓展阅读与探究，学习任务从读一篇文到读一组文，从读一篇文到一本书，课内外勾连式的阅读是实现课内外知识交融共通的重要渠道，为单元的驱动性任务的完成搭建了学习支架。运用这一策略，能够有效提高学生的阅读能力，让语文核心素养落地生根。

本单元可以由四篇课文拓展到更多的中国古代神话和古希腊神话中的经典阅读篇目，还可以开展神话故事读书分享会，不同项目组的学生可以采取灵活的分享方式。

阅读、品味神话组的学生可以分享课外自主选择阅读的神话作品，如《中国古代神话》《希腊神话故事》《世界神话传说》等，通过阅读欣赏，补充验证，同学之间分享古代劳动人民对自然、对世界的独特解释和神奇想象。讲述这些有分量的文化故事，能有力地增强学生对传统文化的理解与传承。

讲述、表演神话组的学生通过想象，创造性地把阅读过的某个神话故事写成剧本，用表演的形式去讲述故事，演绎神奇的故事和灵动的人物，给其他同学带来更神奇的印象和感受。

仿写、续写神话组的学生在通过单元文章和同类型神话文章的对比阅读后，能结合神话人物的个性仿写或续写故事，并分享自己撰写的神奇故事，同时分享自己在组内阅读过

程中探索到的神话语言表达秘密和自己的写作思路。

基于上述学习活动，学生对相关的神话人物、故事的寓意有了深刻的理解后，接着开始创编神话故事。比如，学生可以设想自己与一个神话人物共度一天会擦出怎样的火花，或发生哪些有趣的事情。这可能涉及神话人物来到了当代社会，小作者穿越到神话人物所在的时代，或者与神话人物一起穿越到过去或未来的某个时间段。学生可以自由发挥想象，结合现代科技和生活场景，创编新时代的神话故事，项目任务的完成也就水到渠成了。

（四）实践与表达：通过互动展示成果

各学习小组将自己的项目学习过程、成果和体会在班上分享，小组与小组之间相互欣赏点评。在这个过程中，学生既能回顾单元统整学习的过程与收获，又能训练自己的口语表达能力。

五、单元项目式教学实施的评价

学习结束，教师可以在班级发放单元学习评价表，见表3-3。这种评价主要包括以下三种。学生自评：学生对自己的学习态度、问题探究和解决过程、语言综合运用能力等指标进行自我评估。小组互评：组内成员点评同学在完成本单元项目过程中的表现及贡献。教师点评：教师根据学生项目实施过程和成果给出鼓励及建设性的描述评价。

项目式教学强调以终为始的教学与评价，以项目为载体，重构教学单元，落实统编教材"双线组元"的课程整体设计，可使教师实现由设计一篇课文的学习到设计一个项目的学程的转变，由聚焦教什么走向设计怎么学。评价为先的学习，更有助于激发学生自主合作探究的学习兴趣，走出被动学习的束缚。

表3-3 项目实施评价量表

班级姓名						
项目主题						
小组成员						
一级评价指标	二级评价指标	评价内涵说明	权重	状态水平描述		
				自评	他评	师评
学习态度	参与度	积极参与项目相关活动	10%			
	合作度	积极配合组员完成活动	10%			
问题探究和解决	发现问题	主动发现与主题相关的问题	10%			
	搜集资料	能围绕主题，通过各种渠道收集丰富的信息	10%			
	整理资料	能分析整理，处理查找到的资料，并进行提炼概括	10%			
	解决问题	能团结协作，共同完成项目	10%			

续表

班级姓名						
项目主题						
小组成员						
一级评价指标	二级评价指标	评价内涵说明	权重	状态水平描述		
				自评	他评	师评
语文综合运用能力	口语交际能力	能流利大方地分享学习成果	10%			
	书面表达能力	合作完成书面表达材料	10%			
	成果展示	出色展示成果	20%			

总之，教师在面对神话的现代化语境时，能基于大概念把握核心价值和目标要素，整体把握知识体系，立足于神话文体特征实施基于项目的单元整合教学，有效落实了单元要素，形成了课内、课外阅读相融合，读、写、交际、评价相结合的学习模式，引导学生在学习的过程中兼收并蓄、发展思维，从而促进神话精髓的融合新生，促进学生语文核心素养的发展与提升。

（深圳小学　尹　丹　胡　恒）

第六节　统编小学语文作业设计的三个"关注"
——立足单元统整视角的学习路径探略

摘要：指向核心素养，优化作业设计。具体实施可参考三个"关注"：多元层次，提供任务选择；情境体验，提供任务驱动；知识迁移，提供任务链接。通过三个"关注"，力图达到作业设计的三个效果：融合、自主、共生。

关键词：作业设计；核心素养；单元统整

作业设计是"双减"背景之下提质增效的重要环节。统编小学语文教材以人文主题和语文要素"双线"结构组织单元，立足单元统整视角，融合语文要素，链接知识与生活，以项目式学习任务为主要方式——在作业设计中留心三个"关注"，促进学生在"学问思辨行"中提升核心素养。

一、关注：多元层次，提供任务选择

在单元统整视角下，作业目的应当对准单元学习目标，关注多元层次，符合学生的认知规律和学习活动的发展逻辑。主要表现在以下三个方面。

一是强化基础，创新形式，提升学习效能比。《义务教育语文课程标准（2022年版）》提及字词句段篇的重要性，在能力提升与综合运用的同时，不能忽视基础知识的学习。作业是巩固知识、反馈学习情况的环节之一，也是深化、延展课堂及教材所学的过程，以及把新知与旧知融合的螺旋式上升过程。机械性的重复训练应更新换代，同时仍需要扎实学习基础知识。因此，在作业设计中，高效强化语文基础知识的必要性很强，而联系生活、充满情境的创新作业形式可化枯燥为趣味，化机械为灵活。例如，在二年级下册第三单元"识字与写字"教学中，可设计作业为"制作美食，设计菜谱菜单"。以"传统美食"为人文主线，让学生认识并会写与"火"有关的字；以"音、形、义"为学习链条，让学生依图识字、写字。从而了解形声字中声旁表音、形旁表义的基本规律，会认与烹饪有关的字，汇总火字旁、四点底、三点水及其他与烹饪相关的汉字。

二是留心差异，鼓励个性，提高学习参与度。学生之间存在学习差异，且个性特点不同，是教育中常见的规律。在设计中需要从作业难度、完成要求等方面设置梯度，既能使基础面广而扎实，又能有针对性地帮助学生巩固所学，还可以展示学生各自的风采。例如，在四年级童话单元中，设计作业"自主超市"——分为必做、选做类别供学生选择，也可设计为"自助餐式菜单"——设置难度系数递增的探花、榜眼、状元类别供学生挑战。或结合童话、戏剧设计项目式作业，参与、体验类的作业是全员参与的，有兴趣的学生可"加餐"一份整合童话与戏剧进而改写剧本的作业，而希望挑战"状元"难度的学生则可以创造并演绎剧本。

三是精准有效，灵活规划，提醒学生学习方向感。统编教材中的语文要素在单元中编排得十分精巧。横向而言，单元导语、文本、阅读提示、插图等都体现了语文要素；纵向而言，构建了清晰的体系，更是语文知识与学生认知水平的双螺旋上升。教师立足单元统整，将语文要素有效而精准地融入单元作业和课时作业。例如，在同一单元中，提取单元大概念及层级概念，又或将不同册的同质知识整合并灵活运用。例如，在独立的单元中侧重把握单元内的线索设计作业，在同册不同单元的文言文中联动设计作业，在不同年级的"快乐读书吧"中整合设计导读内容，有助于学生习得必备的语文知识、基本的语文能力、适当的学习方法及习惯等。

二、关注：情境体验，提供任务驱动

搭建情境支架，布置角色体验，调动主动学习情绪，自然可以获得更好的学习效果。单元作业遵循"学习—实践—迁移—运用"的认知规律，并符合从"准备素材、阅读输入"到"运用素材、表达输出"的活动逻辑。

案例一：设计角色创造性作业，在新闻单元化身电视主播。四年级下册第二单元可设计"新闻播报"的项目。学生在单元文本《琥珀》《飞向蓝天的恐龙》《纳米技术就在我们身边》及《千年梦圆在今朝》中学习了科普类说明文准确、简练的表述特点。通过口语活动及习作等系统设计，有助于打破学习活动的碎片化现象。在语用实践中进行大练兵，通过设计角色创造性作业，以直观生动的生活情境串联课内外资源开展语用实践活动，从而形成相互关联的单元学习整体，培养良好的学科素养。

案例二：布置实践操作性作业，在民俗单元化身调研记者。六年级下册第一单元可设计"制作民俗调查报告"的项目。学生在生活情境中亲身调查探究，在海量信息中亲自搜索整合，这样不仅可以深入生活展开观察、调查采访，还能在实践中顺利实现文本与民俗文化的对接，形成自己的调查研究报告，并提升认知意识和学科思维品质。通过丰富作业内容，落实语文要素，将阅读与表达形成有机整体，关注语用实践，优化过程形式，明确单元要素的落实路径。这一任务贯穿学生单元学习全程，学生完成作业的过程，即运用"分清主次，安排详略"的本领做传承文化的有益之事的过程。

案例三：线上线下混合式作业，在任意单元化身"小先生"。学习是一个知识与能力内化的过程，而学生化身教师的角色，是检验内化的一种有效而有趣的方式。此类作业形式较适合用于线上线下的混合式教学中，学生在学习后，以"小先生"微课的形式把自己的理解有条有理地传授给他人，这一过程必须经过识记、积累、梳理、表达、反思等环节，还需要运用所学知识解决实际问题。例如，六年级下册的古诗词单元，文化内涵丰富，学生发挥个性以各种创造性的形式把古诗词讲得"通透"而有趣，是需要综合运用多种能力的，不仅要形式新鲜，还需知识性强且内涵丰富。一些"小先生"采用板书、课件等形式吸引学习者的注意力；另一些"小先生"则采用唱读、吟诵、配画等新颖的形式，可谓"八仙过海，各显神通"。

三、关注：知识迁移，提供任务链接

指向思维发展，探索高效路径，深度学习离不开知识迁移。部编版《语文》教材具有单元知识类型混合的特点，体现为不同的单元学习目标：内容驱动——能知，过程驱动——能做。由此，单元统整角度将引导学习的不同侧重方向，教师对作业设计的优化和更新尤为重要。

第一，大胆统整，把"教师规划"变为"学生获得"。王月芬等人在《透析作业》一书中指出，一些古诗词学习作业设计目标较多地集中于背诵、默写，导致作业频次过高，过多地关注文言诗文语言材料的机械性识记。此类问题在古诗词作业设计和布置中具有典型性和普遍性。教师应启发学生对古诗词、古文学习的喜爱，落实学科素养。例如，在二年级下册的诗歌学习中，可整合本册所有诗词，引导学生通过阅读、欣赏，然后摘录经典并尝试创作编制一本个性化且精美的诗画集，举行诗画集品鉴会。学生朗诵每首诗歌、体会诗味，积累喜爱的诗歌，慢慢学会从诗歌展开联想。

第二，大力拓展，从"字里行间"走到真实生活的"无字之书"。统编教材在编排过程中非常注重知识和生活的密切联系，立足单元视角，引导学生调用并获得规律性知识，发展学生学科认知，运用到真实生活中。教师要有敏锐的洞察力，学会捕捉生活中的资源。例如，整合时令特色，在单元学习的同时补充学习素材，在"雨水"节气进行《听听那冷雨》的整本书阅读。又如，引导学生学习《为人民服务》中第二自然段的"观点—道理—正反—例子"的表达思路向他人论述自己的想法，在真实生活情境中活用鲜活的学习资源。

第三，大举迁移，从"知识获取"走向思维、素养与能力"立体高速路"。语文学习的组织不是随机的、无序的，立足单元视角有助于高效集群，总结规律。做好单元统整，在作业中进行知识迁移，运用于实际生活。真正的学习并非能力至上，而是每个人均在学习中获得自己的主体价值，并且学会运用。学生在知识迁移过程中，能得到思维、素养和能力的共同提高，同时在学习热情、协同思考和深度理解方面创造属于自己的精彩。例如，在读书节活动中设计邀请函，为新生设计入学手册。生活与语文无处不在，生活是语文学

习的必要资源和作业设计的重要素材，同时也提供丰富的学习灵感与支持。

综上，作业设计应立足单元视角，突出三个"关注"：多元层次，提供任务选择；情境体验，提供任务驱动；知识迁移，提供任务链接。用好新教材，最重要、先着手去做的，是对新教材要有通盘的了解。从学习理论的角度看，单元的本质是有结构的知识体系。做好单元统整，巧妙设计作业，为有效利用统编小学语文教材提供了抓手，又为"双减"政策下语文教学的提质增效提供了一个突破口。如此一来，我们可以通过优化作业设计来培养学生的核心素养，三个"关注"即可同时对应三个"效果"：融合、自主、共生。

参考文献：

［1］博斯，拉尔默. 项目式教学：为学生创造沉浸式学习体验［M］. 周华杰，陆颖，唐玥，译. 北京：中国人民大学出版社，2020.

［2］徐洁. 基于大概念的教学设计优化［M］. 上海：华东师范大学出版社，2021.

［3］高晶，王荣生. 过程技能与"大概念"：以语文学科为背景［J］. 课程·教材·教法，2021，41（7）：91-98.

（深圳小学　陈智慧）